U1016555

国家社会科学基金重大项目（04&ZD016）系列成果
武汉大学政治文明与政治发展研究中心系列成果

政治文明与政治发展研究丛书
ZHENGZHI WENMING YU ZHENGZHI FAZHAN YANJIU CONGSHU

总主编　虞崇胜

政治发展进程中的政治平衡问题研究

彭庆军　著

武汉大学出版社
WUHAN UNIVERSITY PRESS

总　序

编辑一套“政治文明与政治发展”研究丛书，是我许久以来的一个梦想。十余年来，这个梦想一直萦绕在我的脑际。如今，当这个梦想借助国家社会科学基金重大项目（编号：04&ZD016）和武汉大学政治文明与政治发展研究中心推出系列研究成果之机，开始部分地实现的时候，有必要对这一梦想的缘起、构思、价值、现状和前景作一个简要的交代，以便人们能够大体了解我们孜孜以求的学术心迹。

一

政治文明与政治发展问题，并非是今天才提出的研究课题。自从人类社会政治产生以来，人们为了追求文明的政治生活和推进政治生活的良性发展，曾经进行了长期不懈的努力，并且积累了丰富的政治文明建设和政治发展的经验。但是，长期以来，由于时代和人们认识的局限，政治文明和政治发展问题并没有引起政界和学界的足够重视。直到第二次世界大战结束后，随着世界经济和政治的全球化发展，第三世界国家的政治发展越来越受到人们的普遍关注，人类社会政治文明问题才逐渐进入学界和政界的主流话语之中。

从广义的角度讲，政治发展是人类政治生活的进化过程，是表示以国家权力为核心的政治体系朝着合理化方向变迁的趋势、程度和性质。政治发展理论是20世纪60年代兴起的一门新的政治学研究领域，主要是对发展中国家政治变迁的条件、目标、途径和动力等发展规律进行研究的一种理论形式。1975年，美国政治学家亨廷顿等提出，政治发展是一个具有特定目标的发展过程，这些目标包括政治体系制度化程度的提高、政治结构的分化、广泛的政治参与和政治民主化等，政治发展不仅包括政治的积极发展，也包括政治衰败。因此，要研究政治发展问题，不仅要研究其自身的问题，还必须结合研究政治稳定、政治腐败等相关问题。此后，西方政治学界围绕发展中国家的政治发展问题出版了大量的相关著作，其中比较有代表性的有：派伊：《政治发展的诸方面》、亨廷顿：《变动社会的政治秩序》、亨廷顿：《难以抉择》、亨廷顿等：《现代化理论与历史经验的再探讨》、艾森斯塔德：《现代化：抗拒与变迁》、布莱克：《现代化的动力》、福山：《历史的终结》、阿尔蒙德等：《比较政治学：体系、过程、政策》、摩尔：《民主与专制的社会起源》、佩鲁：《新发展观》、布莱克：《比较现代化》、帕特南：《使民主运转起来》、威亚尔达：《民主与民主化比较研究》、阿马蒂亚·森：《以自由看待发展》等。

在国内，从20世纪80年代开始，理论界、学术界围绕中国的政治发展问题展开了热烈的讨论，先后召开过20余场专题学术研讨会，其中比较有影响的有：中国政治学会召开的“全球化与中国政治发展战略”学术研讨会，北京大学召开的“中国政治发展与政府管理”学术研讨会，北京市政治学与行政学学会召开的“我国行政体制改革与政治发展”学术研讨会，中央社会主义学院召开的“坚持中国特色社会主义政治发展道路”学术研讨会，湖北省政治学会召开的“宪政精神与当代中国政治发展”学术研讨会，国家行政学院召开的“加强党的执政能力建设与民主政治发展”理论研讨会，中国政法大学和天津师范大学联合召开的“政治文化传统与政治发展”学术研讨会，中国社会科学院召开的“中俄政治发展”国际学术研讨会，中国社会科学院召开的“东亚政治社会转型”学术研讨会，厦门大学召开的“台湾政治发展”学术研讨会等。此外，出版了一批专门研究政治发展问题的著作。其中比较有影响的有：李元书：《政治发展导论》、李元书：《论政治变迁》、燕继荣主编：《发展政治学：政治发展研究的概念与理论》、邓伟志：《变动社会中的政治稳定》、陶德麟等：《政治稳定论》、马建中：《政治稳定论》、罗荣渠：《现代化新论》、万高潮等：《当代中国政治稳定与政治发展》、伍颐园：《政治发展与中国现代化研究》、徐湘林：《渐进政治改革中的政党、政府与社会》、高放：《中国政治体制改革的心声》、王贵秀：《中国政治体制改革之路》、何增科：《中国政治体制改革研究》、施雪华：《比较政治现代化》以及由上海市社会科学院民主政治研究中心主编的《中国政治发展进程》(2004) 和《中国政治发展进程》(2005)、深圳大学黄卫平主编的《当代中国政治研究报告》(1、2、3、4) 等。此外，中信出版社和重庆出版社还分别推出“政治发展与政府管理研究”丛书和“中国地方治理和政治发展实证研究”丛书。据中国期刊网上的统计，2000—2007年国内学术界发表关于政治发展方面的论文达1100余篇，其中2000年87篇，2001年83篇，2002年101篇，2003年97篇，2004年139篇，2005年142篇，2006年173篇，2007年187篇（截至11月的统计）。特别是适应中国现实政治发展和政治理论创新的要求，许多单位成立了专门研究政治文明与政治发展的研究机构，其中比较有影响的有：中央编译局当代马克思主义研究所、北京大学政府管理与政治发展研究所、复旦大学政治与行政研究所、深圳大学当代中国政治研究所、武汉大学政治文明与政治发展研究中心、北京市政治文明建设研究中心，天津师范大学政治文化研究所、中国人民大学当代中国政党研究所、山东大学政党研究所等。这些研究机构的成立和活动直接推动了当代中国政治文明与政治发展问题的研究。

二

相对于政治发展研究而言，政治文明研究是一个迟到的问题。

长期以来，由于人们普遍将文明分为物质文明和精神文明两个部分，因此，无论东方或西方学术界对政治文明问题的研究都很不够。尽管1844年马克思就使用过“政治文明”的概念，但此后的150余年间政治文明既没有专门的研究论著问世，也没有成为人们普遍关注的实践问题。虽然自20世纪80年代开始，中国理论界即有零星的研究政治文明的论文出现，特别是著名科学家钱学森和他领导的研究系统论的课题组曾发表过《社会主义文明的协调发展需要政治文明建设》(载于《政治学研究》1989年第5期）等论文，但这些论文大多是从政治文明与物质文明、精神文明的关系上提出问题，并未深入到对政治文明的基本理论和政治文明建设实践进行全面研究。20世纪末，尽管有关政治文明研究的论文不少，但无论是对政治文明的内涵、政治文明的原则、政治文明的形态、政治文明的历史发展，还是对社会主义政治文明的特征、建设中国特色社会主义政治文明的重大价值、前提条件、制约因素、具体路径等都还未能进行深入的研究。

自从2002年中共十六大正式提出“建设社会主义政治文明”的奋斗目标以后，“政治文明”问题很快成为理论界、学术界关注的重要课题。据统计，中共十六大前后，为配合贯彻落实“十六大”的精神，中共中央党校、中国政治学会、科学社会主义学会、全国党建研究学会等单位和团体分别召开了涉及政治文明内容的学术研讨会。全国30多个省市人大、政协、社会科学界和大多数的高等院校，也都分别召开了“建设社会主义政治文明”研讨会。特别是中共十六大召开后，关于政治文明研究的成果大量涌现，一时间，几乎所有的报刊都刊登过政治文明研究的文章。据“中国期刊网”的统计，2000—2007年全国发表的有关政治文明研究的论文共4456篇，其中2000年2篇，2001年11篇，2002年318篇，2003年1679篇，2004年1143篇，2005年649篇，2006年421篇，2007年230篇（截止到11月），呈现出以2003年为中轴高峰向两头逐年递减的变化趋势。

此外，一批研究政治文明的专著也先后问世，截至2006年年底，全国出版关于政治文明研究的著作达到100余种，其中比较有代表性的著作有：虞崇胜：《政治文明论》(武汉大学出版社2003年版)、编委会：《论社会主义政治文明》(武汉出版社2003年版)、肖新发：《社会主义政治文明研究》(湖北人民出版社2003年版)、宋惠昌：《社会主义政治文明读本》(中共中央学校出版社2003年版)、朱昔群：《呼唤政治文明》(四川人民出版社2003年版)、叶庆丰：《政治文明建设论》(江西高校出版社2003年版)、房宁等：《政治文明建设论》(江西高校出版社2003年版)、李建华：《政治文明论》(湖南科技出版社2003年版)、学习时报编辑部：《社会主义政治文明论》(浙江人民出版社2004年版)、刘明君等：《当代中国政治文明走向》(湖北人民出版社2004年版)、林尚立主编：《上海政治文明发展战略研究》(上海人民出版社2004年版)、程竹如：《政治文明：历史维度与发展逻辑》(上海人民出版社2004年版)、江作君等：《政治文明与小康社会》(苏州大学出版社2004年版)、何士青：《政治文明的法学解读》(中国社会科学出版社2004年版)、李良栋：《社会主义政治文明论》(江苏人民出版社2004年版)、李恒瑞：《政治文明研究》(湖南人民出版社2000年版)、邹吉忠：《当代中国马克思主义政治文明论》(河南人民出版社2004年版)、郑慧主编：《社会主义政治文明若干问题研究》(人民出版社2004年版)、许耀桐等：《政治文明建设与民主政治发展》(中国经济出版社2006年版)、许耀桐主编《政治文明：理论与实践分析》（中央编译出版社2007年版)、席文启主编的《政治文明与中国特色社会主义》(红旗出版社2006年版）和《中国特色社会主义政治文明研究》(中共党史出版社2007年版）等，特别是李良栋主编的“中国政治文明研究丛书”(江西高校出版社)、林尚立主编的“中国政治文明发展与建设丛书”(重庆出版社)，分别就政治文明的基础理论问题、社会主义政治文明建设的重大理论与实践问题、政治文明建设的相关问题进行了比较深入、系统的探讨。

经过初步的研究，学者们在政治文明的一些基本问题上已经达成共识：1. 关于政治文明的概念，学者们经过讨论，比较一致地将政治文明定义为"人类社会政治生活的进步状态"。2. 关于政治文明的科学内涵，大多数学者都认同将其概括为政治意识文明、政治制度文明和政治行为文明三个组成部分。3. 关于政治文明的基本特性，学者们在提出阶级社会中政治文明具有阶级性的同时，强调了政治文明的普遍性和特殊性、进步性和时代性、可借鉴性和不可照搬性等特点。4. 关于政治文明与物质文明、精神文明的关系，学者们都强调了人类社会文明是一个包括三大文明在内的整体，三个方面必须保持协调发展。5. 关于建设社会主义政治文明的意义，学者们普遍认为，提出建设社会主义政治文明的历史任务，是社会主义发展史上重大的理论创新和实践创新，开拓了认识社会主义政治发展的新境界，开辟了社会主义政治体制改革和政治建设的新途径。6. 关于社会主义政治文明建设的内容，学者们根据党的十六大和十七大精神，将其概括为党的领导、人民当家作主、依法治国、党内民主和政权建设等方面。7. 关于政治文明比较方面，学者们已经充分认识到政治文明是可以和必须借鉴的，需要认真总结不同国家在政治文明建设方面的经验教训，以作为当今中国政治文明建设和政治发展的借鉴。8. 关于社会主义政治文明建设的途径，大多数学者认为，进行社会主义政治文明建设，必须积极稳妥地推进政治体制改革，走自己的政治发展道路，发展中国特色的社会主义民主政治。应该说，上述这些研究为继续深入探讨政治文明的理论和实践奠定了一定的基础。

但是，由于政治文明研究所涉及的基本理论和基本知识博大精深，而从理论和实践上提出政治文明建设问题仅仅几年时间，因此在研究中普遍存在对政治文明理论理解不够充分和对政治文明建设实践了解不够深入等不足之处，缺乏大视野、大角度、多层面的具有理论创新和实践创新的成果出现。另外，由于政治文明研究刚刚起步，还有许多理论和实践问题没有涉及或涉及得不够，需要作进一步的深入研究：1. 在政治文明基本理论方面，诸如政治文明的起源，政治文明的共性与个性，政治文明的形式与本质，政治文明与民主，政治文明与法治，政治文明与宪政，政治文明与自由，政治文明与公正，政治文明与执政党的关系等，都是尚待研究的问题；2. 在中国特色社会主义政治文明方面，对于社会主义政治文明的内涵、特征、优势、建设目标、原则、路径、规律等，尚缺乏有说服力的研究成果；3. 在中国政治文明建设的传统资源方面，中国是一个具有丰厚政治文明传统资源的国家，当代中国政治文明建设必须承继这份珍贵的历史遗产，挖掘中国传统政治文明的精华，将成为今后政治文明研究的一个亮点；4. 在基层政治文明建设方面，基层政治文明是政治文明大厦的基础，如何加强基层政治文明建设，将成为今后较长时间内我国政治文明建设的重点；5. 在政治文明与经济全球化方面，在经济全球化的背景下，中国的政治文明建设必须有全球视野，积极应对经济全球化所带来的机遇和挑战；6. 在政治文明与小康社会、和谐社会关系方面，小康社会是物质文明、政治文明和精神文明协调发展的社会，研究政治文明问题必须与全面建设小康社会的奋斗目标结合起来，探讨小康社会政治文明的标志、要求、特点、建设规律以及和谐社会对政治文明建设提出的新要求等，这些是近期所要解决的现实问题；7. 在政治文明建设与人的全面发展方面，政治文明建设必须与人的全面发展结合起来，如何通过政治文明建设，促进人的全面发展，如何根据人的全面发展的要求建设社会主义政治文明，这是政治文明建设和政治文明研究所要探讨的核心问题之一。(以上研究现状可参阅虞崇胜等：《政治文明研究综述》,《新华文摘》2003年第2期；虞崇胜等：《2002年政治文明研究述评》，载《论社会主义政治文明》，武汉出版社2003年2月出版；虞崇胜等：《政治文明研究的学术审视》，列入本套丛书之一)。

三

政治文明与政治发展是既相互联系又有差别的两个问题。政治文明是人类政治生活的进步状态，政治发展是人类政治生活的进化过程。就两者的关系而言，政治文明是政治发展追求的目标，也是政治发展的重要标志；政治发展是政治文明的基本前提，也是政治文明发展的动力和途径。从某种意义上讲，没有政治发展，也就没有政治文明；反之，没有政治文明，政治发展也就失去了意义。因此，要研究政治文明问题，必须结合政治发展一同来进行。在政治文明建设中，必须将政治发展与政治文明视为一个整体，通过推进政治发展提高政治文明的程度，又通过政治文明建设促进政治发展。这正是本套丛书之所以把“政治文明”与“政治发展”两者统一起来，命名为“政治文明与政治发展”研究丛书的原因所在。

早在1844年马克思就在《关于现代国家的著作的计划草稿》中不仅使用了“政治文明”的概念，而且同时使用了“代议制和宪章”、“权力分开”、“立法权力”、“司法权力”等与政治发展有关的概念。150余年后的今天，中共十六大在明确提出“建设社会主义政治文明”的奋斗目标的同时，特别强调了必须坚持走中国特色社会主义政治发展道路。党的十七大进而强调：“深化政治体制改革，必须坚持正确的政治方向，以保证人民当家做主为根本，以增强党和国家活力、调动人民积极性为目标，扩大社会主义民主，建设社会主义法治国家，发展社会主义政治文明。”所有这些，不仅表明了我们党在治国方略和政治发展方面的认识日益深化，而且也表明了政治文明与政治发展的有机联系和密切关系。因此，探讨社会主义政治文明与政治发展的内在关系，揭示社会主义政治文明和政治发展的规律，探索社会主义政治文明建设和政治发展的路径，推进社会主义政治文明的健康发展，就成为当代中国政治发展中具有重大战略意义的理论和实践课题。

四

毫无疑问，开展政治文明与政治发展研究，对于当下的中国来说具有重大的理论意义、现实意义和学术价值。

（一）理论意义

开展政治文明与政治发展研究，有助于科学把握政治文明和政治发展的基本内涵，有利于坚持和发展马克思主义的政治发展观。尽管马克思早就使用过“政治文明”的概念，新中国成立以来也不断有关于“政治发展”的呼声，但我国至今鲜有系统研究政治文明和政治发展的著作问世。党的十六大后，理论界虽然掀起了研究政治文明的高潮，但在政治文明和政治发展内涵的理解和认识上仍存在一些分歧。本套丛书将对政治文明和政治发展进行知识考古，从历史的纵深面和现实的辐射面上揭示政治文明和政治发展的科学内涵，为我国正在进行的政治文明建设和探索中国特色政治发展道路提供最一般的知识背景。

开展政治文明与政治发展研究，有助于揭示政治文明与政治发展的内在联系。本来，政治发展是政治文明的题中之意，没有政治发展就没有现代政治文明。但长期以来，人们并没有厘清政治文明与政治发展的内在联系。本套丛书将从人类社会政治发展规律的高度，揭示政治文明与政治发展的互动关系，探讨政治文明与政治发展的一般规律，为我国正在进行的社会主义政治文明建设提供基本的理论依据。

开展政治文明与政治发展研究，有助于揭示社会主义国家建设规律和共产党的执政规律，丰富和发展马克思主义国家学说和执政党建设理论。建设政治文明和推进政治发展无疑给社会主义国家建设和执政党建设提出了新的要求。本套丛书将对社会主义条件下的国家建设和执政党建设的新要求、新特点进行全面分析，进而探索社会主义国家建设和执政党建设的新方式和新道路。

开展政治文明和政治发展问题研究，有助于探索社会主义社会政治发展的特殊规律。本套丛书通过当代中国政治文明建设和政治发展的研究，将以严密的理论逻辑和事实逻辑科学预测中国未来的政治发展走向，推进中国特色社会主义民主政治的理论创新、制度创新和实践创新，从而为我国正在进行的政治体制改革和政治文明建设提供重要的理论参考。

开展政治文明与政治发展问题研究，有助于探讨人类社会发展中所面临的共同问题，促进人类社会协调有序地发展。尽管西方社会政治文明有了某些发展，但是并没有找到促进人类社会协调发展的有效途径。开展政治文明和政治发展研究，将从全球的宽广视野出发，综览古今中外政治文明建设和政治发展的经验教训，用新的政治理念和政治范式促进人类社会生活和平、协调、有序地发展。

（二）现实意义

开展政治文明与政治发展研究，有助于中国社会主义现代化的顺利实现。政治现代化是政治发展一个阶段的目标，社会主义现代化包含着政治现代化，而现代政治文明充分体现了政治现代化的要求，因此，要实现社会主义现代化，就必须加强政治文明建设，积极推进政治发展。

开展政治文明与政治发展研究，有助于全面建设小康社会。小康社会是政治文明、物质文明、精神文明、生态文明协调发展的社会，政治文明与政治发展不仅是小康社会的重要标志，而且直接推动着小康社会的全面实现。

开展政治文明与政治发展研究，有助于探索新世纪新阶段中国政治发展的正确路径。进入新世纪后，我国面临新一轮政治体制创新和政治发展道路选择的问题。根据新中国成立以来和其他国家的经验教训，通过加强政治文明建设以推进政治发展，将不失为新世纪中国政治发展的优选之路。

开展政治文明和政治发展研究，有助于“三个代表”重要思想的贯彻落实。“三个代表”重要思想内涵十分丰富，在政治上主要表现为坚持党的领导、人民当家做主和依法治国的统一，而这三个方面恰恰是社会主义政治文明建设要达到的基本目标。因此，探索社会主义政治文明与政治发展的规律，对于贯彻落实“三个代表”重要思想具有重要的理论支撑意义。

开展政治文明和政治发展研究，有助于贯彻落实“以人为本”的科学发展观。科学发展观的核心内涵是人的全面发展，建设社会主义政治文明的目的就是要促进人的全面发展，坚持以人为本是社会主义政治文明建设的出发点和最终归宿。因此，开展政治文明与政治发展研究，将会为促进政治发展和人的全面发展寻找到最佳的途径。

开展政治文明与政治发展研究，有助于促进社会主义和谐社会的实现。社会主义和谐社会不仅是物质文明、政治文明和精神文明和谐发展的社会，同时也是经济、政治、文化、社会和谐发展的社会。政治文明与政治发展研究将着力探讨这几个方面的相互关系，提出促进社会不同层面协调发展的思路和措施，推进社会主义和谐社会的实现。

（三）学术价值

开展政治文明与政治发展的研究，将大大丰富中国特色社会主义政治学理论体系。多年来，许多学者都在探索如何建立中国特色社会主义政治学体系的问题，但由于没有从政治文明和政治发展的新视角来考虑，因而未能准确把握中国政治学的理论内核。开展政治文明与政治发展研究，将提供政治文明与政治发展方面的最新研究成果，用最前沿也是最基础的理论和方法去充实中国特色社会主义政治学理论体系。

开展政治文明与政治发展研究，将为政治学分支学科的进一步交叉融合提供重要契机。无论是政治文明还是政治发展，都是政治学要研究的重要问题。但长期以来，在学术研究中人们并没有把政治文明与政治发展结合起来，从而割断了两者的有机联系。本套丛书力图将政治文明与政治发展内在地联系起来，以促进政治学学科中不同二级学科的交叉和集成，激活现有研究资源，带动学科发展，从而为我国政治学学科的发展作出自己的贡献。

开展政治文明与政治发展研究，将为政治学研究提供一个基础性的学术平台。在此基础上，既可以开展政治文明与政治发展的基础理论研究，也可以开展政治文明与政治发展的实证研究，还可以开展政治文明与政治发展的比较研究，从而形成政治学研究的新领域和新视点。同时，随着研究工作的深入发展，将逐步形成全国规模最大、功能最齐全的政治文明和政治发展研究信息和资料中心，直接服务于我国的政治文明建设和政治发展实践。

开展政治文明与政治发展研究，将为国内和国际学术界交流政治文明与政治发展研究成果提供一个重要阵地。发达国家的学术界，对政治发展有比较深入的研究，取得了相当丰厚的成果；对政治文明问题的研究虽然尚无专著出版，但在大量的比较研究中也多有涉及。近年来，中国学术界对政治文明和政治发展问题开展了广泛的研究，取得了一系列的相关成果。国际和国内学术界通过各种方式建立起广泛联系，促进国内和国际学术界同行的交流与合作，必将大大地提升政治文明与政治发展研究的学术水平。

开展政治文明与政治发展研究，将为培养和造就一批学贯中西、综览古今、富于创新、脚踏实地的学术人才提供一个重要舞台。政治文明与政治发展本身是与时俱进的，对它的研究是一个需要作长期努力的系统工程，需要聚合全国研究政治文明与政治发展的力量，形成年龄结构和知识结构合理、思维敏锐、积极进取、老中青相结合的学术队伍，培养大批潜心研究政治文明与政治发展的专门学术人才，进而为提升政治学学科的学术地位、建设具有中国特色的政治学学科体系奠定坚实基础。

五

“路漫漫其修远兮，吾将上下而求索。”研究政治文明与政治发展问题，如同建设政治文明和推进政治发展一样，并非朝夕之间就可以竟其功的，它将是一个随着人类社会政治文明建设和政治发展而不断发展的常研常新的重大课题。对此，我们应该保持清醒的认识。我们推出“政治文明与政治发展研究丛书”的目的，与其说是为了展示我们的部分研究成果，不如说是为了抛砖引玉，呼唤更多的热心于政治文明与政治发展的政界和学界先进投身到政治文明建设和政治发展实践中来，用鲜活的研究成果共同去构筑人类政治文明与政治发展的学术殿堂和理论宝库。

无论世界风云如何变幻，也无论中国社会未来如何变迁，我们始终坚信：政治文明是值得追求的，人类社会的政治发展是不会停滞的，人类政治生活正是在这种不断的追求中逐步达于文明之境的，人类政治生活不断地走向文明化的大趋势是谁也改变不了的。正如我在《政治文明论》“导论”结尾处所指出的：“大行之道也，政治文明！”这也就是我们研究政治文明与政治发展的基本宗旨。

全新的时代需要全新的政治科学，而全新的政治科学则有赖于政治文明与政治发展理论和实践的发展；换句话说就是，政治文明与政治发展的研究将为全新政治科学的构建提供重要的学术前提和智识基础。我们推出“政治文明与政治发展”研究丛书，就是为了给政治文明与政治发展研究提供一个基础性的学术平台，借助这个平台，不同领域、不同单位、不同国度的研究者可以长期地开展合作研究，取长补短，相互促进，共同去创新政治文明和政治发展理念，拓展政治文明与政治发展的空间，探索政治文明与政治发展的路径，改进政治文明与政治发展的研究方法，引领政治文明与政治发展的方向。我们相信，只要我们坚持不懈地做下去，就一定能够做出无愧于时代和无愧于人类的研究成果来。

“芳林新叶催陈叶，流水前波让后波。”我们深知，由于眼界、时间和能力之限，我们编辑的这套丛书并不尽如人意，尚有诸多瑕疵，一经出版，就必然落伍于活生生的政治文明与政治发展实践。如果借助我们这套丛书的推动，能够催生出更多更好的政治文明与政治发展的研究成果来取代我们的成果，那正是我们之所愿。我们热切地期待着这一天的早日到来，到那时我们也就可以馨香以祝了。

虞崇胜

2007年12月作于珞珈山下补牢斋

目　录

导 论

一、国内外政治发展研究述评

（一）政治发展的研究阶段与研究内容

在西方政治学界，政治发展理论已经是一种比较成熟的政治学理论。对政治发展问题的研究起源于20世纪50年代，在60年代得到极大的发展并逐步系统化。著名政治发展理论研究者亨廷顿等认为，在很大程度上，政治发展理论是以下两股潮流汇合的结果：一是20世50年代初区域研究的发展，二是政治学的“行为革命”。① 我国台湾学者陈鸿瑜认为，政治发展理论的出现，主要有以下四个方面的原因：一是比较研究方法的运用；二是科技整合之需求；三是提供发展策略之需要；四是世界文化统一的理想。② 可见，西方政治发展理论并非探讨人类政治发展的一般历史进程，而只是针对特定区域在特定历史阶段的研究。当然，其理论本身的发展也经历了起起落落的过程。

Richard A. Higgott 认为，西方政治发展理论的发展本身经历了三个不同的阶段：第一阶段是20世纪50、60年代，主要表现为政治发

① ［美］格林斯坦、波尔斯比：《政治学手册》(上卷)，竺乾威、周琪、胡君芳译，商务印书馆1996年版，第148～149页。

② 陈鸿瑜：《政治发展理论》，台北桂冠图书股份有限公司1995年版，第13～14页。

展研究中的现代化理论及对它的批判。第二阶段是 20 世纪 60 年代末到 70 年代初，主要表现为对现代化理论的继续批判和拉美国家所提出的依附理论的兴起。第三阶段是从 1974 年起到现在。这个阶段呈现出两面特征：一是新马克思主义关于阶级形成的性质及第三世界中后殖民时代国家的角色的争论；二是作为“后保守”发展理论的自由理论的复兴。如果从理论本身的内容来看，则可分为保守与激进之分。保守学派过去几十年的发展中最明显的变化是从现代化理论走向公共政策理论；而激进派的主要表现是依附理论、马克思主义与国家理论的兴起。①

国内学者徐湘林也认为，无论是政治发展理论还是政治变迁理论，都存在着重大的体系缺失，因而提倡一种中层分析的政策过程理论。他认为，政治发展的宏大理论所暴露的问题恰恰在于其理论体系过于追求普适性意义而忽视了特殊性意义的重要性，过分强调普遍价值含义而忽视了现实中的具体政治需求。而政治变迁研究多数停留在社会经济变革与政治变迁的相关性解说的层面上。这些研究更多地是运用宏观描述性理论，通过相关性解说对政治变迁表层现象进行概括性描述。这种宏观理论体系的建立所依据的事实根据往往是有限的，当这种理论体系被用于更大范围的经验性研究时，其普遍化理论的指导意义就会减弱甚至丧失。在这种情况下，则需要建立相对具体的实证分析理论。②

以上观点代表了自政治发展理论兴起以来至 20 世纪 80 年代末的研究状况。政治发展研究由原来的强调西方民主价值的普适性走向具体的祛除价值判断的政治变迁（宏观）和政策过程（微观）研究。在政治发展研究的初始阶段，政治科学家们均信奉政治民主的理想，希望通过研究，为发展中国家出谋划策，帮助发展中国家实现政治民

① See Richard A. Higgott. *Political Development Theory*. Croom Helm London and Canberra Press, 1983, p. 5.

② 徐湘林：《从政治发展理论到政策过程理论——中国政治改革研究的中层理论建构探讨》，载《中国社会科学》2004 年第 3 期。

主化。但发展中国家民主政治发展并不顺利的状况使得他们不久就开始怀疑或者拒绝把这一信念看做唯一的价值判断，希望只研究发展中国家的政治变迁事实，这只是回避了先前的问题。亨廷顿曾认为："政治发展无论是用做综合的概念还是用做区别的概念，都是多余的。"① 我们可以发现，他在 1965 年所发表的《政治发展与政治衰朽》一文中将政治发展解释为政治制度化，② 但在 1968 年的《变化社会中的政治秩序》一书中，从头至尾没有一处用到"政治发展"这一概念，尽管后者在很大程度上是以《政治发展与政治衰朽》一文为基础的。亨廷顿自己解释说："如果说我在改弦易辙，那么，我也鼓励别人改弦易辙。"③ 随后出现的依附学派的研究，似乎弥补了在价值判断问题上的缺陷，但由于所持的价值判断遭到发展中国家进一步的发展事实所质疑，也失去了活力。美国著名政治学者派伊认为，造成这种状况的原因主要有以下几个方面：第一，当发展问题提出时，恰好是"进步"这一概念的终结，而"二战"及专制的出现使人们很难看到非西方世界的发展。"进步"概念又从后门溜入，从而政治发展研究进入一个调整期。第二，从最近的知识分子的视角来看，发展问题受到了文化相对主义的挑战，每一种文化都是相对的，无所谓哪一种更进步，更发展，不存在比较性。第三，现代政治科学的经验性、现实性取向与发展问题的方向相冲突，进步变化只能是渐进的，没有为突变式发展留有余地。第四，当时流行的操作程序和方法也影响到我们处理发展问题的能力，行为主义要求更加严格的标

① ［美］塞缪尔·亨廷顿：《导致变化的变化：现代化、发展和政治》，载西里尔·E. 布莱克主编：《比较现代化》，杨豫等译，上海译文出版社 1996 年版，第 66 页。

② Samuel P. Huntington, *Politcal Development and Political Decay*, World Politics, Vol. 17, No. 3 (Apr., 1965), p. 386.

③ ［美］塞缪尔·亨廷顿：《导致变化的变化：现代化、发展和政治》，载西里尔·E. 布莱克主编：《比较现代化》，杨豫等译，上海译文出版社 1996 年版，第 67 页。

准，而发展问题的研究由于客观的原因无法完全做到。① 无论是什么原因造成了政治发展理论研究重点的转向，政治发展理论在价值袪除后走向衰落却是不争的事实。

然而，自20世纪80年代末开始，由于第三次民主化浪潮的出现，政治发展理论重新回复到原有的对民主转型与巩固的研究上来，可以说，第三次民主化浪潮为政治发展研究重新提供了契机。竹森认为，正是因为政治发展理论研究抛弃了原有的对民主价值的强调，从而导致了政治发展研究的衰落。“从纯粹功利的角度去评价一个社会的公共政策，这对正在现代化的国家是无益的，因为政府除了反映该社会人民的世俗需要之外，毕竟还需要反映该社会人民的高尚需要。”“政治发展研究到了变迁研究阶段，似乎真正科学化了，但也走进了衰落的低谷。因为政治发展研究的原初目的是研究发展中国家的政治发展问题，描述其过程，诊断其问题，并给发展中国家提供政治发展的政策建议。如果政治发展研究放弃了这一目标，不再考虑价值判断，政治发展研究实际上就失去了现实需求的动力，也就步入了衰落之道了。从根本上来说，政治现象并不是道德无涉的自然现象，政治科学也不可能是像物理学那样的价值无涉的科学，在这种情况下，袪除价值，实际上就等于阉割了政治发展研究的活力，使政治发展研究成了无本之木，无源之水。”② 近年来，随着对广大发展中国家民主转型与巩固研究的进一步深入，政治发展理论步入了一个新的阶段。

从以上分析可知，政治发展研究大体经历了三大阶段：初期以自由主义政治现代化理论为核心，寄希望于第三世界走上发达国家的民主化之路；由于20世纪60～70年代各发展中国家和地区的民主化普遍受挫，权威主义政治发展观兴起，政治发展理论旋即转入以政治变

① See Lucian W. Pye, *The Concept of Political Development*, Annals of the American Academy of Political and Social Science, Vol. 358, pp. 2-5.

② 竹森：《当代政治发展研究衰落探因》，载《自由与社群》，三联书店1998年版，第252、255页。

迁研究和政策过程研究为中心的价值祛除阶段；进入20世纪80年代末以来，政治发展理论则重点转向对发展中国家的民主转型及其巩固的研究。

本书认为，尽管其宏观的理论描述及其强调普适性价值有其自身固有的缺陷，但是政治发展研究仍然具有生命力。发展本身意味着进步，政治发展意味着政治进步，而人类至今所找到的最好的政治形式就是民主政治。国内著名政治学学者王沪宁认为，民主政治并不是最好的政治体制，但是是人类社会目前所能发现的最好的政治体制。①他指出，民主化是政治发展的神圣目标。“发展中国家的道路将是漫长曲折的。有些学者认为发展中国家不宜实行民主，以便集中精力全力促进政治一体化和经济发展。这种主张如果有意义的话，那也只是一时的意义。从历史发展的方向来看，民主仍然是发展中国家政治发展的最终目标。”② 所以，无论怎么批评西方学者的政治发展标准带有西方中心主义的色彩，但不能否认的是至今任何一个国家和地区都无法回避政治民主问题。因此，随着全球政治经济形式的变化，政治发展研究的重点仍然重新回归到了民主及民主化问题上，尽管民主的形式肯定是依各国具体情况的不同而不同的。恰如威亚尔达在《民主与民主化比较研究》中所指出的：“我们相信，有某些普遍标准是民主所要求的——制度化的竞争性选举、政治自由、政府的定期更换，但与此同时，民主的确切含义、后果、重要性及文化底蕴又存在显著的不同。”③

总之，在当今世界，民主及其巩固是每一个发展中国家在其政治发展过程中所面临的主要难题。可以说，“当社会中就如何产生一个政府的选举程序达成了充分的一致，当政府是由自由、广泛的选举产

① 参见王沪宁：《现代政治透视丛书》总序，三联书店（香港）有限公司1993年版。

② 王沪宁：《比较政治分析》，上海人民出版社1987年版，第262页。

③ ［美］霍华德·威亚尔达主编：《民主与民主化比较研究》，榕远译，北京大学出版社2004年版，第11页。

生的，当政府有权威直接制定政策，当新生的民主政府的立法、行政、司法各行其政的时候，民主转型就基本终结了”。① 尽管已经向民主转型的发展中国家还只是少数，但近年来关于发展中国家的政治发展的研究正坚定地朝这一方向发展。“从50年代末到60年代初，这一领域的学者专注于民主的先决条件和民主制的发展，这里的民主几乎完全是西方模式定义的。60年代后期，研究发展问题的政治学家格外注意到政治秩序与政治稳定问题。这种状况持续了将近十年，到80年代初，向民主制过渡的问题才又被重视”。② 亨廷顿本人也正是这一转变的最典型的代表，从其著作《变化社会中的政治秩序》到《第三波》就可见一斑。

（二）政治发展序列观及其局限

对于政治发展的基本目标——政治民主与政治稳定，国内外学界并无多大争议。争论的焦点就在于怎样实现这些目标。毫无疑问，发展是一个时间概念，因而必定就会有一个时间序列。所有的好事不可能同时发生，发展中国家的政治发展也不例外。因此，在政治发展理论的主流理念中，序列观是其最为重要的观点。尽管自由主义政治现代化理论主张民主优先，权威主义政治发展观主张稳定优先，但二者的共同之处在于将政治发展看成是一个序列过程，通过人为设计某种发展序列来促进政治发展。

1. 政治发展序列观

序列（sequence）的英文解释是 succession，而财产继承的继承次序在英文里用的就是“succession”一词，因为继承次序是由法律设计、规定和安排的，因此“sequence”一词可以理解为一种类似法

① Juan J. Linz and Alfred Stepan. *Problems of Democratic Transition and Consolidation: Southern Europe, South America, and Post Communist Europe*, Baltimore: The John Hopkins University, 1996, p. 3.

② ［美］塞缪尔·亨廷顿等：《现代化——理论与历史经验的再探讨》，上海译文出版社1993年版，第332～333页。

律继承次序的主观程序安排，这种安排带有一定的优选性。① 如果说先发国家的政治发展过程更多地是一种自生自发过程，那么后发国家则更多地是一种人为选择的过程。

在先发国家几百年的政治发展历史长河中，其政治发展也并不是一蹴而就的。政治发展最重要的指标就是公民政治参与的扩大，而公民政治参与的扩大又主要表现在选举权的扩大。马克思和恩格斯还对选举制给予过高度赞扬，“选举是真正的市民社会对立法权的市民社会、对代表要素的真正关系。换句话说，选举是市民社会对政治国家的直接的、不是单纯想象的而是实际存在的关系。”“由于有了无限制的选举权和被选举权，市民社会第一次真正上升到脱离自我的抽象，上升到作为自己的真正的、普遍的、本质的存在的政治存在。”② 但仅仅是普选权的普及，发达国家也经历了上百年的时间。英国是世界上最早确立现代选举制度的国家，直到 1970 年，英国男女公民的选举年龄才同等地降为 18 岁，至此才形成比较成熟的普选制。美国、法国等发达资本主义国家也直到 1970 年和 1974 年才最终普及普选权。

对于后发国家而言，它们普遍都没有这么幸运，因为它们没有足够的时间，从一开始它们就都必须面对普选的要求与压力。亨廷顿在其《变化社会中的政治秩序》一书中明确提出，发展中国家在 20 世纪 60、70 年代的动荡不安，“在很大程度上，这是社会急剧变革、新的社会集团被迅速动员起来卷入政治，而同时政治体制的发展却又步伐缓慢所造成的”。“社会的动员和政治参与的扩大日新月异，而政治上的组织化和制度化却步履蹒跚。结果，必然发生政治动荡和骚乱。政治上的首要问题就是政治制度化的发展落后于社会和经济变

---

① 欧阳景根：《政治发展理论的序列观评析》，中国人民大学硕士论文 1999 年，第 11 页。

② 《马克思恩格斯全集》第 1 卷，人民出版社 1956 年版，第 396 页。

革。”① 对于发展中国家而言，首要的问题不是扩大政治参与，不是民主化，而是建立政治秩序，建立起有效能的政府。政治发展的进程就依次表现为：权力的集中、权力的扩大、权力的分散。“现代化对一个分散的、组织薄弱的和封建的传统体制的第一个挑战，典型地是集中必要的权力以造成传统的社会和经济的变革。接着的第二个问题是在该体制中扩大权力，以吸收新近动员起来的参政团体，从而创立一个现代体制。这是当今世界现代化中国家面临的首要挑战。在此后一阶段，该体制就面临参政团体进一步要求分散权力并在各团体与机构之间确立相互制约的制度。”② 因此，在亨廷顿看来，是权威先于自由，效率先于民主。只有有意识地选择这一发展过程，才能有效地避免政治发展过程中的骚乱与衰退。

派伊在《政治发展中的危机与序列》一书的序言中写道：“在求得一个更具意义的历史视角中，我们对危机所历经的不同序列及其所带来的持续性结果变得兴趣勃发。”③ 他认为，在政治发展过程中，有可能会依次出现六大危机：认同危机、合法性危机、行政命令贯彻危机、参与危机、整合危机与分配危机。而对于发展中国家的政治发展而言，就是要依次处理好这六大危机，首先必须解决好民族认同危机以建立起稳定的民族国家，然后再解决合法性危机等。因此，派伊等人认为，必须设计出一个解决危机的序列模式，以渡过政治发展过程中的危机。

罗斯托认为，政治发展最有效的顺序是先建立国家统一体，然后扩大行政管理当局，最后是走向政治平等。而帕威尔则认为，不同的发展序列可能会导致不同的政治发展结果：如果是农民政治化先于农

---

① ［美］塞缪尔·亨廷顿：《变化社会中的政治秩序》，王冠华等译，三联书店 1989 年版，第 4、5 页。

② ［美］塞缪尔·亨廷顿：《变化社会中的政治秩序》，王冠华等译，三联书店 1989 年版，第 132 页。

③ 转引自欧阳景根：《政治发展理论的序列观评析》，中国人民大学硕士论文 1999 年，第 11 ~ 12 页。另可参见陈鸿瑜：《政治发展理论》，台北桂冠图书股份有限公司 1995 年版，第 148 ~ 152 页。

业商品化，最后才是城市化，那么就会导致农民革命的发生；如果是农业商品化先于农民政治化，最后是城市化，那么就会有助于产生农业的和平改造。① 欧堪斯基借用经济学家罗斯托的经济成长观点，将政治发展分为基本统一的政治、工业化的政治、福利国家的政治、经济富裕的政治四个阶段。② 毕尔则以现代化为基准，将政治发展分为18世纪的贵族政治、19世纪的自由民主政治、20世纪的集体主义政治三个阶段。③ 尼托认为，政治发展是一级确定的优先顺序，一个过程，以及把国家分成已发展和低度发展的观念。在分析家和参与者的观念中，应承认发展有阶层次序。至于发展之优先顺序，有些分析家主张以经济为主，有些分析家则主张以社会政治为主。④

政治社会学家李普塞特就明确提出，经济发展将会自动地导致政治民主，因此经济发展优先于政治民主。“一个国家越富裕，它准许民主的可能性就越多。从亚里士多德到现在，人们一直认为，只有在富裕社会，即生活在现实贫困线上的公民相对较少的社会，才能出现这样一种局面：大批民众理智地参与政治，培养必要的自我约束，以避免盲从不负责任煽动的呼吁。一个分化成大多数贫困民众和少数显贵的社会，要么导致寡头统治（少数上层分子的独裁统治），要么导致暴政（以民众为基础的独裁统治）。”⑤ 然而，无论是经济发展优先于政治民主，还是政治民主优先于经济发展，政治发展都被看做是一个分阶段、有步骤的序列化进程。

① 参见［美］塞缪尔·亨廷顿、乔治·J. 多明格斯：《政治发展》，载格林斯坦等编：《政治学手册精选》，储复耘译，商务印书馆1995年版。

② See Organski, *The stages of political development*, Alfred A Konpf: New York, 1965, pp. 7-17.

③ Samuel H. Beer, *Modern Political Development*, Random House, Inc., 1974, Chapter Seven.

④ 陈鸿瑜：《政治发展理论》，台北桂冠图书股份有限公司1995年版，第27页。

⑤ ［美］西摩·马丁·李普塞特：《政治人——政治的社会基础》，张绍宗译，上海人民出版社1997年版，第27页。

当代民主理论家罗伯特·达尔认为，最好是将政治发展看成是几次历史演变构成的。一是由霸权政治和竞争性政治向近似多头政治的演变。这基本上是19世纪西方世界所发生的进程。二是由近似多头政治向完全多头政治的演变。这是20世纪末和第一次世界大战之间的30年左右的时间里在欧洲所发生的事情。三是完全多头政治的进一步民主化。这是“二战”以来正在发生的事情。① 而在这通往多头政体的途径中，达尔认为大致也有三种顺序：一是自由化先于包容性；二是包容性先于自由化；三是捷径，一个封闭的霸权政体由于短期内迅速赋予普选权和公开争论权而发生突变成为多头政体。从旧政体到比较稳定的多头政体之间，最寻常的历史顺序，大概就是近似于第一条道路，即先实现竞争性政治而后扩大参与。另外两种道路则比较危险些，原因是相同的：要达到一种可行的共同安全体系无论如何是一种困难的事；人数越多，涉及的利益越多样化，差异越大，这项任务就越困难，所需要的时间也越长。② 达尔很明确地分析了通向多头政体的三种序列模式，可是达尔的分析并不是以发展中国家为基础，而是以西方发达国家为样板。

总之，在西方传统的政治发展理论中，普遍认为政治发展是一个序列过程，在这一过程中，不同的发展目标应有先有后，鱼和熊掌不能兼得。欧阳景根在分析政治发展序列观的理论假设时指出，其理论假设的前提有二：一是政治发展的目标的多样性及不可同欲性。政治发展的目标是一个体系，包括民主、平等、自由、效率、能力、分化、制度化、世俗化、官僚化等，但是另一个方面，这些目标并不能同时或一次性达致，只能有所选择，有所取舍，有所侧重，分清轻重缓急，逐次获得。二是各目标之间存在着因果关系，某一目标的优先达致是下一目标达致的先决条件；某一目标的达致程序所付代价成本

① ［美］罗伯特·达尔：《多头政体——参与和反对》，谭君久、刘惠荣译，商务印书馆2003年版，第21页。

② ［美］罗伯特·达尔：《多头政体——参与和反对》，谭君久、刘惠荣译，商务印书馆2003年版，第45~48页。

影响到下一目标或其他目标达致的程度或成本。①

事实上，早在西方政治发展理论之前，中国的革命先行者孙中山先生就在1906年颁布的《中国同盟会革命方略》中，提出军法之治、约法之治、宪法之治的建国三程序说。继而在1924年《国民政府建国大纲》中，将国家建设分为军政、训政和宪政三个时期。“在军政时期，一切制度悉隶于军政之下，政府一面用兵力扫除国内之障碍，一面宣传主义以开化全国之人心，而促进国家之统一。”“在训政时期，政府当派曾经训练考试合格之员，到各县协助人民筹备自治。”“凡一省全数之县皆达完全自治者，则为宪政开始时期。国民代表会得选举省长为本省自治之监督。”“在宪政开始时期，中央政府当完成设立五院，以试行五权之治。”② 由此我们可以看出，孙中山先生的观点与后来政治发展理论诸多学者的观点是一致的，即政治制度化优先于政治民主化，先集中权力，然后扩大权力，最后才是分散权力。

既然古今中外，政治发展概莫能外，是否每一个国家的政治发展都要经历这样一个序列过程呢？在政治发展过程中一个目标的实现就必然会导致另一目标的实现吗？政治发展序列观并没有很好地解决这些问题。

2. 政治发展序列观的局限

从以上对政治发展序列观的介绍可以看出，由于政治发展是个时间问题，也由于政治发展并不是一个完全自生自发的自然秩序，人们在政治发展过程中不能完全只是被动地应付发展过程中所出现的危机，而是要主动选择最佳道路与序列，实现政治的可持续发展。因此不同的政治学者提出了不同的序列变量与发展顺序。究竟是自由优先于民主，还是经济发展优先于政治民主，还是权威优先于自由？无论

① 欧阳景根：《政治发展理论的序列观评析》，中国人民大学硕士论文 1999年，第11~12页。

② 曹锦清编选：《民权与国族——孙中山文选》，上海远东出版社 1994年版，第248~250页。

哪种序列都有其存在的理由，也都有其实践的事例所证明。这恰恰证明人类的政治发展很难找到一条通行的普适的序列模式，每一种序列模式在运用到具体的发展中国家的政治发展实践时都有可能出现较大的偏差。因为政治发展序列观本身就存在着诸多的局限。

对于政治发展序列观的局限性，我国台湾学者陈鸿瑜认为主要有以下四点：第一，它只限于对民主国家的解释，而无法适用于非民主国家。第二，它的推论是以都市化为解释的起点，但没有解释都市化是如何发生的，况且都市化也未必会发展成现代民主社会。第三，教育与大众传播的内容都必须是有关民主的，才可能促进民主政治的发展，否则极权和独裁政权亦可以利用教育和传播手段，加强对社会的控制。第四，这些纵向的因果模式，只是简单地提出都市化、教育、沟通和民主政治发展的因果关系，或者指出了变迁的方向，但并没有说明变迁发生的动机以及变迁的速度。① 另外，欧阳景根认为序列理论主要存在以下两方面的缺陷：一是序列变量选择的标准问题，他们选取的标准往往过于复杂、抽象。二是序列设计的问题。主要有以下几个方面：（1）对各后发国家政治发展目标、所走道路与序列之间关系的忽视。（2）对精英冲突和序列间关系的忽视。（3）对序列政策化后执行中可能出现的问题的忽视。假如出现“现代化中断”或中途基于对战争、经济恶化等考虑而中断序列的贯彻时，原有的序列是否会改变？（4）子序列对母序列的影响。（5）因果假设。一个目标的实现并不必然导致下一目标自动地实现。（6）假定国际形势保持不变。（7）假定各序列变量之间的作用均衡。（8）概念上的混乱，混同序列（sequence）与阶段（stage）这两个不同的概念。② 可以说，欧阳景根所总结的政治发展序列理论的这些缺陷都是十分准确的，但他在指出这些缺陷的基础上并没有反思序列观本身，而是提出

① 陈鸿瑜：《政治发展理论》，台北桂冠图书股份有限公司 1995 年版，第 127 页。

② 参见欧阳景根：《政治发展理论的序列观评析》，中国人民大学硕士论文 1999 年，第 28～30 页。

了自己的另一种序列观。本书认为，暂且不论各位学者所提出的序列观的可行性等问题，仅是序列观本身至少还有以下局限：

首先，政治发展序列观基本上以西方发达国家的发展为样本，对于后发国家的经验总结不足。西方成功的民主国家的发展大体都经历了两百余年的历史，它们有足够的时间来按政治发展的阶段进行演变，先建立民族国家，然后扩大政府权力，最后走向民主国家。李元书认为，一个国家的政治发展会先后经历以下七个阶段：结束前民族国家状态建立统一的政治一体化的民族国家的阶段，实行集权政治的阶段，实行低级代议民主制的阶段，实行高级代议民主制的阶段，半直接民主与代议制民主相结合的阶段，人民自治的阶段，最后是社会自治的阶段。而且集权政治阶段是发展中国家走向民主政治的必经之路。① 但是，对当今广大发展中国家而言，它们往往一开始面临的就是不但要建立起一个民族国家，而且还要建立起一个民主国家。好事不可能同时发生，发达国家在过去两百多年中逐步出现的问题却往往同时在发展中国家发生。如果说广大发展中国家在发展经济方面有诸多的“后发优势”，在政治发展方面则更多地是“后发劣势”。因此，以发达国家的发展经验为样本，再为广大发展中国家提供一个发展序列，对于广大发展中国家而言往往文不对题。以选举权为例，“在1830年时，英国尽管也许是当时欧洲最民主的国家，却只有2%的人口有选举权；这个数字在1867年上升到7%；在1880年，上升到40%。众所周知，在美国，黑人曾长期被排除在选举的大门之外。在瑞士，直到1971年，妇女才获得选举权。”② 而我们现在却见不到一个新兴独立的民族国家像这些发达国家一样，在建国初期只给予极少部分人选举权。因为时过境迁，不同的时代所面临的问题已经大不相同。广大发展中国家不可能再重新经历西方国家那样先建立起贵族政治，再过渡到自由民主政治，或不可能先建立和扩大王权，然后再限

① 参见李元书：《政治发展导论》，商务印书馆2001年版，第32~39页。

② 布公：《为什么民主必须是自由的》，载《直接民主与间接民主》，三联书店1998年版，第28页。

制或推翻王权。

其次，政治发展序列观中的序列变量，大多是以其研究的几个具体对象来进行抽象的，往往只是具体国家的经验总结，很难对其他许多国家的政治发展过程作出有效解释。比如《政治发展过程的危机与序列》一书大体就是以英美国家为例的总结。陈鸿瑜指出："唯有英国的发展过程较符合危机发生的顺序，如英国最早发生的是民族认同问题，其次是君王制和政府的合法性问题，再次是扩大参与问题，在政治系统整合之后，终发生分配危机问题。但若干欧洲国家的发展危机则不按上述顺序发生，如意大利和德国在民族国家建立之前，无须解决民族认同的问题。法国的合法性和整合问题，一直都影响政府的行政绩效，而且加深分配危机。大体而言，欧洲国家的发展危机是重叠和同时发生的，与英国的顺序发生的情形不同。至于亚非国家，则似乎较接近欧洲大陆的经验，而非英国的经验。"① 还例如，达尔对通往多头政治的三种序列的分析，基本上是以发达国家已经走过的道路为蓝本，对于广大发展中国家而言，已经没有重复选择的可能性。多头政体更多地是美国政体的概括，而不是整个西方世界民主政体的总结。

再次，政治发展序列观往往基于一系列的因果假设，即在某一阶段实现某一优先目标往往有助于实现下一阶段的某一目标，可是事实往往并不如人意。不可否认，建立独立的民族国家是政治发展的第一步，权力集中在此时是必要的，但如何保证这些建国者们就不会走向独裁而会继续推动政治发展呢？"二战"以后广大第三世界的发展历史表明，民族国家的建立只是政治发展的第一步，然而从第一步迈向第二步就步履蹒跚、困难重重了。革命先行者孙中山先生的设想不可谓不周密细致，但如何保证军政实现了就一定会转向训政，训政完成了就一定会转向宪政呢？国民党当局后来正是以训政之名行独裁之实。亨廷顿后来也认识到调和政策的重要性。从某种程度上讲，权威

---

① 陈鸿瑜：《政治发展理论》，台北桂冠图书股份有限公司 1995 年版，第 152 页。

优先于民主并没有错，但如何保证已经建立起来的权威不自我复制并不断增强而阻碍下一阶段的目标的实现呢？政治发展序列观将其实现看成是自然而然的事情，但第三世界的政治发展的历史进程却并不顺利。例如，20世纪60年代，拉丁美洲全部变成了军人政权，但这些军人政权几乎很少有主动将权力移交给文官政府的。正如前苏联学者米尔斯基所说："在一般情况下军人是不会让出政权和'返回兵营'的，而且只要他们保持团结和相信自己能够对国家实现牢固和有效的统治，谁也不能让他们这样做。"① 另外，发展序列可能受到来自模式以外的因素的影响而告崩溃，卡特莱特就曾探讨外国入侵和战争对政治发展的影响，他认为外国入侵和战争可能破坏或干扰正常的发展序列。②

最后，政治发展序列观尤其是权威主义政治发展观大多认为发展中国家需经历一个权威主义阶段，先实现政治一体化，先发展经济，然后再进行政治民主化，事实上，权威主义在解决政治一体化问题上能力有限。为了维持社会的正常运转，缓解社会危机，避免革命的出现和社会秩序的崩溃，维护统治者自身的利益，掌权者往往把建立一个权威主义体制作为长久之计，通过军人、官僚和技术人员的结合，形成一个稳定的、强有力的政治系统，压制和排斥民众、控制大众参与、限制政治组织和利益集团的活动，以实现社会稳定和经济发展的可能。③ 这种以权威主义体制压制大众参与换来经济发展的做法符合大部分发展中国家的实情，但仅东亚一些国家和地区取得了成功。在典型的实行权威主义的拉丁美洲，这些国家最后都陷入了经济危机与政治危机的交替循环之中。由于权威主义政权不可能完全压制大众参与，总是有一些利益集团试图通过各种途径改变游戏规则，谋求自身

① ［苏］格·伊·米尔斯基：《"第三世界"：社会、政权和军队》，商务印书馆1980年版，第267页。

② Phillips Cutright, *National Political Development*, *in Nelson Polsby*, et al. (eds), *Politics and Social Life*, Boston: Houghton Mifflin, 1963, p. 580.

③ Donnell, *Modernization and Bureaucratic-Authoritaranism: Studies in South America Politics*, University of California, Berkeley, 1973.

的合法地位和公开的政治参与活动。这就可能威胁到现存掌权者的地位及改变权威主义的权力结构，因而往往遭到更加严厉的镇压。1964年的巴西和1973年的智利，当局使用暴力镇压手段消除新兴的对政府构成威胁的利益集团，独立的政党、学生联合会、工会、农协等全部被取缔。① 可见，权威主义政权并不必然像政治发展序列论者所称的那样会随着社会经济的发展自动转向民主政治。相反，有可能在特定的历史条件下造成倒退。科尔曼在研究新兴非洲独立国家的政治一体化问题时指出，新兴非洲独立国家在政治一体化方面所面临的问题至少与以下三方面因素有关：一是政治组织的形式与规模，传统分裂的非洲政治文化单元被现代大规模的正式国家组织所取代；二是大部分新兴非洲独立国家不加批判地采用议会民主及单一集权的政治制度；三是政治权威的变化，传统的非洲本土精英及殖民时代的官僚被西方化的非洲精英和欧洲定居者所取代。这些政治组织、制度结构及权威的变化对政治一体化造成了重大冲击：新兴的多部落非洲国家中不同文化群体的分裂与冲突，新兴多部落国家中多种族之间的紧张，新兴政治精英之间的分裂及大众与精英的分裂。② 从当今世界各发展中国家来看，发生种族大屠杀、种族清洗及内乱的国家大部分是专制集权国家。因为广大发展中国家中许多通过政变上台的专制集权国家并不是真正意义上的现代理性国家，而是某一个阶级、种族甚至部族、宗教派别的代表。这种将国家机器变为自身利益最大化的控制工具的专制国家，不仅不会弥补社会本身存在的鸿沟，相反会造成更深的裂痕。可见，专制集权在解决政治一体化问题上也不是想象中那样有效，它可能只是通过强制手段暂时掩盖了早已存在的问题，随着专制集权的倒台，固有的民族、种族、宗教冲突等就会突现。

---

① H. J. Wiarda and H. F. Kilne, Latin American Politics and Development, p. 57. 转引自陈尧：《新权威主义政权的民主转型》，上海人民出版社 2006 年版，第 126 页。

② James. S. Coleman, *The Problem of Political Intergration in Emergent Africa*, The Western Politcal Quarterly, Vol. 8, No. 1. (Mar., 1955), p. 44.

总之，政治发展是一个过程，它不可能一蹴而就。人为地设计一个序列来指导一个国家的政治发展可能事倍功半。更何况序列变量的选择本身就是一个十分复杂的过程。发达国家政治发展的经验为后发国家提供了经验与教训，但后发国家无法重复发达国家已经走过的政治发展道路。后发国家可能无法同时实现政治发展所要达到的诸多目标，但政治发展过程所面临的危机却是同时出现的。因此，有必要另辟蹊径，换一个思路来思考发展中国家的政治发展问题。

（三）重视政治发展进程中的政治平衡问题研究

如果说很难为发展中国家的政治发展提供一个一致的发展序列模式，那么是否意味着我们在面临政治发展过程中的诸多矛盾与问题时就束手无策呢？大多数传统政治发展研究者在大量的比较政治研究中，往往将西方社会发展了数百年的民主的结果视为发展中国家开始向民主转型的前提条件，如全面的工业化、城市化、识字率、社会组织的成长、信任与合作等社会资本。阿尔蒙德等人对20世纪50、60年代发展中国家和地区的比较研究中就认为，这些发展中国家的政治体系正是缺少这些民主体制的必要条件。① 然而，这些条件应成熟到什么样的程度才可能向民主转型呢？如同普沃斯基指出的："如果政治转型确实完全是由那些客观条件所决定的，换言之，如果原则上充分列出那些条件就能解释政治转型的话，那么，正确的研究战略就是对历史共变模式进行比较统计研究，而惟一可能的政治战略就是等待那些客观条件的成熟。"② 事实上，任何政治制度的成长都是一种自发秩序与人为努力相结合的产物。密尔认为："政治制度（不管这个命题有时是怎样被忽视）是人的劳作；它们的根源和全部存在均有赖于人的意志。人们并不曾在一个夏天的清晨醒来发现它们已经长成

① See Gabriel Almond and James. S. Coleman, ed., *The Politics of the Developing Areas*, Princeton University Press, 1960.

② Guillermo O'Donnell, etc., *Transition From Authoritarian Rule: Prospect for Democracy*, Johns Hopkins University Press, 1986, p. 48.

了。它们也不像树木那样，一旦种下去就‘永远成长’，而人们却在‘睡大觉’。”① 任何一个发展中国家都不可能在等待所有历史条件都具备的时候才开始着眼于政治发展。对于后发国家而言，它们没有足够的时间去等待。在面临政治发展过程中的诸多矛盾与问题时，必须采取相应的策略与战略以缓解政治发展过程中的危机。

本书认为，政治发展序列观之所以难以为广大发展中国家提供一套有效的序列模式，其关键就在于它忽视了政治发展进程的政治平衡问题。在面临政治发展的诸多问题与矛盾的时候，试图“单腿支撑”，这既不能持久，又总是出现“按下葫芦浮起瓢”、“原地踏步”的状况。事实上，在政治发展研究中，早有众多学者注意到平衡发展的重要性。政治发展的研究著作汗牛充栋，亨廷顿和多明格斯认为，归纳起来主要有三个重要学派：（1）体系功能学派，体系理论要素与结构功能主义相结合，源于塔尔科特·帕森斯，以戴维·伊斯顿、阿尔蒙德为代表；（2）社会进程学派，试图通过对国家社会进行比较的定量分析，把政治行为和进程与诸如城市化、工业化和传播媒介的日益利用等社会进程联系起来，这其实就是现代化的研究模式，以伦纳、多伊奇为代表；（3）比较历史学派，代表了较为传统的方法与热切追求系统严密性的努力的结合，以艾森施塔德、利普赛特、小巴林顿·摩尔和亨廷顿为代表。② 在这三种学派当中，都有学者关注过政治发展进程中的政治平衡问题，遗憾的是，都未对其作进一步的深入研究与探讨。在政治发展研究中，关于政治发展进程中的政治平衡问题的研究主要有以下几种观点：

1. 政治参与扩大化与政治制度化的平衡

尽管亨廷顿认为政治制度化应优先于政治参与扩大化，但他的最终目标仍然是实现二者的平衡。他在另一篇文章《导致变化的变化：

---

① ［英］J.S. 密尔：《代议制政府》，汪瑄译，商务印书馆 1982 年版，第 6～7 页。

② ［美］格林斯坦、波尔斯比：《政治学手册精选》（下卷），储复耘等译，商务印书馆 1996 年版，第 150 页。

现代化、发展和政治》中指出："参政和政治制度化的相互平衡问题是在任何发展水平上的社会都要遇到的问题。"① "如果政治分析局限于分析力量的变化，那就永远无法掌握它们的前因后果。政治中反复出现的问题涉及力量和内容的平衡协调。"② 因此，尽管他本人在《变化社会中的政治秩序》一书中避免使用"政治发展"这一概念，但其最终目标仍然是政治制度化与政治参与扩大化的平衡。在《发展的目标》一文中，亨廷顿又提出了增长、公平、民主、稳定及自主这五大目标，确认民主与稳定是政治发展的重要目标，并对围绕以上目标所形成的相容性假说、冲突理论和调和政策逐一分析，认为在发展目标的选择顺序、调和各项发展目标的制度结构以及推动同时实现各项发展目标的政府战略的各项政策上难以抉择。即使在目标的选择顺序上，也提出了自己的怀疑。即 A 目标的实现是否就一定会保证下一阶段 B 目标的实现？认为在民主与权威的关系问题上应避免民粹主义的超常政治参与及其对政治体系内聚力的破坏，进而导致参与的"内裂"；同时提防专家治国及其禁止政治参与而导致反政府的参与"外裂"；而应采用"支援性"的政治参与，在政治参与与政治稳定，政治民主与政府能力间形成良性互动。③ 20 世纪 90 年代，他又将重点重新转向民主与民主化研究。认为民主与独裁之间的区别同秩序与无政府之间的区别同样重要。而且政治稳定与民主政治两个不同变项之间也不再是完全冲突而是相互关联的。④

---

① ［美］塞缪尔·亨廷顿：《导致变化的变化：现代化、发展和政治》，载西里尔·E. 布莱克主编：《比较现代化》，杨豫等译，上海译文出版社 1996 年版，第 81 页。

② ［美］塞缪尔·亨廷顿：《导致变化的变化：现代化、发展和政治》，载西里尔·E. 布莱克主编：《比较现代化》，杨豫等译，上海译文出版社 1996 年版，第 84 页。

③ 参见［美］塞缪尔·亨廷顿：《现代化——理论与历史经验的再探讨》，上海译文出版社 1993 年版，第 331 ~357 页。

④ 参见［美］塞缪尔·亨廷顿：《第三波——20 世纪后期民主化浪潮》，刘军宁译，上海三联书店 1998 年版，第 28 页。

2. 冲突与一致的平衡

利普塞特认为，稳定的民主应该是冲突与一致的平衡。“稳定的民主确实需要有形之于外的冲突或争执，即允许争夺统治职位，对执政党挑战，更换执政党，但如缺乏一致——一种允许和平地‘行使’权力的政治制度，在野党服从在朝党所作决定，而且在朝党承认在野党的权力——即不可能有民主。”① 只有保持冲突与一致的平衡，政治民主、政治发展才有可能。利普塞特一方面强调冲突，另一方面强调一致。为了走向民主，就必须寻求冲突与一致的平衡。利普塞特的这种冲突与一致的平衡，与亨廷顿所说的政治参与与制度化的平衡是内在一致的。政治参与是有竞争的参与，是内涵冲突的；而政治制度化则是为有竞争、冲突的政治参与提供一种制度保障，提供一种参与各方竞争、冲突的基本规则。

3. 国家与社会关系的平衡

罗纳德·J. 奥克森在《互惠：一种颠倒的政治发展观点》一文中提出，政治发展根植于初级地方单位之间的互惠，没有初级地方单位的互惠，就难有更大单位的政治发展。要实现国家层次的政治发展，离不开社会层次的政治发展，而无论是国家层次还是社会层次，都离不开互惠性发展。“互惠在各种政治发展形式中的重要性在于，确保发展使有关的人和共同体都相互受益。没有互惠，政治就成了零和竞赛。在这种情况下，有些人就使用政府的手段来损人利已。长此以往，其结果就容易成为‘其和为负’，从而导致贫困、暴力和革命的逐步升级。”②

时和兴在《关系、限度、制度：政治发展过程中的国家与社会》一书中提出，关系、限度、制度在政治发展过程中体现出一种三位一

① ［美］西摩·马丁·李普塞特：《政治人——政治的社会基础》，张绍宗译，商务印书馆 1993 年版，第 8 页。

② ［美］罗纳德·J. 奥克森：《互惠：一种颠倒的政治发展观点》，载 V. 奥斯特罗姆，D. 菲尼，H. 皮希特编：《制度分析与发展的反思——问题与抉择》，商务印书馆 2001 年版，第 119 页。

体的互动机制。国家与社会的关系有多种多样，各种关系模式的最终解决方案要靠制度，由制度化的规则去对其进行规范。因而，制度是关系的外壳。规范关系的制度的形成和变迁有着不同的方式：或单方强制，或双方协商，或多方均衡。这后两种方式意味着关系各方都有自己的限度，在相互关系中都离不开各种制约，都需要不同程度的妥协。即便是单方强制的方式也存在自己的限度，如强制力的限度、强制成本的限度和时间限度等。作者选择了以国家作为研究的中心，但却与回归国家理论有所不同，着重点在于分析国家自身的限度，并以此为出发点，来寻求政治发展进程中国家与社会关系的发展、限度和制度变迁。①

时和兴从国家与社会关系入手研究政治发展，可谓抓住了政治发展的一个比较关键的问题。政治发展不是某一方面的发展，研究其互动机制尤其重要。他抛开市民社会的良性互动并不意味着不重视，而是侧重于从发展中国家的现实来看，发展中国家必须建立起一个强有力的国家，但国家的政治增长又必须具有一定的限度。无论是国家权力的限度，还是国家行动能力的限度及国家权威的限度，都必须集中到制度这一点上来。权力的限度需要宪政制度的完善，行动能力的限度需要提高国家行动的制度化，国家权威的限度需要将制度的合法性置于个人的合法性之上。正是基于此，他提出了国家与社会关系的变迁及其发展方向是：制度化制衡、发展型互惠和双向式契约。

事实上，时和兴所论及的就是一个平衡性发展问题。无论发达国家所面临的危机，抑或是欠发达国家的危机，都反映着人类政治发展中所面临的共同问题和矛盾。这些问题和矛盾在不同时期的表现形式和表现程度各不相同，影响着国家发展的道路和方向，总地看来主要有以下表现：其一是权力与自由的矛盾（权力层面）；其二是公平与

① 时和兴：《关系、限度、制度：政治发展过程中的国家与社会》，北京大学出版社 1996 年版，序言。

效率的矛盾（行动层面）；其三是权威与服从的矛盾（权威层面）。①在政治发展过程中，国家的发展与社会的发展都不可偏废，以上三种矛盾的解决不能仅仅是权力压倒自由，效率优先公平，权威高于服从。在政治发展过程中，既要承认国家对于社会的作用，又必须强调在社会力量作用下国家作用受到的限制。因此，从宏观上看，国家与社会关系的平衡是一国政治发展的主要问题。

4. 政治效能与政治民主的平衡

施雪华在《比较政治现代化》一书中提出，发展的政治稳定是转型社会现代化的钥匙。要实现发展中的政治稳定，必须在政治效能与政治民主之间求得平衡。政治发展的政治稳定依赖于政治体系积极适应外在环境系统（经济系统、文化系统、自然系统、国际系统）的变化，与环境系统保持动态平衡；同时，政治系统本身应当以自身结构——功能的动态平衡去适应外在环境系统的发展变化要求。在种种内外因素中，政治效能和政治民主是影响政治稳定的两大关键的价值因素。② 要揭示政治效能与政治民主的动态平衡，可以从三个方面，即体系、过程与政策。从政治体系视角看，主要涉及政治体系的建构、维持和适应三个层面。从政治过程视角看，政治效能与政治民主的动态平衡意味着：第一，整个政治过程必须讲究政治效能。第二，整个政治过程又不能只顾政治效能而不讲究政治民主。从政策产品的角度看，政策产品的数量和质量都依靠这二者的动态平衡。③

另外，陈建兵提出，在人类政治发展过程中，存在着政治民主与政府能力的“悖论”，而要走出“悖论”，就要实现二者的平衡发展。政治民主与政府能力的平衡包括结构平衡、功能平衡和动态平衡。在此基础上认为，自由主义政治现代化理论和权威主义政治发展理论解

---

① 时和兴：《关系、限度、制度：政治发展过程中的国家与社会》，北京大学出版社 1996 年版，第 105 ~ 107 页。

② 参见施雪华：《政治现代化比较研究》，武汉大学出版社 2006 年版，第 567 页。

③ 参见施雪华：《政治现代化比较研究》，武汉大学出版社 2006 年版，第 567 ~ 570 页。

释力的局限及政治发展新主题的凸显，要求确立政治民主与政府能力平衡研究视角，将政治发展过程看成是政治民主与政府能力平衡的过程。①

5. 政治体系的系统性平衡

体系功能学派大都将政治系统看做是一个相对开放的有机体系。在这个系统中，首先要保持政治系统的输入与输出之间的平衡。戴维·伊斯顿认为，政治系统受到的压力，一方面，是要求的容量和内容之间相互关系的函数，另一方面，亦是对于满足和处理这种要求的系统作出的适当反应的函数。② 输入与输出之间出现不平衡，就会给整个政治系统带来巨大压力，从而影响到政治系统的稳定。另外，政治系统的输入既包括"支持"也包括"要求"，而在"要求"与"支持"之间也应保持大体平衡。阿尔蒙德提醒人们："输入流程的量的下降，支持输入和要求输入之间发生的不平衡，或是要求中发生的某种重大变化，这些也可能会导致消极或倒退的'发展'。"③ 而且，政治系统的结构功能分化一向被誉为政治发展或政治现代化的一项重要指标，在政治发展过程中，结构分化与功能分化也应保持大体平衡。政治发展在结构方面的表现就是分化。在分化中角色发生变化，变得更加专门化或自主化，出现了新型的专门角色，出现了或创造了新的专门化的结构和次体系。④ 然而，在广大发展中国家的政治发展过程中，角色分化与功能分化往往发展不平衡。角色分化了，但功能并不一定随之分化，这突出地表现为角色之间的功能混乱。功能的混乱必然影响政治体系效能的发挥，甚至导致政治衰败。

---

① 参见陈建兵：《政治民主与政府能力：一种政治发展研究视角》，陕西师范大学硕士论文，2003 年。

② ［美］戴维·伊斯顿：《政治生活的系统分析》，王浦劬译，华夏出版社 1999 年版，第 81 页。

③ ［美］加里布埃尔·A. 阿尔蒙德；小 G. 宾厄姆·鲍威尔著：《比较政治学：体系、过程和政策》，曹沛霖等译，上海译文出版社 1987 年版，第 26 页。

④ ［美］加里布埃尔·A. 阿尔蒙德、小 G. 宾厄姆·鲍威尔著：《比较政治学：体系、过程和政策》，曹沛霖等译，上海译文出版社 1987 年版，第 24 页。

6. 政府权力与公民权利的平衡

在政治发展（尤其是在民主化）问题上，人们一直关注国家机构的改造。要求约束国家和政府行为的一条思路就是实现国家与政府的退却（retreat）。当人们意识到同样适用于个人行为和政府行为的“利己主义”原则不可能使国家和政府在关键问题上自动让权让利的时候，又把注意力放在作为个体的公民身上，期望通过开发公民的权利意识（启蒙教育）来“击退”国家与政府的强权。① 因而，在政治发展过程中，就有必要注意政府权力与公民权利之间的平衡问题。确实，如奥尔森所言，社会繁荣来自于各种关系的均衡发展，尤其是来自政府权力和公民权利的平衡。“没有政府就没有私有财产——个人可以占有物品，正如狗可以占有一块骨头，但只有在社会保卫并且防护对占有物的私人产权以防止其他私人团体以及政府的掠夺时，才会有私人财产。如果社会中有清晰而可靠的个人权利，从事生产、投资和互利性交易的强大动机才能出现，因而也才会有至少是某些经济进步。”② 社会的繁荣与进步依赖于个人权利的保护，而没有政府的权力，就不可能存在私人财产权等个人权利保护问题。因此，在其政治发展过程中，政府权力与公民权利的平衡也是其重要内容之一。

7. 民主与法治（或宪政）的平衡

佟德志认为，现代西方政治文明的演进模式，是沿着民主与法治的关系进行的。资产阶级革命前后，法国革命和美国革命分别形成了“民主优位”和“法治优位”两种模式；两种模式在 19 世纪到 20 世纪初的时间里逐渐走向融合，20 世纪以来的西方政治文明发展并没有消解民主与法治之间的冲突，依然在民主与法治之间保持着均衡与张力。西方政治文明发展的历史告诉我们，民主与法治是现代西方政治文明的主体框架，民主与法治的冲突及其均衡不但划清了西方世界

① 参见燕继荣：《投资社会资本——政治发展的一种新维度》，北京大学出版社 2006 年版，第 182 页。

② ［美］曼瑟·奥尔森：《权力与繁荣》，苏长和、嵇飞译，上海世纪出版集团 2005 年版，第 152 页。

政治发展的轨迹，而且界定了政治思想的主题。民主国家实现法治这一问题在西方国家政治文明的发展过程中占有极为重要的地位，它在不同的历史阶段与不同民族的历史机缘、社会文化心理等诸多要素结合起来，从而决定了现代西方政治文明的基本样式。① 在宪法学界，信春鹰也认为，“在过分强调民主在国家治理中的作用和过分强调宪政在治理国家中的作用都已经暴露出严重缺陷的现代社会，在民主和宪政之间保持平衡的宪政民主制度被认为是人类社会到目前为止所能设想的一个相对理想的选择”。② 如果说过去发达国家可以选择“民主优位”或“法治优位”的模式，那么，当今的广大发展中国家面临的则是民主与法治相融合的世界，在民主与法治之间，必须保持一定的均衡。

由此可见，政治发展不仅是一个时序过程，而且还是一个不断寻求动态的平衡发展的过程，尽管不同的学者所分析的平衡内容并不一致。因此，研究政治发展，就不得不重视政治发展进程中的政治平衡问题。遗憾的是，上述观点都只是散见于政治发展著作当中，没有引起学术界足够的重视。当然，重视政治发展过程中的政治平衡问题的研究，并不否认政治发展是一个有时序的过程，而是我们必须认识到，任何一个国家的政治发展都由于其特殊的历史积淀及现实国情，不可能完全按照所设想的某种政治发展的序列按部就班地发展。相同的是，它们都将面临许多共同的发展悖论与矛盾，重视政治发展过程中的政治平衡问题研究，有助于弥补政治发展序列观的不足，更好地促进这些地区的政治发展。而且，绝对的政治平衡是不可能的，即使是发达的欧美诸国，其政治发展也仍在对政治平衡的寻求过程当中。这诚如威亚尔达在分析欧洲政治发展时所指出的：“公民不能放弃政治，而民主政府需要市民社会。欧洲的自由民主制度在它所经历的第

① 佟德志：《民主与法治的冲突及其均衡——现代西方政治文明的演进模式初探》，载《中国特色社会主义研究》2004 年第 5 期。

② 信春鹰：《寻求民主与宪政的平衡》，载《经济民主与经济自由》，三联书店 1998 年版，第 245、249 页。

三个世纪里仍将是一个寻求平衡的行动。”①

二、研究意义

尽管政治发展问题十分庞杂，但就目前的研究综合起来看，主要是三个阶段，两大问题。在亨廷顿之前往往将政治发展与政治现代化等同起来，强调政治民主；而在亨廷顿之后则强调政治秩序与政治稳定。进入到20世纪80年代以后，政治发展研究又集中于民主及民主化问题。因此，从研究主题来看，一方强调政治民主，却忽视了政治稳定；另一方强调政治稳定，却有牺牲政治民主之嫌，尽管其最终目标是达到政治民主与政治稳定的有效结合。而如何使二者能很好地结合起来，迄今还没有学者对此作出过全面的解释与分析。

通过对政治发展进程中的政治平衡问题的研究，有助于从学理上将政治民主与政治秩序有机结合起来，实现政治的良性发展。之所以强调平衡：其一，在于避免政治不稳定或失序。本书主张以平衡来促稳定，从而达到政治发展。其二，民主过程本来就是一个动态平衡的过程，平衡是民主的应有之义。本特利认为民主政治是一种平衡趋势，他认为民主政治是一种平衡的过程，它导致“为数众多的、联合起来的弱小利益集团对为数较少的但相对于拥护者的人数而言更为意气风发的利益集团占有优势”。② A. H. 索姆杰也认为：“英国、法国和美国这三个成熟的民主国家的发展过程也强调，有必要在规范上值得追求的与政治上可能实现的东西之间求得一种平衡，而且，这种平衡需要不断地加以重新界定和重新塑造。在使政治文明化、获得政治权力的途径公开化，以及学习如何达成一致——这是一种难以掌握

① ［美］霍华德·威亚尔达：《民主与民主化比较研究》，榕远译，北京大学出版社2004年版，第37页。

② 转引自［美］戴维·伊斯顿：《政治体系——政治学状况研究》，马清槐译，商务印书馆1993年版，第256页。

的艺术——等方面，这三个国家的经历也对世人助益甚多。”① 因此，民主过程是一个通过多元利益博弈从而达到动态平衡的过程。如果将政治民主与政治秩序看做是两个集合的话，动态平衡则是政治民主与政治秩序的一个交集。因而，通过研究政治发展进程中的政治平衡问题有助于促进学术界对政治发展理论本身的进一步探讨。

另外，从政治平衡本身的研究现状来看，国内外的相关研究还尚欠成熟。其一，对政治平衡的概念、内涵与外延等基本理论问题还有待进一步拓展。其二，从方法上看，大部分研究通过静态分析来描述政治平衡而不是动态分析来阐释政治平衡。其三，诸多学者认为，从终极意义上看，平衡是不可能的。因而主张放弃对于政治平衡的研究。事实上，这就正如乌托邦一样，虽然无法实现，但这并不能阻止对于乌托邦问题的研究或否定乌托邦研究的意义。因此，本书试图通过集中研究政治发展过程中的政治平衡问题，在某种程度上，以期为政治平衡研究添砖加瓦。

民主已经一波又一波地影响全球，“民主化正在成为一个全球现象”。② 全世界已经没有几个国家否认民主的价值及目标，然而民主化进程却并非易事。正如亨廷顿所看到的，民主化进程给广大第三世界国家带来的并不是原先所期望的繁荣与稳定，相反，诸多国家走向了持续的动荡不安之中。如何避免这种不稳定从而顺利地实现政治发展，是当今广大发展中国家的难题。亨廷顿在20世纪70年代提出的强大政府论的药方似乎并不十分有效，一些威权主义政权提供的只是暂时的安定，在后来的民主化浪潮中纷纷倒台。本书试图通过对政治发展进程中的政治平衡问题的研究，为广大发展中国家的政治发展提供另一种思路。

---

① ［美］霍华德·威亚尔达主编：《民主与民主化比较研究》，榕远译，北京大学出版社2004年版，第108页。

② ［美］霍华德·威亚尔达主编：《民主与民主化比较研究》，榕远译，北京大学出版社2004年版，前言第1页。

三、基本结构与主要内容

从总体上讲，本书试图在反思政治发展序列观的基础上，通过对政治发展进程中的政治平衡问题的研究，倡导一种长期被大多数政治发展理论研究者所忽视的政治发展平衡观。然而，由于政治发展理论本身十分复杂，本书仅仅是选择政治发展中的一个基本问题来进行研究，即政治发展进程中的政治平衡问题，而不是对政治发展问题的全景式研究。正是基于以上研究思路，本书除了导论部分外，主要分为五章，其逻辑结构和主要内容大致如下：

导论部分在重点介绍自20世纪50年代政治发展理论兴起以来所经历的发展阶段和研究重点的基础上，着重对主流的政治发展理论即政治发展序列观进行反思，在指出政治发展序列观的不足的同时，提出重视政治发展进程中的政治平衡问题研究。并对政治发展进程中的政治平衡问题的相关研究状况进行了简单的梳理，明确提出了本书研究的主题和意义，对本书的主要内容与逻辑结构进行相关介绍。

第一章是“政治平衡与政治发展”。要研究政治发展进程中的政治平衡问题，首先就要对“平衡”、“政治平衡”等基本概念进行界定与分析。平衡总是相对的，也是动态的。本章在总结其他相关学科关于“平衡”的概念及现有的关于“政治平衡”的论述的基础上提出，政治平衡是发展中的平衡，而非静止的平衡。任何一种政治平衡都不是永久不变的，“政治平衡”在不同的历史阶段具有不同的历史内涵。在当今世界，对于广大发展中国家而言，政治平衡主要是政治发展进程中的政治平衡。而所谓政治发展进程中的政治平衡，是指在从传统政治向现代政治的转变过程中，通过采取一定的措施使政治发展过程中所面临的基本矛盾保持一定的张力，不至于落差太大而维持一种大体均衡的发展态势。政治发展为政治平衡赋予了时代内涵，政治平衡是政治发展的应有之义，而政治平衡本身对于促进政治发展也具有十分重要的意义。政治发展过程本身就是一个不断寻求政治平衡的过程，这一过程包括民主与效能、分权与集权、参与与控制这三个方面的动态平衡。本章对于政治平衡与政治发展一般理论问题的探讨，是为了对政治发展过程中的政治平衡问题的研究提供理论支持。

第二章是“政治发展进程中的政治价值性平衡”。人类政治生活尽管丰富多彩，但最主要体现在政治价值、政治体制及政治行为等三个方面。因而政治平衡本身也包含着价值性平衡、体制性平衡与行为性平衡三个方面。政治价值是个多元复合体，包括自由、民主、法治、平等、正义等。由于本书所研究的是政治发展过程中的政治价值性平衡，而政治发展在价值上主要是民主价值观念的扩展。因此，本章的政治价值平衡中首选政治价值为“民主”。然而，在政治发展过程中，为了实现民主，就有可能使政治体系丧失“效能”。“民主”与“效能”经常呈现出此消彼长的“悖论”。本章通过对政治发展过程中“民主”与“效能”这一悖论的表现、成因的分析，提出通过“综合价值最大化”这一平衡策略来实现二者的动态平衡。

第三章是“政治发展进程中的政治体制性平衡”。由于在政治发展过程中政治价值上“民主”与“效能”的悖论，这就导致了在政治发展过程中许多国家在政治体制选择与构建时的二难困境。分权是政治民主的必要条件，要实现民主，就必须建立起权力分立的体制。“如果我们分析一个分权的体制发展史，那就可以很清楚地看出，这样的分权已使形形色色的对抗集团之间易于维持一种均势，并声称那不是一种稳定的均势，而是一种不断地自行调整以适应这些集团在发展时保持多变平衡的移动均势。”① 然而，对于后发国家而言，它们所面临的国际环境和发展任务已经不可能重复西方发达国家所走过的由“代议分权”型民主走向“行政集权”型民主的历史进程。要限制权威，必须得先建立权威。而权威又有可能进行自我复制并进而强化走向专制的倾向，因此又必须注重分权制衡，以代议分权制衡行政集权，以地方分权制衡中央集权。因此，本章选取政治体制性平衡中

① ［美］C. J. 弗里德里克：《立宪政体和民主制》，纽约吉恩书店 1950 年版，第 186 页。转引自［美］戴维·伊斯顿：《政治体系——政治学状况研究》，马清槐译，商务印书馆 1993 年版，第 256 页。

最基本的“分权”与“集权”这一体制两难来进行分析，通过对“分权”设定底线、“集权”设定限度来实现“集分平衡”的政治体制性动态平衡。

第四章是“政治发展进程中的政治行为性平衡”。对于政治发展而言，其最重要的目标有二：一是政治民主，二是政治稳定。在漫长的政治发展过程中，要实现持续性的政治稳定，一定程度上的政治控制是必须的，而政治参与的扩大又是政治民主化最重要的指标。在政治参与与政治控制之间，也存在着行动困境。参与过度，会导致政治失控与政治动荡；控制过严，又会窒息初生的民主。对于广大发展中国家而言，必须在政治控制与政治参与之间寻求动态平衡。由于政治控制的对象主要是公民的政治参与，因此平衡的关键在于将政治参与限定在一定的范围之内。将政治参与限制在一定范围之内，一是可以通过政府的最大限度地压制或限制公民政治参与，二是国家或政府主动地对民众的政治参与行为进行利益诱导与组织调控。显然，后者更有利于政治发展。一味地压制或限制最终可能导致革命或政治冷漠，因而主动的利益诱导与组织调控是其最佳选择。发展中国家要实现政治控制与政治参与的平衡，最关键的是要随着社会经济的发展不断转变政治控制的方式。正是基于此，本章选择“政治参与”与“政治控制”这一对矛盾，来解析政治发展过程中的政治行动困境。

第五章是“实现政治发展进程中的政治平衡的基本战略”。政治平衡既包括策略性的平衡，也包括战略性的平衡。无论是“综合价值最大化”、“集分并存”还是“利益诱导与组织调控的交互运用”，都只是策略性的。政治价值性平衡、体制性平衡与行为性平衡不是相互分割、互相独立的单元，而是一个具有内在紧密联系的整体。这就需要从战略的高度来审视政治发展进程中的政治平衡问题。本章认为，无论是实现政治发展过程中的价值性平衡、体制性平衡还是行为性平衡，最根本的战略还在于政治制度化。价值与制度是一个互为表里的整体，价值是制度的内化，制度是价值的外化。没有制度化的保障，综合价值的最大化无从谈起。制度化对政治体制的巩固而言其意义显而易见，只有制度化的政治体制才是稳固有效的。制度化的政治参与，则是政治发展最重要的指标。然而，制度化本身也存在限度。衡量一个国家的政治制度化水平，不能仅看其国家组织的成长即其国家权力总量的增加，还要看其公民权利的增长及其保护程度。只有当国家权力与公民权利都得到同等程度的制度化保障时，这个国家才可能维护其长治久安。因此，无论是实现政治发展过程中的价值性平衡、体制性平衡还是行为性平衡，关键都在于国家权力的制度化与公民权利的制度化及二者的平衡性发展。

四、本书研究视角与方法

1. 平衡分析法

政治发展进程中的政治平衡问题研究，是在反思政治发展序列观的基础上，强调政治发展是一个不断寻求动态的政治平衡过程。因而，平衡分析法是本书的主要研究视角与方法。平衡分析法实际上是系统维持解释中的一种独特的研究法。① 卡普兰在《权力与社会》中就指出，平衡分析的出发点，便是探求孤立状态下的系统，调查它们得以维持的条件：外界的干扰或许会导致新的平衡的建立，或许会引起系统的解体。但本书的分析并不完全在于维持系统的稳定，而是在政治发展过程中保持一种相对的动态平衡。一方面是维持整个政治系统的相对稳定，为政治发展提供相对良性的环境；另一方面旨在于促进政治发展。本书的主要目的不在于通过早期平衡分析理论所强调的恢复原有的平衡，而在于在政治发展过程中不断建立起新的平衡。

戴维·伊斯顿是在批判平衡分析的基础上论述平衡分析的。伊斯顿在《政治体系》中所批评的均势理论事实上是一种静态描述政治体系及政治过程的分析方法或框架。他认为，一般均势理论有如下一些缺陷：其一，容易等同于政治过程理论；其二，缺少量化标准；其

① ［美］艾伦·C. 艾萨克：《政治学：范围与方法》，郑永年等译，浙江人民出版社 1987 年版，第 336 页。

三，均衡本身是难以达到的。① 但我们也要注意到，伊斯顿并不全盘否定均势理论的理论意义。其一，其作为方法的不当并不意味着其作为价值的不当。伊斯顿指出：“尽管由于缺乏可以定量的变动事项及其数量本身对一项均衡理论的阐释施加严格的限制，我们却不能说这个观念毫无价值。然而，它的优点在于见识水平而不是潜在地可以应用的理论的水平。它作为在政治活动过程和一种真正的均衡状态之间进行某些类比的一项概念是有价值的。”② 其二，作者并不否认作为均衡理论特殊事例的宪制均衡的重要性。我们不妨说，该体系只有在这种状态下才会看到政治自由盛行的局面。③

因此，对于本书而言：其一，平衡不仅是一种分析方法，更重要的是一种理论分析视角与目标取向；其二，本书强调的是动态平衡对于政治发展（政治民主与政治稳定）的作用，而不是用平衡法去分析某一单一的政治体系。平衡分析对于本书而言更重要的是一种价值分析而非结构功能分析；其三，动态的政治平衡是一种发展中的平衡，而不是单独强调稳定。

2. 战略选择分析法

自 20 世纪 70 年代末期政治转型浪潮兴起以来，传统的政治发展理论日渐衰落，在比较政治学中政治转型研究一枝独秀，群说并起，出现了许多新的理论模式。战略选择理论模式就是其中最为重要的一种。战略选择理论模式是受到精英理论的影响而逐步形成的，其代表人物有迈农·韦纳、奥唐内尔、菲力浦·施密特、胡安·林兹等。该理论重点强调的是政治转型过程中政治精英的战略选择行为。④ 本书

---

① 参见［美］戴维·伊斯顿：《政治体系——政治学状况研究》，马清槐译，商务印书馆 1993 年版，第 250 ~ 266 页。

② ［美］戴维·伊斯顿：《政治体系——政治学状况研究》，马清槐译，商务印书馆 1993 年版，第 272 ~ 273 页。

③ 参见［美］戴维·伊斯顿：《政治体系——政治学状况研究》，马清槐译，商务印书馆 1993 年版，第 276 页。

④ 郭定平：《韩国政治转型研究》，中国社会科学出版社 2000 年版，第 19 ~ 21 页。

认为，对于广大发展中国家而言，政治发展进程是一个精英主导推动的过程。因此，一国政治精英在其政治发展过程中采取什么样的策略与战略对其实现政治发展的最终目标具有十分重要的意义。正是基于此，本书在透视政治发展进程中所遇到的矛盾与问题的基础上，提出了自己的发展策略与战略，即平衡性发展战略。

3. 唯物辩证法

辩证唯物主义与历史唯物主义分析方法也是本书的最基本的研究方法。从哲学意义上看，平衡是相对的，不平衡才是绝对的。本书运用辩证唯物主义与历史唯物主义分析方法来探讨政治发展过程中的政治平衡问题，并从中探讨政治发展中能够促进动态平衡的各种要素的相互关系及其演化规律。另外，在坚持马克思主义基本原则与方法的基础上，本书从发展中国家的历史与现实出发，采取理论与实际相结合的方法，试图为发展中国家政治的可持续性发展提供一些有益的思考。

第一章　政治平衡与政治发展

第一节　平衡与政治平衡

一、平衡与动态平衡

“平衡”一词，《现代汉语词典》解释为：“（1）对立的各方面在数量上相等或相抵；（2）几个力同时作用在一个物体上，各个力互相抵消，物体保持相对静止状态、匀速直线运动状态或绕轴匀速运动状态。”①《辞海》的解释则是：“（1）衡器两端承受的重量相等。《汉书·律历志上》：‘准正，则平衡而均权矣’。引申为一个整体的各部分，在质量或程度上均等或大致均等。（2）哲学名词。亦称‘均衡’。指矛盾的暂时的相对的统一。”②由此看来，平衡最先应用于物理、哲学等学科。后来，平衡被广泛地引进到社会科学研究之中，产生了经济发展平衡、社会发展平衡、政治发展平衡和地区发展平衡等一系列概念。

1. 经济学中的“平衡”概念③

---

① 《现代汉语词典》，中国社会科学院语言研究所词典编辑室，商务印书馆 1996 年版，第 978 页。

② 《辞海》(上)，辞海编辑委员会，上海辞书出版社 1979 年版，第 96 页。

③ 在经济学中一般用均衡而不用平衡这个概念，而依据《辞海》中对平衡的解释，本书没有严格区分“平衡”与“均衡”。

平衡分析是经济学中运用最多的方法之一。尤其是随着博弈论的发展，平衡分析在经济学中更为普遍。根据博弈论，主要有以下三种不同策略所形成的平衡。其一是自动自发形成的均衡，即通常所说的“纳什均衡”。它主要是预设博弈方对他方的行为都有预期，他们的行为都是一致的，于是期盼彼此得到满足。如司机在十字路口是选择等待还是通过就属于这一类。其二是交易或契约，这种结果就是，在考虑到其他方的反应后，至少一方为自己获利仍置之不顾而另外行事。之所以会出现这种结局，是因为它是由外力强制实施的，会有第三方来处罚“背叛”这种结果的行为。其三是规范。根据博弈论，这个尘世唯一可行的状态就是均衡或交易。这两种结果得以成立，只是因为各方出于自利考虑或由第三方从外部强制而使之产生。①

另外，也有学者在“纳什均衡”的基础上提出“策略型均衡”，认为“均衡是一种策略组合，它在给定该组合实现的情况下是自我支持的”。② 一般而言，“一种策略被称为是自我支持的，当且仅当它在假设被采用的情况下最大化期望效用，换言之，当且仅当它是动机防止的，或者是可容许的”。③ 在发展战略上，我国学者王绍光等在分析中国的经济发展地区不平衡时提出：“发展战略不能干脆以牺牲一个目标的代价来实现另一个目标的最大化。必须在二者间找到一个平衡点。”“空间的权力关系显然会对地区发展产生直接的影响。在中央决策中有影响的地区比在中央决策中没有分量的地区更能为自己的发展争得更多的资源。所以，旨在平衡地区发展的计划不仅要分散经济活动而且要分散政治权力。”④ 因此，总体上来看，经济学上的

---

① ［美］亚当普沃斯基：《民主与市场——东欧与拉丁美洲的政治经济改革》，包雅钧等译，北京大学出版社 2005 年版，第 9～13 页。

② ［美］保罗·魏里希：《均衡与理性——决策规则修订的博弈理论》，黄涛译，经济科学出版社 2000 年版，第 58 页。

③ ［美］保罗·魏里希：《均衡与理性——决策规则修订的博弈理论》，黄涛译，经济科学出版社 2000 年版，第 5 页。

④ 王绍光、胡鞍钢：《中国：不平衡发展的政治经济学》，中国计划出版社 1999 年版，第 7、9 页。

平衡是指的一种大致相等或旗鼓相当的状况，因此，经济学者们更多地使用的是“均衡”而不是“平衡”。

2. 法学中的“平衡”分析

平衡作为一个法学范畴，较多地见于法理学和民商法学的论著。人们在阐述与法律的正义性和公平性有关的问题时，常常使用这个范畴。早在古希腊，亚里士多德就指出：“要使事物合于正义（公平），须有毫无偏私的权衡；法律恰恰正是这样一个中道的权衡。”① 在美国学者赫克（Heck）的利益法学理论中，利益平衡便是他的学说体系中的一个重要范畴。20 世纪 60 年代，日本学者加藤一郎提出了一种重要的法律解释方法论——利益衡量（平衡）论。②

在国内法学界中，讨论“平衡”问题最多的是我国行政法学中的“平衡法”学派。自 1993 年罗豪才教授等人正式著文提出现代行政法的理论基础是“平衡论”以来，我国行政法学界对此展开了广泛的争论与研究。行政法中的“平衡论”的主要观点有：（1）行政法的全部历史发展过程就是行政机关与相对一方的权利义务从不平衡到平衡的过程。古代行政法是强调行政机关管理、不重视公民权利的“管理法”，其基础是“管理论”。近代行政法则是强调保障公民权利，尽可能限制行政机关管理的“控权法”，其理论基础是“控权论”。而现代行政法在本质上应是追求行政机关与相对一方权利义务总体平衡的“平衡法”，其理论基础应是“平衡论”。（2）在行政机关与相对一方的权利义务关系中，特定地或局部地看，总是存在着不对等和不平衡，但这些不对等和不平衡恰恰实现了二者总体上的平衡。权利义务的总体平衡，表现为行政机关与相对一方的权利和义务分别平衡，也表现为行政机关与相对一方各自权利义务的自我平衡。（3）“平衡论”并非主观想象，也不限于理论构想，而是以现代西方

---

① ［古希腊］亚里士多德：《政治学》，吴寿彭译，商务印书馆 1965 年版，第 169 页。

② 罗豪才、甘雯：《行政法的“平衡”及“平衡”论范畴》，载《中国法学》1996 年第 4 期。

和我国行政法发展中，已经出现的各种法律手段作为存在基础和实现保障的，包括立法上的公平分配、执法程序的民主化等。(4)“平衡论”对于行政法制建设，推动社会主义市场体制的建立，实现民主与效率的有机统一，构建现代行政法学体系，都有着非常重要的意义。①

“平衡论”发展至今，它的许多观点表明“平衡”范畴的应有之义主要体现在以下几个方面：（1）指法律权利和义务上的一种可能状态，双方以各自拥有的法定权利与对方相抗衡从而可能达到的力量均势状态。（2）指法律权利义务背后现实利益上的一种可能状态，公共利益与个人利益相互抗衡从而可能达到的均势状态。（3）指法律权利义务背后正义价值上的一种可能状态，如平等与自由、效率与公正的兼顾。(4）平衡状态是与“不平衡”状态相对而言的。(5)“平衡”也是指一种方法，即对行政机关与相对一方之间权利义务、公共利益与个人利益、平等与自由等进行估量、权衡，以实现它们之间的相对平衡状态。(6)“平衡”还指一个不断接近以上所说那种状态的趋势或运动态势。②

当然，法学中也不只是行政法中强调平衡，在宪法学界，信春鹰认为：“在过分强调民主在国家治理中的作用和过分强调宪政在治理国家中的作用都已经暴露出严重缺陷的现代社会，在民主和宪政之间保持平衡的宪政民主制度被认为是人类社会到目前为止所能设想的一个相对理想的选择。”“民主宪政理论力求在民主和宪政之间达到一种平衡，在操作的层面上，这种平衡要求高度准确的制度设计，也要求严格按照制度规定的运作。朝着任何方向的倾斜都会带来以下两种后果：或者威胁人民的民主权利，或者威胁政府的效率。”③ 张辰龙认

---

① 沈岿：《平衡论：一种行政法认知模式》，北京大学出版社 1999 年版，第 8～9 页。

② 沈岿：《平衡论：一种行政法认知模式》，北京大学出版社 1999 年版，第 35～37 页。

③ 信春鹰：《寻求民主与宪政的平衡》，载《经济民主与经济自由》，三联书店 1998 年版，第 245、249 页。

为，应在民主与自由之间保持一定的张力，这种张力本身反映着政治世界的复杂性矛盾性。因此，在自由与民主之间保持一定的张力与平衡，并通过这种张力和平衡的制度，从而使民主定位于自由主义，正是宪政民主的优越之处。① 另外，在刑法学中，最基本的原则之一就是“罪刑相当”。

因此，总体上看来，法学界中的平衡理论，主要是将“平衡”看成是一种力量均势的可能状态，其最基本的是权力与权利的平衡。

3. 历史学中的“平衡”分析

历史学者唐克军在其《不平衡的治理：明代政府运行研究》一书中指出：“终明一代，政府各种权力、国家与社会之间的利益以及社会各种利益之间，基本上处于不平衡的状态，而且愈演愈烈，以致无力回天。”“从明代政府运作的情况看，权力之间、利益之间出现严重的不平衡，就是不好的治理状态，而维持权力之间、利益之间的平衡，就会出现好的治理。权力平衡包括两方面的意义：一方面政府内部的权力平衡，另一方面政府与社会的权力平衡。权力平衡包括权力的独立与制约。政府的各种权力应该既是独立的，又是受制约的。明初朱元璋恐于丞权威胁皇权而废相，让六部直属皇帝。然而，以一身难任天下事，于是置辅官、内阁大学士。内阁本是参谋机关，并非政府的正式机构，但因皇帝无能，内阁便成了实际上的宰相。内阁制度化后，皇帝又不能安心，便以科道官干扰之，于是科道日盛，干扰政府的各项权力，政府便丧失了行政独立性，平衡即被打破。”② 正是因为这种政府权力机构之间的平衡关系被打破，明朝日益衰微。钱穆也认为，中国古代的政治也并非是铁板一块，有王权与相权的牵制，有内朝与外庭的纷争，有文武官员的互制。他认为，中国自秦以下，依法制言，是王权相权并立并峙的。张星久则对君权相权关系进行了

---

① 张辰龙：《在自由与民主之间保持张力》，载《直接民主与间接民主》，三联书店 1998 年版，第 120 页。

② 唐克军：《不平衡的治理：明代政府运行研究》，武汉出版社 2004 年版，第 430、431、436 页。

专门的探讨，认为相权在从属于君权的前提下，与后者存在系统性的冲突，其原因有这样几个方面：（1）以宰相为首的官僚组织具有强烈的自主性；（2）君主对有组织的力量有天然的恐惧感；（3）君主与宰相是政体中权力最大、又最为接近的两个主体，极易产生冲突。① 事实上，在中国古代的政体中，不仅有君权与相权的冲突，更多地是相权内部的冲突。在古代中国政治中还有监察制度等也对于政治整体上的平衡起了重要作用。

但综观之，中国历史上存在的及历史学上所谈论的这些制约与平衡，大体上可以归为治理手段上的权变之术。即中国自古以来的“治道”平衡而没有上升到现代政治层面上的“政道”平衡。朝廷各部门之间，充其量也只能是职能分工而已，谈不上分权制衡。因此，在历史学的分析中，“平衡”仅是统治者治理社会的一种权术。

4. 国际关系与国际政治中的“平衡”分析

Lewis F. Rechardson 在其《战争的数学理论》一文中指出，对于任何一个给定的价值 Y（国家 1 的武装力量状态），就会有一个相应的国家 2 认为与其自身安全相一致的价值 X（国家 2 的武装力量状态）。同样，也会有一个国家 1 认为与其自身安全相一致的武装状态。如果这两条直线有一个共同的交点，那么权力平衡就达到了：双方都为自己的安全而感到满意。但是，如果任何一方开始扩充军备，那么平衡就被打破。②

挪威的 Sten S. Nilson 认为，Rechardson 所提供的解决方案算不上是真正的解决方案，只能是一个比喻罢了。但是，他认为我们也不能由此得出将数学方法或政治模型引入政治科学就是非法或误导，尽管他担心数学模型在政治学领域中的有用性仍十分有限，但他仍然相信它有助于澄清某些概念。Sten S. Nilson 认为，政治平衡包括三种

---

① 张星久：《中国君主专制政体下的君权与相权冲突——兼论官僚组织与君主专制制度的关系》，载《求索》1998 年第 2 期。

② Sten S. Nilson. *Political Equilibrium*, *The Journal of Conflict Resolution*, Vol. 3, No. 4 (Dec., 1959), pp. 383-390.

平衡：稳定的平衡、不稳定的平衡、不确定的平衡或偶然的平衡。稳定的平衡是指系统在被迫发生一些变化后回复到原初的状态。而如果系统没有回复到原初状态而是更进一步偏离原初状态，就是不稳定的平衡。而如果系统在受到外力作用后既不回复到原来的状态，也不发生偏离，而仍处于平衡，我们将其称为不确定的平衡。① Anatol Rapoport 则反驳认为：Rechardson 的数学模型并不是一个比喻，而是一种逻辑结构。它的结论不是从相同的比喻分析中得出的，而是从一系列的假设中推论出来的。如果其结论错误，则必须证明其假设是错误的。② 另外，也有学者将此种平衡分析引入一个国家内部的政治研究，美国学者齐锡生就用国际政治中的平衡分析模型来分析 20 世纪初的中国军阀政治。③ 可见，平衡分析在国际关系及国际政治中是常用的分析方法，也是当今世界各国外交政策的重要组成部分。尤其是在大国之间，寻求力量平衡是求得地区及世界稳定的重要因素。

因此，从国际关系与国际政治的角度看，“平衡”更多地是一种外交策略，现实层面甚至多于理论分析。

5. 中国传统文化中的“平衡”思想及观念

在中国传统文化中，专门论述“平衡”问题的思想家并不多见，但与之紧密联系的相关思想及观念却十分丰富。最早在《易经》的卦辞中，就提醒人们注意事物发展到极端之后会带来相反的后果。在此后的思想发展历程中，与“平衡”思想及观念最为接近的是“和合”思想及“中庸”思想。

在中华民族的思想发展史上，“和”是一个表述事物多样性统一的重要范畴。与“和”对立的范畴是“同”。“和”“同”范畴是在西周末年，由周太史史伯提出来的。据《国语·郑语》中记载，郑桓

---

① Sten S. Nilson. *Political Equilibrium*, *The Journal of Conflict Resolution*, Vol. 3, No. 4 (Dec., 1959), pp. 383-390.

② Anatol Rapoport, *Remarks on "Political Equilibrium" by Sten S. Nilson*, *The Journal of Conflict Resolution*, Vol. 3, No. 4 (Dec., 1959), pp. 391-393.

③ 参见［美］齐锡生：《中国的军阀政治》，杨云若、萧延中译，中国人民大学出版社 1991 年版。

公曾问史伯："周其弊乎？"史伯回答说："去和而取同。""夫和实生物，同则不继。以他平他谓之和，故能丰长而物归之；若以同裨同，尽乃弃矣。"① 史伯认为，"和"是"以他平他"，是多样性在事物中的共存、均衡、统一。而"同"则是同性、同质，或者说是单一。而周朝的弊病也正在于"去和而取同"。

儒家以"和"作为其理论核心之一。子曰："礼之用，和为贵。"② 认为治国处事、礼仪制度，以"和"为其价值标准。在处理人与人之间的关系上，孔子强调："君子和而不同，小人同而不和。"③ 孟子则强调："天时不如地利，地利不如人和。"④ 把人和视为超过天时、地利的最重要的因素。另外，儒家还提倡中庸之道作为一种至上的完善道德准则。"中庸之为德也，其至矣乎！民鲜久矣。"⑤ 从辩证思维发展的角度来看，儒家的中庸之道，主要包含两个层面的理论内容：一是关于常、变的观念，二是关于和、同的思想。前者表明的是早期儒家对于事物运动变化的理解，后者表明早期儒家对事物统一性的认识，及其所主张的事物存在的理想状态。⑥

儒家的这种贵"和"、倡"中"的思维方式，尽管没有直接说明"平衡"的重要性，但其承认不同事物之矛盾、差异前提下，把彼此不同的事物统一于一个相互依存的和合体中，不至于"过犹不及"、"物极必反"，则与平衡观念及其思想是相通的。

6. 动态平衡

以上各学科中，一般都将"平衡"看成是一个静态概念。人们通常还认为，在社会发展进程中，社会可以自动地恢复某种平衡，一般将其称之为社会自动平衡。社会自动平衡是"系统通过对瓦解了

---

① 《国语·郑语》。

② 《论语·学而》。

③ 《论语·子路》。

④ 《孟子·公孙丑下》。

⑤ 《论语·雍也》。

⑥ 田文军、吴根友：《中国辩证法史》，河南人民出版社2004年版，第33页。

的或动摇着的势力作出补偿反应的自我调节以保持稳定的趋势。社会自动平衡的存在为‘稳定状态’创造了平衡的条件。社会自动平衡在保持政治系统的控制作用可以与静热力学上的控制系统功能或人体调节疾病、受伤、发烧、着凉或其他种类的休克和失调的功能相比。社会自动平衡能够产生一种导向平衡状态的趋势，不过这种平衡不是完美的平衡。因为完美的平衡只有在一种不接受输入的封闭系统中才会发生。”① 事实上，平衡不仅仅只是一种静态的描述，还是一种动态的过程。

国内学界对“动态平衡”这一概念的运用相当普遍，但绝大多数都只是用其词而未明其意。对其作出明确解释的，是专门研究动态平衡的学者谭长贵。“动态平衡态势从一般意义上讲是指事物在运动过程中从表象看呈现的一种相对稳定的状态，而其内部又存在着诸相关因素的相互的不断的作用，这种作用使所呈现的状态处在不断变化中，当诸相关因素的相互的不断的作用处于各相关因素彼此能容纳时，便出现了这种动态平衡态势。”② 这种对于“动态平衡态势”的解释事实上就是对“动态平衡”的解释，因为动态平衡本身就是一种发展状态，从整体上看是相对稳定的，从其内部看又处于不断变化之中，只是这种变化还未从量变演化为质变，突破原有的平衡而进入新的一种平衡。这种动态平衡更多地表现在自然界，生态平衡就是例证。

另外，施雪华在论述政治民主与政治效能的动态平衡时明确指出：“历史经验告诉我们，现代发展的政治稳定只有在政治效率和政治民主的动态平衡中才有可能实现。所谓政治效率和政治民主的‘动态平衡’，不是指两者绝对均等意义上的平衡，而是指两者在同一时期虽然发展程度可以有所不同，但应当大体相称，不能落差太

① ［美］杰克普拉诺等著：《政治学分析辞典》，胡杰译，中国社会科学出版社 1986 年版，第 71 页。

② 谭长贵：《社会发展——动态平衡态势论》，载《湖南社会科学》2001 年第 2 期。

大；在某个阶段可能以政治效率为主要目标，政治民主为次要目标，而另一个阶段两者关系则是相反。这种关系的经常性、规律性地交替出现，从而构成两者的动态平衡。”① 施教授的动态平衡概念不仅强调了平衡的动态性，而且强调了其动态性更多地表现为主体双方经常性、规律性的互动。陈建兵在论述政治民主与政府能力的平衡时也认为，“政治民主与政府能力平衡是动态意义上的平衡，在时间上并非同时同步推进，各自的发展只要不超出政治结构均衡的限度和范围，各政治结构仍能正常发挥其功能，政治民主与政府能力就是平衡的。”②

因此，平衡不仅意味着相对静止，更重要的是平衡是“运动中的平衡”，平衡不是不运动，不发展，而是运动、发展中的平衡。③也就是说动态平衡是指发展中的平衡，是指事物在未发生质变前由于其内部各要素的相互作用而保持大体平稳的一种发展态势。

二、政治平衡的概念及其内涵

1. “政治平衡”概念的历史考察

(1) 西方学者关于政治平衡的研究。

早在古希腊时期，亚里士多德就提醒那些致力于建立贵族政体的人们，重视平衡的重要性。亚里士多德认为最好的政体是混合了各种要素的共和政体。“共和政体中的各个因素倘使混合得愈好愈平衡，这个政体就会存在得愈久。”“可是，那些有志于建立贵族政体的人们，在这方面竟然也往往失措。他们忽视了平衡的重要性，不仅给与

---

① 施雪华：《政治现代化比较研究》，武汉大学出版社 2006 年版，第 567 页。

② 陈建兵：《政治民主与政府能力：一种政治发展研究视角》，陕西师范大学硕士论文 2003 年。

③ 门忠民：《论平衡》，载《中国人文社会科学院博士硕士文库（哲学卷）》(中)，浙江教育出版社 1998 年版，第 923 页。

有产阶级以过多的实权，而且还用虚假的利益欺蒙平民。”① 亚里士多德道出了政体稳定的一个基本道理，即愈平衡愈稳定。但他毕竟没有直接提出“政治平衡”这一概念，而且更主要的是强调一种混合的共和政体思想。

近代以来，西方社会矛盾冲突不断，思想家对于建立起什么样的政体及如何取得良好的治理等重大问题的探讨也经久不衰。随着时代的发展，古代的混合共和政体思想演化为均衡政制。“这种混合政体理论转化为一个均衡政制的理论，在均衡政制中，国王、贵族和平民作为一个复杂的制衡体系而相互起作用；然而，这种转变要求有一个第二定理。权力分立理论满足了这一要求。”“权力分立理论声称各种政府职能可以在政府体系的各组成部分之间进行划分，方式是各个部门可以被限定于它的‘恰当职能’，而平衡则是通过允许各个部门拥有为防止任何一个部门侵蚀其他部门的职能而干预其他部门职能的有限权利来实现的。”② 从洛克对分权的强调及密尔对代议制的重视就可见一斑。在西方政治思想史上，对政治平衡问题进行详细论述的是孟德斯鸠。他认为，政体的优良不在于其本身，而在于政体的基本原则是否遭到腐蚀。任何一种政体都不能走向极端，否则就会导致专制。孟德斯鸠认为，“民主政体应该避免两种极端，就是不平等精神和极端平等精神。不平等的精神使一个民主国走向贵族政治或一人执政的政体；极端平等的精神使一个民主国走向一人独裁的专制主义，就像一人独裁的专制主义是以征服而告结束一样。”③“当人民夺去了元老院、官吏和法官的职权的时候，民主政治便归灭亡；当君主逐渐剥夺了团体的或城市的特权的时候，君主政体也就腐败了。前一种

① ［古希腊］亚里士多德：《政治学》，吴寿彭译，商务印书馆 1965 年版，第 211 页。

② ［英］M. J. C. 维尔：《宪政与分权》，苏力译，三联书店 1997 年版，第 91 页。

③ ［法］孟德斯鸠：《论法的精神》（上册），张雁深译，商务印书馆 1961 年版，第 113 页。

情况导向‘多人的专制主义’；后一种情况导向‘一人的专制主义’。”① 而要避免专制，确保自由，最好就是建立起以阶级分权为基础的均衡政制。因为“一切有权力的人都容易滥用权力，这是万古不易的一条经验。有权力的人们使用权力一直到遇有界限的地方才休止”②。因此，分权是确保自由与民主的必需，但权力的分立与制衡也要与社会力量相适应。“在威尼斯立法权属于大议会，行政权属于常务会，司法权属于四十人会。但是，缺点在于：这些不同机关都是由同一阶层的官吏组成的，这几乎就形成一个同一的权力。”③ 可见，在孟德斯鸠看来，政治平衡主要体现在政治制度即政体上的分权制衡，后来又被美国联邦党人进一步发扬光大，继而成为自近代以来关于政治制度的主导性共识。

尽管对于政治平衡的关注由传统的混合政体演进到了权力分立与均衡政制，分权制衡也成了政治平衡的最重要的要素，但孟德斯鸠和联邦党人都没有提出“政治平衡”这一概念。在西方政治学说史上，第一次提出“政治平衡”这一概念的是法国思想家霍尔巴赫。他在其著作《自然政治论》中用一个专门的词条来解释“政治平衡”问题。霍尔巴赫认为：“政治应该在保卫国家所必需的各种社会工作之间保持平衡；它应该合理地支持在现代条件下对社会特别重要的工作。可是因为社会的需要是门类繁多的，而且经常变动，所以合理的政治不允许破坏平衡，让一个方面的社会工作压倒其余一切方面工作。”④ 而且，他认为，一个好的政体有赖于权力与自由的平衡，

---

① ［法］孟德斯鸠：《论法的精神》(上册)，张雁深译，商务印书馆1961年版，第116页。

② ［法］孟德斯鸠：《论法的精神》(上册)，张雁深译，商务印书馆1961年版，第154页。

③ ［法］孟德斯鸠：《论法的精神》(上册)，张雁深译，商务印书馆1961年版，第157页。

④ ［法］霍尔巴赫：《自然政治论》陈太先、眭茂译，商务印书馆1994年版，第294～295页。

“使权力和自由处于公正的平衡状态，结果就产生了好的政体。”① 由此我们也可以看出，霍尔巴赫所认为的政治平衡，事实上是一种社会政策上的平衡。因为政治作为社会性价值的权威性分配，它不应过于偏向某一社会性政策。加塔诺·莫斯卡也认为，“政治制度的健全性依赖于那些不同的但却是恒久的原则和倾向的适当混合与制衡，这种原则和倾向在所有政治组织中都发挥着作用。在政治科学的现在状态下试图概括出一个规律太早了，但可以斗胆一试来作这样的假设：暴力的政治剧变，诸如发生在罗马帝国崩溃时和今天发生在俄国的情况，给大量人口带来了难以言表的苦难，打乱了文明多年来、甚至几个世纪以来的进程。这种剧变出现于我们正在研究的两种原则或两种倾向中的一种在实质上占有绝对优势时；而国家的稳定，或者这种灾害的较少光顾，依靠这两种原则或这两种倾向的适当平衡。”② 当然，作者这里讲的两种原则是指的独裁制与民主制，或贵族制与自由制。奥斯特罗姆在分析美国的政治制度时认为，政治制度设计是一项高度艺术性的工作。为操作性的政府体制设计一部宪法，不可能是任何单一价值最大化的结果，因为大多数价值边际效用递减。因此，更大的收益要求各项价值之间的均衡，在此各类价值并不维持恒定的比率。并认为，联邦政府体制的特征是平衡的结构，它使人们能够在为多方面的否决权所约束的、共同界定的选择领域寻找解决方案。③

如果说西方近代早期的学者主要关注的是政治体制上分权制衡，那么自20世纪以来，随着对制度的关注开始转向对政治系统、政治过程、政治行为的重视，对政治平衡的研究也开始转向研究政治系统、政治过程中的平衡。杰克普拉诺等在《政治学分析辞典》中没有直接列出“政治平衡”这一词条，但对“平衡”[Equilibrium] 作

---

① [法] 霍尔巴赫：《自然政治论》陈太先、眭茂译，商务印书馆1994年版，第63页。

② [意大利] 加塔诺·莫斯卡：《统治阶级》，贾鹤鹏译，译林出版社2002年版，第506页。

③ [美] 文森特·奥斯特罗姆：《复合共和制的政治理论》，毛寿龙译，上海三联书店1999年版，第21页。

出了比较系统性的概括。平衡是指政治或其他系统的一种均衡状态。有一种平衡分析认为，环境的力量能够影响每一系统内部的相互关系，即能不断地改变系统的因素，尔后又恢复到先前假定存在的稳定点。如果这种受到影响的关系没有恢复到先前的稳定点，那就可以说它们进入了新的稳定，或是在新系统内部发生了一种本质性的分裂。平衡分析有时也承认存在着一种不稳定的动态性平衡。在此种情况下，平衡的位置虽然经常移动，但是系统的要素之间仍保持着某种平衡。①

伊斯顿是在批判平衡分析的基础上论述政治平衡的。他在指出均衡理论不能作为政治分析的基本理论的同时，其自身所创设的系统分析理论本身又是一种改进了的均衡分析理论。伊斯顿在《政治生活的系统分析》一书中，其基本的核心就是要解释一切政治系统是如何设法在稳定和变化莫测的世界上持续下去的。强调的是政治输入与输出、政治体系与整个社会环境的互动。在系统分析中，政治体系内部对于整个社会环境而言并不总是被动的，它可以力图改变环境，以此来对付那些干扰，以便环境与它本身之间的交换不再是有压力的，它还可以进一步自我孤立等。但如果仅是互动，不足以解释一个政治体系如何得以持续，一个政治体系的持续与生存依赖于输入与输出、政治体系与社会环境之间的相对平衡。

杜鲁门在分析政治过程时认为，均衡对于制度的稳定极为重要。他提出："如果一个制度集团要生存下去的话，这样一种均衡就必须得到维持。换言之，如果交往模式不会发生急剧改变或者特定集团不会像一个家庭分裂那样遭到破坏，比如像丈夫和妻子离婚那样，这种均衡就必须通过标准化的方式实现。虽然均衡由于集团外部的事件而遭到破坏，但是当外部干扰终止时，均衡又得到恢复，这就是均衡集团的特征。维持或回复到均衡状态就意味着制度的稳定性。均衡或均

---

① ［美］杰克普拉诺等著：《政治学分析辞典》，胡杰译，中国社会科学出版社 1986 年版，第 51 页。

衡稳定性的存在可以通过观察交往模式的持续性来测量。"① 这种对政治过程中的平衡问题的关注主要集中在社会集团与政治平衡问题上。H. L. 蔡尔兹在总结各种社会集团对政府机构的影响时也得出结论说："无论如何，一切集团不管它们是否实现其目标，都在促进使现有的政治均势保持目前状态的过程中发挥作用。"梅里亚姆说："政界人士所产生的功能境遇是……适应社会各种集团和个人之间某种形式的均衡、调整和妥协的需要。"②

另外，卡特琳认为，民主制倒是种种权力集团的最稳定的均势。它的持久性来自权力的广泛散布。……与此类似，本特利认为民主政治是一种平衡趋势，他认为民主政治是一种平衡的过程，它导致"为数众多的、联合起来的弱小利益集团对为数较少的但相对于拥护者的人数而言更为意气风发的利益集团占有优势"。③ V. O. 基也提出，"政治学的学说是统治者和被统治者之间的关系，或者是各种互争雄长的利益集团之间保持平衡或均势的形式……"④ 由此，对于政治平衡的研究走入到了行为主义阶段，但也正因为其不可量化而逐步被行为主义研究所忽视。正如伊斯顿所言，"均衡观念因此表明，政治活动过程的那些成分有一种趋于一致的真实倾向，因为它们比其他任何一组成分都同权力分配和种种价值的权威性分配具有更为重要的关系。由于使这个观念继续存在，均衡观念已经为任何概念结构保留了必要的基础。它的唯一困难在于包含在它本身之内的结构将要求实

---

① ［美］D. B. 杜鲁门：《政治过程》，陈尧译，天津人民出版社 2005 年版，第 30～31 页。

② 转引自［美］戴维·伊斯顿：《政治体系——政治学状况研究》，马清槐译，商务印书馆 1993 年版，第 256 页。

③ 转引自［美］戴维·伊斯顿：《政治体系——政治学状况研究》，马清槐译，商务印书馆 1993 年版，第 256 页。

④ ［美］V. O. 基：《政党和压力集团》，纽约克罗韦尔公司 1945 年版，第 5 页。

现今天不能达到的一定程度的量化”。①

总之，从西方学者研究的历史发展看，“政治平衡”在不同的历史阶段被赋予不同的历史内涵，古希腊及罗马时期强调以阶级平衡为基础的混合政制，而到了近代则强调分权制衡与均衡政制，自行为主义兴盛以后，政治平衡则往往集中于体系、过程与政策的平衡。

(2) 中国学者关于“政治平衡”的研究。

在国内学者中，还未有专门研究“政治平衡”问题的专著，直接涉及“政治平衡”问题的著作也并不多见，鲜有学者给“政治平衡”直接下定义。卢正涛认为，政治平衡是指一定时期内政治共同体中各个政治行为主体发出的力共同作用于政治，使政治处于某种平衡状态。这一定义有三大构成要件：政治力场的存在，政治力场中的政治力的有效制约，政治力场中的政治即受力对象主要包括政治共同体、政治体系及围绕这两者发生的政治过程、未进入政治体系的政治行为主体等。其主要表现形式有政治共同体的稳定、政治体系的稳定、政治体系内部的平衡、地区之间的平衡、城乡之间的平衡、政党内部的平衡、政治决策及执行过程的平衡。② 储建国从政治能量的角度入手，认为权力均衡或权力与权利之间的均衡不足以有效解释政治系统的稳定性，而分析政治能量的均衡为理解政治系统的稳定和变化提供了富有意义的新视角。政治能量的动态均衡是实现可持续政治稳定的重要条件，而保持政治系统的充分开放是满足这个条件的前提。③ 因此，从理论上看，中国学者对于政治平衡的理论分析基本上沿用系统分析的基本方法，将政治平衡主要看成是政治系统内部各要素之间的平衡。

中国学者对于“政治平衡”的研究，更多地是从中国政治体制

① [美] 戴维·伊斯顿：《政治体系——政治学状况研究》，马清槐译，商务印书馆1993年版，第274页。

② 卢正涛：《论政治平衡的构成要件及其表现形式》，载《贵州大学学报》1997年第3期。

③ 储建国：《政治能量的动态均衡与政治系统的稳定性》，载《武汉大学学报（社会科学版）》，2001年第5期。

改革和政治发展的具体实际出发，关注中国政治发展进程中的政治失衡问题。因为对于政治生活来说，绝对的均衡并不是常态，反而不平衡是常态现象。因此，对不平衡的研究往往多于平衡性研究。徐勇教授在《非均衡的中国政治：城市与乡村比较》一书中提出，国家整体层次的一元性、一致性与国家统辖下的政治社会的非等同性、非一致性的结合，“大一统”与非均衡的结合，才是中国政治社会的完整状况和典型特点。① 对于后发国家而言，城市和乡村也因为不同文明因素的影响，形成一个国家的二元政治结构，往往呈现出政治发展状态的极不均衡的特点。这种不均衡性也是一个国家政治发展的重要特点，并制约着整个社会发展进程。对于中国而言，“只要广大乡村的经济文化落后状况尚未得到根本性改变，整个社会的民主化进程就不可能一蹴而就，很快达到一个相当的高度”；“城市作为社会变迁的方向，其政治发展在社会民主化进程中起着示范作用。首先加强城市的民主政治建设，可以带动和影响乡村的政治发展，给整个社会民主化进程以强大的牵引力”，而“只有当先进的城市和古老的乡村在政治发展不平衡中走向现代民主，中国社会的民主化进程才能不断跃上新的高度”。② 社会学学者孙立平认为，贫富悬殊的两极社会的背后是权利失衡，是不同群体在表达和追求自己利益的能力上失衡的结果。更确切地说，目前我国各群体在社会权利上是正式制度层面的权利低水平均衡与非正式层面的事实上的权利失衡结合在一起的。由于权利的低水平均衡，而导致了大量的“非制度化生存”。而要从权利的低水平均衡到高水平均衡，则有必要实施合作主义的宪政体制。③ 村民自治研究者何包钢、郎兴友认为，在中国，乡村民主的关键在于权威和自由的平衡。针对当代中国的政治转型，主要有两种模式：替

① 徐勇：《非均衡的中国政治：城市与乡村比较》，中国广播电视出版社1992年版，第4页。

② 徐勇：《非均衡的中国政治：城市与乡村比较》，中国广播电视出版社1992年版，第466页。

③ 孙立平：《权利失衡、两极社会与合作主义宪政体制》，载《战备与管理》2004年第1期。

代型和渐进型。替代型的显著特点就是将民主与权威对立起来，往往存在一种反权威、反政府的情绪和倾向。而渐进型的最主要的问题是民主怎样才不削弱权威，相反还有利于加强权威，为社会稳定提供基础。事实上，无论是替代型还是渐进型，民主和权威始终存在着矛盾和冲突，它们之间需要平衡。① 梁木生则从我国政治体制改革入手，认为我国在政治体制改革中需要把握好政治上的动态平衡，主要包括：经济发展与政府调控、政治系统与公众、政治系统内部各机构、中央与地方等之间政治关系的政治平衡。② 可见，尽管中国是社会主义国家，但作为世界上最大的发展中国家，在其政治发展进程中仍然要重视其政治平衡问题。

另外，在对西方自由主义思想的研究中，也有学者提出平衡原则是近代自由主义的基本原则。袁柏顺在研究古典自由主义代表人物霍布斯和洛克的政治思想后认为，二者虽然在其思想上差异甚大，但都力图在自由与权威之间寻求平衡。霍布斯和洛克一方面试图维护自由，另一方面又试图消解传统自由的破坏性，使之得以与近代国家的政治权威共存。平衡并不意味着权威与自由平分秋色，也不意味着不同的思想家以及同一思想家在不同时期没有侧重点。二者平衡权威与自由的共同基础是以权利为界，权威与自由都折算成权利，自由主义因之建立在一种权利政治观的基础之上；霍布斯与洛克以自然权利的理论形式肯定了基本自由的价值；并共同塑造了法律之下的自由观念，从而构筑了近代自由主义的自由观；霍布斯与洛克将国家与权威当做“必要的”恶，奠定了自由主义国家观与权威观。平衡权威与自由成为自由主义政治制度建构与动作的根本理念，平衡原则是近代自由主义的核心。③

---

① 何包钢、郎兴友：《寻找民主与权威的平衡》，华中师范大学出版社 2005 年版，第 3 页。

② 梁木生：《政治体制改革需要把握政治平衡——兼析我国政治体制改革的艰难》，载《南京社会科学》1998 年第 7 期。

③ 参见袁柏顺：《寻求权威与自由的平衡——霍布斯、洛克与自由主义的兴起》，湖南人民出版社 2006 年版。

总之，尽管“政治平衡”这一概念出现的时间较晚，对其界定也大多模糊不清，但政治平衡问题却是由来已久。从西方学者的研究来看，政治平衡在不同的历史阶段，有着不同的内涵。而从中国学者的研究来看，大多是在没有明确界定的条件下使用这一术语的。

2. 政治平衡含义的简要辨析

通过对“政治平衡”概念的历史回顾可知，在不同时期思想家们的不同解释都有其合理的成分，或者说放在各思想家的视域中都是可以存在的。但是，必须指出的是，以上各种解释又是不周全的，或者说是有一定的历史局限性的。以下我们不妨进行简要的辨析，以期获得接近政治平衡真实内涵的认识。

(1) 混合政体不能等同于政治平衡。“所谓混合政体，简单地说，就是混合单纯政体（君主制、贵族制、民主制）因素的政体。”① 从严格意义上来看，历史上几乎没有哪一种政体是纯粹的单一因素的政体，它总是要吸收其他政体形式的一些成分。尽管混合政体理论强调平衡的重要性，但混合政体的重点之处还在于“混合”。亚里士多德认为：“一个混合得良好的共和政体看来应该是具备平民和寡头因素的，又好像是两者都不具备。共和政体不应凭借外力支持，而要依赖内在均势来求其稳定。”② 同时，混合政体还要求质量之间的平衡。“所谓‘质’是指自由身份、财富、文化和门望；所谓‘量’是指人数的多少。”“组成城邦的一个部分优于质而另一个部分则优于量。……质和量之间应当加以平衡。”③ 这种旨在平衡寡头与平民的混合政体，实际上是要维护寡头精英们的特权地位。事实上，从历史发展进程来看，这种寡头精英与平民大众在政体上的平衡从来就未实现过。如果说混合政体的存在是历史的常态，那么大量的混合

① 储建国：《中国古代君主混合政体》，载《政治学研究》2004 年第 1 期。

② ［古希腊］亚里士多德：《政治学》，吴寿彭译，商务印书馆 1965 年版，第 202 页。

③ ［古希腊］亚里士多德：《政治学》，吴寿彭译，商务印书馆 1965 年版，第 210 页。

政体也是以某一因素为主导而混合了其他因素的政体。

且不说完全均衡的混合政体既不存在，也难以实现。政体作为国家政权的组织形式，并不能代替政治的全部内容。古希腊、古罗马思想家们对混合政体的强调与实践，彰显了政治平衡的重要性，但并不能以此来等同于政治平衡。尽管国家政权问题是政治斗争的核心问题，但政治的内涵比其政体显然要宽泛得多。

（2）政治平衡不同于“中庸之道”。“中庸之道”是中国古代儒家思想的重要组成部分。从孔子的“中庸之为德也，其至矣乎！民鲜久矣”。① 再到《中庸》一书的系统阐述，“中庸之道”已经成为我们民族文化的核心成分之一。然而，在中国传统文化中，这种“中庸之道”更主要地是一种为人处事之人生哲学，是一种人生之道，而非政治之道。正所谓：“喜怒哀乐之未发，谓之中；发而皆中节，谓之和。”② 至于如何达到“中”与“和”的境界，则主要是靠人性之修养：一是“尊德性”，二是“道学问”。“故君子尊德性而道学问，致广大而尽精微，极高明而道中庸。”③ 在儒家看来，只要把“性”与“学”，先天与后天结合起来，使事物最一般的性质和原则同人们日常生活联结在一起，就可以实行“中庸之道”了。因此，传统儒家思想中的这种“中庸之道”主要是一种人生之道。而于政治，则主要在于“德”。

如果说中国古代儒家所倡导的“中庸之道”侧重于“人事”，那么古希腊思想家亚里士多德所提倡的“中庸”则更侧重于“政制”。亚里士多德认为，为政应尚中庸。“真正幸福生活是免于烦累的善德善行，而善德就在行于中庸——则适宜于大多数人的最好的生活方式就应该是行于中庸，行于每个人都能达到的中庸。又，跟城邦公民团体中每一个公民生活方式相同的善恶标准也适用于政体，政体原来就

① 《论语·雍也》。

② 《中庸》。

③ 《中庸》。

是公民团体和个人生活的规范。"① 因此，由中产阶级为主所组成的政体就是最优良的政体。以中产者为主的共和政体介于贫富之间，可以调和两大阶级的争端，较为稳定而适宜于一般城邦。"最好的政治团体必须由中产阶级执掌政权；凡邦内中产阶级强大，足以抗衡其它两个部分而有余，或至少要比任何其它单独一个部分为强大——那么中产阶级在邦内占有举足轻重的地位，其它两个相对立的部分（阶级）就谁都不能主治政权——这就可能组成优良的政体。"②"倘使中产阶级的人数超过其它两个部分，或仅仅超过两者之一，就可能建立一个持久的共和政体。"③ 由此看来，亚里士多德的"中庸"也是从人伦关系开始，但最终还是上升到了政体层面。然而，"中庸"并不等同于"平衡"。亚里士多德强调的"中庸"在于中产阶级的强大对于稳定的共和政制的重要性，而"政治平衡"却并不一定要求有一个强大而稳定的中产阶级。"中产阶级"是政治平衡的充分而不必要的条件。

（3）政治平衡内涵分权制衡。对于政治平衡而言，"分权制衡"也是其最为重要的组成部分。"因为平衡这个概念必然要假定以分立为基础"④。没有权力的分立，就无所谓平衡。而"平衡则是通过允许各个部门拥有为防止任何一个部门侵蚀其他部门的职能而干预其他部门职能的有限权利来实现的"，⑤ 也就是说，为了"防止把某些权力逐渐集中于同一部门的最可靠办法，就是给予各部门的主管人抵制

---

① ［古希腊］亚里士多德：《政治学》，吴寿彭译，商务印书馆 1965 年版，第 204～205 页。

② ［古希腊］亚里士多德：《政治学》，吴寿彭译，商务印书馆 1965 年版，第 206～207 页。

③ ［古希腊］亚里士多德：《政治学》，吴寿彭译，商务印书馆 1965 年版，第 211 页。

④ ［英］M. J. C. 维尔：《宪政与分权》，苏力译，三联书店 1997 年版，第 92 页。

⑤ ［英］M. J. C. 维尔：《宪政与分权》，苏力译，三联书店 1997 年版，第 91 页。

其他部门侵犯的必要法定手段和个人的主动。在这方面，如同其他各方面一样，防御规定必须与攻击的危险相称。野心必须用野心来对抗”。① 然而，这种政治制度上的平衡只是“政治平衡”在制度上的外在表现，政治平衡本身还包涵有比“分权制衡”更丰富的内容。建立起了分权制衡的政治制度，要使政治制度有效运转起来，还需要有其他的条件。不能说只要建立起了分权制衡的政治制度，就达到了政治平衡。事实上，政治平衡不仅包括政治制度系统上的“分权制衡”，它还包括过程、政策上的平衡。

（4）政策平衡属于政治平衡。强调社会政策平衡的学者一般认为，“平衡”是一种政治手段，强调通过“政策平衡”来化解社会矛盾，达到社会稳定。霍尔巴赫认为：“某些民族之所以衰弱，而终至灭亡，正是由于政治失去平衡造成的。军人政府只注重练兵，这种政策使国家人口减少，农业荒废，商业受轻视或者受压制。要是国家只喜欢发展海运业和商业，结果会怎样呢？结果是国家武备削弱，它的安全成了发财致富思想的牺牲品。贪财的欲望如果不约束在合理限度内，就会麻醉和败坏民心。”② 唐克军在分析我国明朝政治过程时指出：“政府行政，实际上是维护各种利益的平衡。只有平衡才能实现社会的公正，才能保证国家长治久安。”③ 然而，“任何政治体系所发挥的功能都可以从三个层次来考察，即体系层次、过程层次和政策层次。”④ 因此，政治平衡也理应包括体系、过程与政策三个层次，一个国家的政策上的平衡只是政治平衡的一部分。

3. 政治平衡的科学含义

---

① ［美］汉密尔顿、杰伊、麦迪逊：《联邦党人文集》，程逢如等译，商务印书馆 1980 年版，第 264 页。

② ［法］霍尔巴赫：《自然政治论》，陈太先、眭茂译，商务印书馆 1994 年版，第 294～295 页。

③ 唐克军：《不平衡的治理：明代政府运行研究》，武汉出版社 2004 年版，第 436 页。

④ ［美］加里布埃尔·A. 阿尔蒙德；小 G. 宾厄姆·鲍威尔著：《比较政治学：体系、过程和政策》，曹沛霖等译，上海译文出版社 1987 年版，第 16 页。

事实上，就政治本身而言，其主要作用之一就是维持社会的平衡。然而，政治的平衡功能并不能等同于政治平衡本身。由以上对政治平衡的辨析我们至少可以从以下几个方面来把握政治平衡的含义。

(1) 政治平衡的目的是“和”而不是“同”。平衡的前提在于宽容，在于有差异，有差异有冲突才需要平衡。政治平衡的目的不是要追求政治上的同一，而是追求政治上的和谐。孔子说：“君子和而不同，小人同而不和。”① 宋代的苏轼在其《上神宗书》中则进一步发挥指出：“君子和而不同，小人同而不和。和如和羹，同如济水。”因此，我们可以看出，所谓“和而不同”，意思是说首先要承认“不同”，在“不同”的基础上形成的“和”(和谐、和合）才能使事物得到发展。如果一味追求“同”，忽视或不尊重“不同”，不仅不能使事物得到发展，反而会使事物衰败。“和”是目的，但“和”的前提是“不同”，是多样性的存在；没有多样性，就无所谓“和”；“和”不是“同”，因为“同”泯灭了事物的个性，是不可能达到“和”的境界的。②

古希腊亚里士多德也极力反对城邦的同一性。在论述城邦的本性时，他首先批驳了苏格拉底的观点。他认为：“苏格拉底在政治上所立的前提，可以概括成这样的原则：‘整个城邦的一切应该尽可能地求其划一，愈一致愈好。’可是一个尽量趋向整体化（划一）的城帮最后一定不成其为一个城邦。城邦的本质就是许多分子的集合，倘使以‘单一’为归趋，即它将先成为一个家庭，继而成为一个个人；就单一论，则显然家庭胜于城邦，个人又胜于家庭。这样的划一化既然就是城邦本质的消亡，那么，即使这是可能的，我们也不应该求其实现。”③ “那些思想家所拟的以划一求完整，实际上不合于城邦的

① 《论语·子路》。

② 虞崇胜：《和而不同：和谐社会政治文明的精髓》，载《东南学术》2005 年第 2 期。

③ [古希腊] 亚里士多德：《政治学》，吴寿彭译，商务印书馆 1965 年版，第 45 页。

本性，他们那种城邦所希望达到的最高成就实际上是城邦的消亡。但每一事物所希望的应该是生存而不是消亡。"① 城邦国家的本质不在于其内在的一致性，而在于差异基础上的共存性。

政治平衡的目的不是要消灭政治主体的多样性，反而是要保存政治主体的多样性，它是要在保存政治主体多样性的前提下保持各政治主体间大体相称的一种相对平衡的状态。正如哈耶克所言："人类之所以能够取得如此迅速的发展，最重要的原因便是个人天赋多样性的方式；因此，如果人类居然想用一种扼杀个人天赋多样性的方式（亦即把一种强制性的平均主义方案强加给所有的人的方式）去终止其自身的进化过程，那真是开了一个大大的历史玩笑，而且还是一个悲剧性的历史玩笑。"②

（2）政治平衡的前提是"冲突恒常"。政治平衡不是没有矛盾冲突，而是将矛盾冲突限制在秩序之内。尽管马克思列宁主义认为，从本质上讲，"国家是维护一个阶级对另一个阶级的统治的机器"。③ 但恩格斯早就说过："国家是社会在一定发展阶段上的产物；国家是承认：这个社会陷入了不可解决的自我矛盾，分裂为不可调和的对立面而又无力摆脱这些对立面。而为了使这些对立面，这些经济利益互相冲突的阶级，不致在无谓的斗争中把自己和社会消灭，就需要有一种表面上凌驾于社会之上的力量，这种力量应当缓和冲突，把冲突保持在'秩序'的范围以内；这种从社会中产生但又自居于社会之上并且日益同社会相异化的力量，就是国家。"④ 这就是说，国家存在的前提就是"缓和冲突，把冲突保持在'秩序'范围以内"；换句话说，就是国家存在是以一定的社会势力的平衡为前提的，没有一定的平衡，不能将冲突限制在一定的范围之内，也就不可能有国家的存

① ［古希腊］亚里士多德：《政治学》，吴寿彭译，商务印书馆 1965 年版，第 47 页。

② ［英］弗里德里希·冯·哈耶克：《法律、立法与自由》第二、三卷，中国大百科全书出版社 2000 年版，第 525～526 页。

③ 《列宁选集》第 4 卷，人民出版社 1972 年版，第 48 页。

④ 《马克思恩格斯选集》第 4 卷，人民出版社 1995 年版，第 170 页。

在。因此，在政治领域，保持一定的平衡是十分必要的。自有人类社会以来，还未曾见过只存在某个单一阶级的国家。政治平衡并不否认冲突，而是以“冲突恒常”为其前提。因为有冲突、有矛盾才需要平衡。

在任何社会中，冲突是客观存在的、不可避免的，“冲突可以暂时被镇压、调解、疏通、控制，但无论是古代的哲学王还是现代的独裁者，都不能一劳永逸地消除冲突。”① 这也正如亨廷顿所言，“在一个完全不存在冲突的社会里，政治机构便失去了存在的必要，而在一个完全没有社会和谐的社会里，建立政治机构又是不可能的”。② 因此，要使冲突保持在一定范围之内而不至于威胁到整个社会性的发展，达到一定的政治平衡就是必要的。总之，“政治上成熟的人会寻求持中的解决办法，使冲突各方都得到一定程度的满意。”③

（3）政治平衡是动态的平衡，是发展中的平衡。人类政治生活是一个不断地由失衡走向平衡、由旧平衡走向新平衡的过程。储建国在分析政治能量的动态均衡与政治系统的稳定时就指出：“人们也许会把政治系统中的均衡想象成空间中的某个点，运动物体在这一点上稳定下来就意味着均衡。其实不然，应该把均衡想象成空间中的某个域，物体在这个域内有规则地运动。政治系统的动态均衡就是政治系统与环境之间、政治系统诸要素之间在某个域内有规则地运动。”④ 动态的政治平衡不是指平分秋色、势均力敌。其突出的特点在于：其一是动态性，是动态的而非静止的；其二运动的规则性与规律性。施雪华教授在论述政治民主与政治效能的动态平衡时就明确指出：“所

① Ralf Dahrenddorf: *Class Conflict in Industrial Society*, Stanford University Press, 1959, p. xiii.

② ［美］塞缪尔·亨廷顿：《变化社会中的政治秩序》，王冠华等译，三联书店 1989 年版，第 9 页。

③ ［美］科恩：《论民主》，聂崇信、朱秀贤译，商务印书馆 1988 年版，第 183 页。

④ 储建国：《政治能量的动态均衡与政治系统的稳定性》，载《武汉大学学报（社会科学版）》2001 年第 3 期。

谓政治效率和政治民主的‘动态平衡’，不是指两者绝对均等意义上的平衡，而是指两者在同一时期虽然发展程度可以有所不同，但应当大体相称，不能落差太大；在某个阶段可能以政治效率为主要目标，政治民主为次要目标，而另一个阶段两者关系则是相反。这种关系的经常性、规律性地交替出现，从而构成两者的动态平衡。”① 正是这种运动与发展的规则性或规律性，才使得动态平衡有意义。人类政治生活并不是一潭死水，人类对更公正、更美好的政治生活的追求一刻也不会停息，人类总是在打破旧的政治平衡的基础上寻求建立起新的政治平衡。没有一定的平衡，整个政治生活就会缺乏必要的张力，要么走向无政府状态，要么走向极权专制。而在人类政治生活中，只有动态的政治平衡，才能促进政治的发展与人类政治生活的进步，如果平衡变为一种绝对静止，那么人类政治生活将成为无源之水，无本之木。

（4）政治平衡是一门高超的政治艺术。一般而言，强调政治平衡的大多数学者都认为，政治可以自动地达到某种平衡。但事实上，人类社会生活领域的平衡尤其是政治平衡与自然界的平衡是不一样的，最为重要的区别在于前者中人为因素特别重要，有时甚至发挥主导性作用。因为政治平衡的载体是一个个具体的人或组织，通过人的有意识的调控也可以达到某种政治平衡。1920 年，列宁在《共产主义运动中的“左派”幼稚病》中提出了马克思主义政治学的一条重要原理——“政治是一种科学，是一种艺术”。② 政治平衡对于政治学家而言，是一种科学；对于政治活动家而言，也是一门重要的政治艺术。

古往今来，伟大的政治家无不是政治平衡的艺术大师。尽管马克思主义没有直接强调“政治平衡”对于无产阶级革命和社会主义建设的重大作用，但其对于“政治平衡”这一政治艺术的运用却是非

① 施雪华：《政治现代化比较研究》，武汉大学出版社 2006 年版，第 567 页。

② 《列宁选集》第 4 卷（上），人民出版社 1972 年版，第 234 页。

常广泛的。例如善于在政治实践中把握民主与集中的关系，就正是政治平衡这一政治艺术的体现。民主集中制"是民主的，又是集中的，就是说，在民主基础上的集中，在集中指导下的民主。只有这个制度，才既能表现广泛的民主，使各级人民代表大会有高度的权力；又能集中处理国事，使各级政府能集中地处理被各级人民代表大会所委托的一切事务，并保障人民的一切必要的民主活动"。① 作为根本的组织原则，这种"民主基础上的集中"和"集中指导下的民主"是需要政治领导人有高超的政治平衡艺术的，否则就极容易异化为只有集中而无民主。还例如，如何正确处理好发展与稳定的关系，也需要有高超的政治平衡艺术。邓小平在1989年风波后提出："中国的问题，压倒一切的是需要稳定。"② 而事隔两年后，邓小平更是鲜明地突出了"发展"这个主题。"对于我们这样发展中的大国来说，经济要发展快一点，不可能总是那么平平静静、稳稳当当。要注意经济稳定、协调地发展，但稳定和协调也是相对的，不是绝对的。发展才是硬道理。"③ 有学者分析指出："在这里，邓小平着眼于发展与稳定的整体统一性，强调要从具体实际出发，需要重点抓稳定时即重点抓稳定，需要重点抓发展时即重点抓发展，通过一定的发展阶段或周期来达到发展与稳定的相对协调平衡。这就是邓小平的动态平衡观。"④ 由此，我们可以看出，要在发展与稳定中求得动态平衡，也绝非一件易事。这也同样需要有政治领导人高超的政治平衡艺术才能达到。

政治平衡作为一种高超的政治艺术，正如虞崇胜教授在论述政治均衡与制度创新时所指出的："均衡理论揭示了制度创新的悖论状态：制度要被创新，需要维持均衡，但均衡又会造成制度陷入僵滞而不能创新。因此，政治制度文明建设就是要在这两者之间寻求一种更

① 《毛泽东选集》第3卷，人民出版社1991年版，第1057页。

② 《邓小平文选》第3卷，人民出版社1993年版，第284页。

③ 《邓小平文选》第3卷，人民出版社1993年版，第377页。

④ 李翔海：《邓小平的动态平衡观》，载《毛泽东思想邓小平理论研究》1998年第6期。

好的选择，将制度的创新与制度的稳定有机地结合起来，在均衡中谋求创新，通过创新达到新的稳定。"① 当然，要达到完美的政治平衡是不可能的，但政治平衡的意义和魅力正在于此。

总之，平衡是相对的，没有绝对的平衡，政治平衡也不例外。政治平衡是发展中的平衡，而非静止的平衡。任何一种政治平衡都不是永久不变的，"政治平衡"在不同的历史阶段具有不同的历史内涵。这也正是难以对政治平衡给出一个确切定义的原因所在。综合以上分析，我们大致可以给"政治平衡"下一个简明的定义。所谓政治平衡，就是通过采取一定的平衡策略与战略使各政治力量在政治生活中保持一种相对均衡的发展态势。

第二节　政治平衡与政治发展的一般关系

一、政治平衡是政治发展的应有之义

对于当今广大发展中国家的国家建设而言，政治发展问题十分迫切，因而广大发展中国家的政治平衡，主要是指其政治发展进程中的政治平衡。而政治发展过程本身就是一个不断寻求动态的政治平衡的过程。

政治发展的概念，是西方学者在20世纪50年代提出来的。长期以来，西方学者垄断着政治发展的话语权。陈鸿瑜先生在其著作中系统总结了西方学者最有代表性的11种观点，但其核心观点基本上都集中于政治结构功能分化、政治系统能力的增强、人民参与水平的提高等。② 美国政治发展问题研究的著名学者派伊在《政治发展面面

① 虞崇胜：《和而不同：和谐社会政治文明的精髓》，载《东南学术》2005年第2期。

② 参见陈鸿瑜：《政治发展理论》，台北桂冠图书股份有限公司1995年版，第24～30页。

观》一书中，把政治发展的含义概括为以下10种：(1) 将政治发展视为经济发展的先决条件，政治发展对经济发展有决定性的作用；(2) 政治发展是工业社会典型政治形态的生成过程。工业生活使政治形态出现许多相同之处，因而不管是否实行民主政治，所有工业社会都有一套相同的政治行为模式和施政标准，这就是政治发展的状态；(3) 政治发展是政治现代化，而这种现代化又是以西方的政治形式为参照标准的；(4) 政治发展是民族国家的运转和建设过程，政治发展首先是一种国家政治制度中的民族主义政治形式；(5) 政治发展主要是国家行政与法律方面的发展，即现代行政组织、行政秩序与法制的发展；(6) 政治发展是政治动员与政治参与的过程。政治参与一般是自下而上的，而政治动员则是自上而下的，但两者只要达到了一定的程度，都能达到政治发展的目的；(7) 政治发展就是建设民主政治；(8) 政治发展是一种稳定而有序的政治变迁，是一个社会能够理性而有目的的控制政治过程，引导社会变革的方向；(9) 政治发展是政治系统的能力的提高过程，其中主要是指政治动员和权力行使能力的提高；(10) 政治发展是多元社会变迁中的一个侧面。① 这10种定义几乎囊括了当今西方学者对政治发展含义的探讨，其核心则是其第 (3) 点，政治发展是政治现代化，而这种现代化又是以西方的政治形式为参照标准的。

中国学者自引进政治发展这一概念以来，对政治发展的界定主要有广义和狭义两种。广义分析认为政治发展是人类社会存在的永恒现象，不仅发展中国家有政治发展，发达国家也存在政治发展问题。不仅现代国家有政治发展，古代社会也有政治发展问题。王浦劬认为："政治发展是政治关系的变革和调整。""政治发展是人类政治不断从低级走向高级，由必然王国走向自由王国的长期过程，是各种社会政治形态面临的共同问题和任务。"② 李景鹏认为："政治发展可以归

---

① See Lucian W. Pye, *Aspects of Political Development*, Little Brown and Company, Boston, 1966, pp. 33-34.

② 王浦劬：《政治学基础》，北京大学出版社1995年版，第375页。

纳为三个方面的发展：一是主体结构功能的发展，二是行为方式和手段的发展，三是关系的性质和状况的发展。"① 李元书也认为，政治发展是"通过扬弃代价，以寻求不断发挥人的政治潜能的政治体制和政治生活方式的过程，以及这些体制和生活方式的生长过程。"②这种将政治发展看做是人类历史长河中任何一个阶段都存在的观点显然与西方主流的政治发展理论大相径庭。

狭义分析认为，政治发展只是一种现代政治的成长过程，是从传统政治向现代政治的转变。这种狭义分析基本上与西方主流观点是一致的。王邦佐等认为，政治发展就狭义而言特指现代化过程中的政治变迁，并认为如果不是从经验而是从规范意义上讲，政治发展无疑面向的是现代化过程中积极的政治变迁。③ 谢庆奎认为，"政治发展是在独立民族国家形成和传统社会向现代社会转型的过程中，政治体系的合法化、民主化和现代化的过程。"④ 此外，也有学者主张用政治现代化代替政治发展。如施雪华在其主编的《政治科学原理》一书中就主张使用政治现代化这一概念来代替政治发展，并将政治现代化看成是"传统政治体系向现代政治体系的转变的整个过程以及在这个过程中政治的各个层面和要素实现从传统性向现代性转变的各种特征的总和"⑤。这种狭义的分析有助于分析特定的政治转型与变迁，但遭到了诸多国内学者的反对，主要是发展一词在中文语境中并不具有特定阶段的意义，发展是一个永恒的主题。

无论是广义的中国式的"政治发展"概念，还是狭义的"西方式"的政治发展概念，本身都不具有对错之分，而只有恰当与否。

---

① 李景鹏：《中国政治发展的理论研究纲要》，黑龙江人民出版社 2000 年版，第 22 页。

② 李元书：《政治发展导论》，商务印书馆 2001 年版，第 7 页。

③ 王邦佐等主编：《新政治学概要》，复旦大学出版社 1989 年版，第 293～294 页。

④ 谢庆奎：《新中国政治发展》，载《理论学习与研究》1999 年第 5 期。

⑤ 施雪华主编：《政治科学原理》，中山大学出版社 2001 年版，第 924 页。

研究的对象不同，适用的概念也可以不一样。在政治发展研究的不同阶段，有着不同的看法，诸多学者众说纷纭，都提出了自己的衡量标准。阿尔蒙德认为，结构的差异、分支体制的自主性和文化的世俗化是政治发展的三个主要分析指标。① 派伊认为，与政治体制的关系中个人的平等地位的提高，与环境的关系中政治体制能力的提高，政治体制内部制度和结构的差异的提高，是政治发展的三个主要分析层面。② 塞缪尔·亨廷顿认为，理性化的权威、差异性的结构、大众的参与以及政治体系实现各种广泛目标的能力是政治发展研究的主要视角。③ 科尔曼认为，政治发展是结构分化、平等至上、政治体系的整合、适应和反应能力等三种过程的持续互动关系，由此形成了综合发展。④ 也有学者认为，政治发展的内容主要体现在以下三个方面：政治一体化、政治稳定、政治民主。⑤ 在中文资料的对“政治发展”的狭义概念中，王沪宁和陈鸿瑜的界定可谓最为贴切。王沪宁认为，政治发展意味着建立适应一个特定社会历史——社会——文化要求变化的稳定的政治体系。这个命题意味着政治体系必须具备完善的政治功能，政治体系必须能有效行政，意味着动员民众参与政治，意味着

---

① ［美］阿尔蒙德和小鲍威尔：《比较政治学：发展的研究方法》，波士顿，1966年版。转引自西里尔·E. 布莱克主编：《比较现代化》，杨豫等译，上海译文出版社1996年版，第61页。

② Lucian W. Pye, *The Concept of Political Development*, Annals of the American Academy of Political and Social Science, Vol. 358, pp. 1-13.

③ ［美］塞缪尔·亨廷顿：《变动社会的政治秩序》，纽黑文，1968年版，转引自西里尔·E. 布莱克主编：《比较现代化》，杨豫等译，上海译文出版社1996年版，第44页。

④ James S. Coleman, *the Development Syndrome: Differentiation-Equality-Capacity*, in Leonard Binder, etd., Crises and Seuences in Political Development, Princeton University Press, 1971, pp. 73-74.

⑤ Vicky Pandall and Robin Theobald, *Political Change and Underdevelopment: A Critical Introduction to Third World Politics*, Macmillan 1985, p. 27.

政治体系的连续变革。① 陈鸿瑜认为："政治发展的概念可界定为一个政治系统在历史演进过程中，其结构渐趋于分化，组织渐趋于制度化，人民的动员参与支持渐趋于增强，社会愈趋于平等，政治系统的执行能力也随之加强，并能渡过转变期的危机，使政治系统之发展过程构成一种连续现象。"② 鉴于政治发展问题提出的特殊背景，它最初主要是针对发展中国家的政治变迁的研究，是"政治科学中用于描述民族统一和国家建立的过程，特别是第二次世界大战以后摆脱殖民统治的亚洲、非洲新独立国家的建立过程的一个概念"③，本书也采用政治发展的原始狭义概念。即政治发展是从传统政治向现代政治的正向的转变过程。从以上各位学者对政治发展的定义来看，这个正向的转变过程的具体内容大体可以归结为两个方面：一是国家发展，一是社会发展。国家发展主要体现在国家权力"量"与"质"的增长，而社会发展主要体现为公民权利的扩展及其受保护程度的提高。这正如有学者所说，国家与社会的关系是政治发展研究的主题。④

然而，关键问题是对于广大发展中国家而言，是国家发展先于社会发展，还是社会发展先于国家发展？事实上，国家包容社会或社会消融国家均非当今发展中国家政治发展所要追求的目标，而应该在洛克式的"市民社会先于或外于国家"与黑格尔式"国家高于市民社会"之间寻找一种平衡。这两种关系架构各自在历史中都曾被转化为现实的政治运动，因此对于任何一者不加制衡的发展，就会构成对

① 参见王沪宁：《比较政治分析》，上海人民出版社 1987 年版，第 239～240 页。

② 陈鸿瑜：《政治发展理论》，台北桂冠图书股份有限公司 1995 年版，第 30 页。

③ [美] 戴维·米勒：《布莱克维尔政治学百科全书》，中国政法大学出版社 2002 年版，第 597 页。

④ 时和兴：《关系、限度、制度：政治发展过程中的国家与社会》，北京大学出版社 1996 年版，序言。

现实的误导。①“二战”后初期，各新兴独立国家往往效仿欧美，纷纷建立自由民主的有限政府，然而由于有限政府缺少效能，这些国家大多数都在20世纪60、70年代后转向专制集权，强调强权国家，直到20世纪80年代末以来，才开始注意到在国家与社会关系之间寻找一种平衡。例如，第三波民主化浪潮下的拉美国家，除了“选举民主”符合民主的“最低标准”之外，其总统制、政党体系和政治参与等方面都按照自身的逻辑运转。② 当然，任何平衡都不可能是静止的、绝对的。因此，政治发展作为从传统政治向现代政治的正向的转型过程，实际上是一个不断追求国家与社会动态平衡发展的过程。

如果说政治发展的主要内容是国家发展与社会发展，那么政治发展的基本目标则是政治民主与政治稳定。一般认为，对于广大发展中国家而言，它们往往难以走出“政治民主——政治稳定”的两难境地。任何政治民主化改革都涉及既定利益格局的重大调整，都会引发政治不稳定。然而，长期不进行政治民主化改革也会引发社会不稳定，对民众政治参与的压制都将带来爆炸式的后果。人们之所以将政治民主与政治稳定当成一种悖论，关键在于对于“政治稳定”的静态的理解，将政治稳定看成是现状的静止不动。实际上，政治发展所要求的政治稳定是一种动态的稳定或发展的稳定。俞可平认为，要突破“改革——稳定”的困境，就必须引入“现代稳定”的概念。现代稳定是一种动态的稳定，其主要特点是把稳定理解为过程中的平衡，并通过持续不断的调整来维持新的平衡。以公民对某些官员或某个政府机关的不满为例，我们可以有两种处理方法。一是通过各种手段禁止公民表达对某些官员或某个政府机关的不满，不许他们行使宪法允许的申诉、抗议、游行、示威等反抗违法官员或违法机关的权利，用强制的方法来维持现存的政治平衡；另一种是让公民通过合适

---

① 邓正来，[英] J. C. 亚历山大编：《国家与市民社会：一种社会理论的研究路径》，中央编译出版社2005年版，第99～100页。

② 刘文龙：《关于20世纪末拉美政治民主化独特性的再思考》，载《拉丁美洲研究》2002年第2期。

的渠道表达其不满，然后依据公民的不满和政治生活中新出现的问题及时调整公民与政府的关系，用新的政治平衡去替代旧的平衡。这前一种方式就是我们所说的传统的静态稳定，后一种就是现代的动态稳定。动态稳定的实质，是不断打破现状，用新平衡代替旧的平衡。① 施雪华也认为，现代政治稳定是一种发展中的稳定，是一种政治体系与社会环境系统"双向联动型"的政治稳定，不是政治系统的停滞不变，而是有序地、适应地变化。而要有序地、适应地变化，政治系统必须是高效率和高民主的。② 可见，这种发展的动态的政治稳定是内涵着效率与民主的平衡的。因此，政治稳定作为政治发展的基本目标，也内含着动态的政治平衡。

总之，无论是从政治发展的基本内容还是从政治发展的主要目标来看，政治平衡都是政治发展的应有之义。政治发展从本质上讲就是一个国家与社会动态平衡发展的过程，就是一个不断地寻求政治民主与政治稳定平衡发展的过程。政治发展所要求的政治稳定，也是一种发展的稳定，一种内含着动态政治平衡的稳定。

二、政治平衡是实现政治发展的重要手段

在传统的政治发展序列观指导下，发展中国家仍难以摆脱经济动荡、政治衰朽的命运。究其根源，就在于其政治发展的非平衡性所致。政治发展的序列观，事实上是一种非平衡的政治发展观。其非平衡性主要体现在为了限制权威，必须首先建立权威。由于权威是一种被广泛认可的权力，刚创立的权威往往具有脆弱性，在遭到其他权威的挑战或受到社会的威胁时，往往只能求助于专制手段以巩固其权威。这种以牺牲自由民主为基础的权威往往建立在领袖个人、军队、独大性的政党或寡头集团的统治基础之上，而政治发展所要建立起的

① 参见俞可平：《增量民主与善治》，社会科学文献出版社 2003 年版，第 208～209 页。

② 施雪华：《比较政治现代化》，武汉大学出版社 2006 年版，第 553 页。

权威是民主的权威、法治的权威、道德的权威。那种缺少民主、法治与自由的权威政权在向民主体制的转型过程中本身就先天不足。广大发展中国家在“二战”后初期不加批判地接受西方民主，此后造成社会失序、政治动荡、经济萎缩，从而纷纷走上权威主义或专制主义的道路。在经历了从完全仿效西方自由民主政体转向权威主义政权三十余年后，大多数仍没有自动地转入民主政体。因此，广大发展中国家要在其政治发展过程中避免政治动荡，就必须在自由与权威、民主与效能之间寻找一种相对的动态平衡。

1. 政治平衡有助于为政治发展提供一个稳定的发展环境

对于一个后发国家而言，首要问题是避免政治发展过程中的骚乱与动荡，从而走上良性的可持续的政治发展道路。要避免政治不稳定或失序，不同的政治学者提出了不同的对策。权威主义论者认为，由于政治发展需要一定的社会经济基础，而广大发展中国家的社会经济现代化水平极低，因此，有必要采取政治上的强制手段以维护社会政治稳定，为经济发展与现代化提供一个稳定的发展环境，而只要经济发展了，政治上向民主化转型就是自然而然的事情。第三世界国家和地区的发展实践表明，在一定时期内采取政治上的强制可以维护社会政治稳定，而且如果所采取的经济政策得当，也能极大地促进经济发展与现代化。但是，这种稳定往往是短暂的。因为政治上的强制可以有效地压制公民的政治参与，防止参与爆炸所带来的政治上的动荡，但前提是这个政权本身是稳定的。在当今广大发展中国家和地区，因政权内部斗争所导致的政治动荡比公民政治参与而造成的政治动荡多得多。“专制者经常被推翻，或者因为其军官组织政变，或者他们被其卫官刺杀，或者由于经济管理不善从而使他们无力为继，或者因为自然死亡而被埋葬。因此，只要一个专制统治期结束，其他的都会结束，最后就会出现继承危机问题。”① 因此，强制可以维持政治稳定与秩序，但强制下的稳定可能只是暂时的，随时都可能因政权内部的

① ［美］曼瑟·奥尔森：《权力与繁荣》，苏长各、稽飞译，上海世纪出版集团 2005 年版，第 25 页。

更替而产生全盘皆输的局面。

另外，权威主义者还相信，政治体系的稳定可以建立在有效的经济增长上，只要保持有效的经济增长，政治体系就能保持大体的稳定。亨廷顿早就告诫，贫困本身就是动乱的障碍，不是贫穷而是人民致富的欲望导致了社会政治的大动荡。“一个政府的统治假若仅建立在这样的事实上，即它在物质上强过任何社会其他力量，那么它必将被证明是短命的。”① 1997 年爆发的东南亚金融危机，表面上是经济危机，其内在的根本原因则在于政府。威权政权由于压制选举、公民自由与参与，而且其合法性又不能仅仅建立在武力基础之上，经济发展成了其合法性最重要的来源。然而，正是这个合法性需求，导致了政府的“短期行为”，并由此产生了经济泡沫。所谓的经济泡沫的实质是“政治泡沫”，是政权对合法性需求的必然结果，因此，更确切地说应该是“人造政治泡沫”。② 戴维·希契科克在 1996 年 6 月到东南亚各国访问高层决策者、专家和专业人士时，他们普遍都将政治问题摆到重要位置，管制都是中心话题。一些知识分子、文化人士和社会活动家都认为政府必须对人民更负责。在有的国家，受访者广泛认为对政治的幻想破灭了，我们只有民主的形式而没有其内涵。正如哈格德所观察到的，“印度尼西亚的问题可以部分归咎于一个相对缺乏代表性的国民代表大会负责的高度中央集权、缺乏有效监察行政执行当局的机制，也缺乏监督权力转移的机制”。在本地区的许多国家，“政客、商业团体和个别企业之间的紧密政治关系，也是危机的原因”。③

既然政治上的强制所带来的社会政治稳定是暂时的，而且可能带来经济危机，而经济发展又要求一种持续的稳定，那么，怎样才能促

① Samuel Finer, The Man on Horseback, *The Role of the Military in Politics*, Penguin Books Ltd., 1975, p. 78.

② 任一雄：《东亚模式中的威权政治：泰国个案研究》，北京大学出版社 2002 年版，第 184 ~ 185 页。

③ Stephen Haggard, *Governance and Growth: Lessones from the Asian Economic Crisis*, Asia Pacific Economic Literature, 1999, Vol. (November), pp. 35-37.

进社会政治的持续稳定呢？强制可以维持稳定，平衡也可以促进稳定，强制所带来的稳定是暂时的，而平衡所促进的稳定则会持久得多。一般讲来，平衡是一个静态概念，人们很难将它与发展联系起来。马克思与恩格斯在其《共产党宣言》中就写道："至今一切社会的历史都是阶级斗争的历史。""而一切阶级斗争都是政治斗争。"①可见，正是阶级斗争与冲突促进了人类社会不断由低级向高级发展。然而，我们也应该看到，阶级斗争与冲突只是一定历史时期内阶级矛盾激化的产物，在人类历史的大部分时期，人类的政治进步仍然需要有稳定的政治社会环境。"在一个完全不存在冲突的社会里，政治机构便失去了存在的必要，而在一个完全没有社会和谐的社会里，建立政治机构又是不可能的。两个十分敌对的集团，在它们改变相互看法之前，共同体的基础是不可能形成的。"② 因此，冲突与斗争促进政治发展，和平与稳定也促进政治发展。用当代中国式政治话语来说，就是在发展中求稳定，在稳定中促发展。发展是目的，稳定是前提。然而，如何促进一个社会的政治稳定？强制可以带来暂时的稳定，但反复的强制就容易成为强弩之末。在政治发展过程中，要求得稳定的政治环境，主要应求助于政治平衡。

所谓政治发展进程中的政治平衡，是指在从传统政治转向现代政治的发展过程中，通过采取一定的平衡策略和战略从而使政治发展过程中所面临的基本矛盾保持一定的张力，不至于落差太大而维持一种大体相称的政治发展状态。完全平衡的政体或政治状态只是一种乌托邦。但是建立起相对平衡的利益共同体有利于抗拒来自社会各方面的冲击，不至于由于某一危机的发生而导致政治机构的全盘崩溃或解体。另外，它也有利于利益冲突的内部协商与妥协，不至于使社会当中某一部分利益因过于突出而引发政治动荡。密尔认为，代议制就是一种平衡机制，代议制政府是目前人类最佳的政治选择。"代议制度

① 马克思恩格斯：《共产党宣言》，人民出版社 1997 年版，第 27、36 页。

② ［美］塞缪尔·亨廷顿：《变化社会中的政治秩序》，王冠华等译，三联书店 1989 年版，第 9 页。

应当组织得能保持这一事态：它不应当容许任何一种地方利益强大到能够压倒真理和正义以及所有其他的地方利益的总和。永远应当在各种个人利益之间保持着这样一种平衡，使任何一种个人利益要获得成功必须有赖于得到至少大部分按照更高动机和更全面更长远的观点行动的人们的支持。”① 因此，建立起一个相互制衡的政治机制最有利于社会政治的稳定。

况且，平衡并不一定是静态的，也不是永恒的。任何一种政治平衡都会被一种新的政治平衡所打破。正是这种暂时的相对平衡，往往为一种新的政治发展提供了相对稳定的社会政治环境。在当今和平与发展成为世界主流的社会里，要促进一个国家的政治发展，就必须首先构建起稳定的政治社会环境，否则就会导致亨廷顿所说的政治衰朽。要避免政治衰朽，最好的办法就是求助于政治平衡。政治发展的根本动力来自于经济发展，任何政治上变革的动因都可以在社会经济生活中寻找到。广大发展中国家随着社会经济的现代化，利益分化加剧，社会矛盾也会增加，政治系统的压力加大。而要保证社会经济的持续发展，不至于使社会矛盾转化为社会政治运动从而阻碍经济发展，就必须采取相应的政治平衡策略或战略以协调和化解社会矛盾与冲突。因此，在一个后发国家中，要促进经济的持续发展，就首先要保证政治稳定，而要保证政治稳定，就必须努力促进政治平衡，即在价值观念上建立起包容性的多元价值体系，在体制上建立起分权制衡的政治体制，在社会与国家关系上促进国家与社会关系的和解，促进社会利益的多元化与培育强大的中产者阶层。

2. 政治平衡有助于克服政治发展过程中所同时出现的多重危机

美国政治学家派伊在其著作中多次提到，处于政治发展过程当中的社会，可能会出现民族（或国家）认同危机、合法性危机、参与危机、政令贯彻危机和分配危机。派伊认为，这五种危机可以用整合

① ［英］J. S. 密尔：《代议制政府》，汪瑄译，商务印书馆 1982 年版，第 100 页。

（或一体化）危机来概括。① 只有克服了这些危机之后，一个国家才有实现政治稳定和政治发展的可能。要解决这些危机，就要首先剖析这些危机产生的原因。只有寻根溯源，才能对症下药。然而，政治发展过程中所面临的这些危机并不是单一因素的结果，它们的广泛出现既有经济的、文化的原因，也有政治的原因。而且，对于后发国家而言，危机的出现并不像发达国家那样在历史上呈现依次出现的特性，危机的爆发，往往是多重的。阿尔蒙德认为，“国家建设和经济建设按理先于政治参与和物质分配”，② 因为只有首先做到有资源可分，才谈得上如何公平分配资源的问题。但是，发展中国家无法遵循上述政治发展的逻辑。它们还没有很好地完成民族认同、国家建设等任务，就“已经进入了由政治上有能力和经济上发达的民族国家所组成的国际社会。在这个国际社会中，参政和福利是突出的政治问题。因此，尽管发展的逻辑意味着国家建设和经济建设要先期进行，但发展的政治却迫使第三世界国家同时面临人们对于参政和分配的要求及期望”。③ 因此，在现代化初期构建起的权威主义政府，往往在危机爆发时一夜之间就倾家荡产，而要树立起民主政府的权威，又步履蹒跚。

“危机是一种改变或破坏平衡状态的现象，也可以视为系统的失衡状态。”④ 伊斯顿认为，政治是对社会价值的权威性分配。这种权威性分配的不公往往导致民族国家内部民族矛盾、国家与社会的冲突

① 陈鸿瑜先生在其《政治发展理论》一书中将其概括为六项危机，即在前面五项危机的基础上加上了整合危机。事实上派伊认为整合危机是对前面五项危机的一个概括。参见台湾桂冠图书股份有限公司 1995 年版，第 148 ~ 152 页。

② ［美］加里布埃尔·A. 阿尔蒙德；小 G. 宾厄姆·鲍威尔：《比较政治学：体系、过程和政策》，曹沛霖等译，上海译文出版社 1987 年版，第 423 页。

③ ［美］加里布埃尔·A. 阿尔蒙德；小 G. 宾厄姆·鲍威尔：《比较政治学：体系、过程和政策》，曹沛霖等译，上海译文出版社 1987 年版，第 423 页。

④ 燕继荣主编：《发展政治学：政治发展研究的概念与理论》，北京大学出版社 2006 年版，第 164 页。

等加剧。例如，要解决好民族认同危机，就必须在政治上构建各民族一律平等、促进各民族友好交往的政治架构。前苏联的解体与其说是缘自西方的自由主义，不如说在很大程度上是缘自其多年来未曾从政治平衡高度解决民族国家的认同问题，俄罗斯民族的大国沙文主义为葬送苏联埋下了祸根。而从前苏联的解体中我们也可以发现，民族认同危机不是单独出现的，它与合法性危机、参与危机、命令贯彻危机及分配危机一同出现。由于传统的前苏联集权体制难以应付如此重大的危机，只好推倒重来。

当然，世界上没有哪个发展中国家在建国伊始就存在着各政治主体之间的政治平衡。它们往往是在某些突出的政治领导人的领导下摆脱西方大国的殖民统治后走向独立，因此，中华人民共和国成立时期的领导人得到的支持往往超过了人们对新的政府形式的支持。对于这些国家而言，政治发展中的一个关键问题是，如何把合法性从个人身上转移到政权上来。① 这就需要培育多元利益主体，构建起相对平衡的政治体制，从而限制这些极富个人魅力的领导人利用其合法性支持破坏系统的平衡与稳定。对一个发展中国家而言，在其中华人民共和国成立之初不大可能存在政治平衡，但随着其现代化的发展，应努力促进政治平衡，从而克服政治现代化过程中可能出现的危机。因为政治平衡的背后是利益的相互平衡与依赖，它更有利于各利益主体在相对平衡的政治体制内和平博弈。另外，一个相对平衡的政治体制在遭到某一方面的损害时，往往具有某种自动修复功能，因为它允许各政治主体利益的平等诉求与和平博弈。而在一个以单一利益为主导的社会里，各利益主体之间的冲突往往采取外部形式，总是颠倒重来。

3. 政治平衡有助于政治发展目标的顺利实现

亨廷顿曾提出："政治发展的讨论常常集中于讨论朝什么发展，而不是发展什么。这两个'什么'发展曾是广泛分析的题目，它们

---

① ［美］加里布埃尔·A. 阿尔蒙德、小 G. 宾厄姆·鲍威尔：《比较政治学：体系、过程和政策》，曹沛霖等译，上海译文出版社 1987 年版，第 36 页。

就是政治民主和政治稳定。"① 亨廷顿的著作《变化社会中的政治秩序》与《第三波——20世纪后期民主化浪潮》正是致力于这两大目标。如果说民主与政治稳定是紧密的盟友，那么民主化进程却往往会伴随着政治不稳定。如何既实现政治民主，又保证政治稳定，是每一个发展中国家政治发展都面临着的巨大难题。

权威主义认为，在经济发展与政治民主之间，经济发展具有优先性。要促进经济发展，就必须先保证政治稳定，在保证稳定的政治社会环境的前提下，促进经济发展，而经济发展自然会减少民众的政治诉求，又会反过来促进政治稳定。至于政治民主这一目标，则可以推迟到遥远的将来。然而，且不说经济发展会刺激人民参政的欲望与需求，权威主义政权结构本身也存在着难以摆脱的结构危机，即专制权力与同意权力之间的张力最终会导致权威主义政权的解体。② 经济学家奥尔森认为，那种认为欠发达国家或处于特别困难境地的国家可以不需要建立民主体制保护个人权利，采取专制来发展经济的观点至少对于市场经济体而言，是完全错误的。对个人权利的保护不仅不是经济活动的奢侈品，相反，对经济绩效具有高强度的激励。他指出："应该承认，民主体制下的政治领导人的任期、任职时间长短及时间性也许比典型的长期执政的专制者要短，由于这个缘故，民主国家牺牲了许多效率。但是，在稳定的民主国家，在法治之下，权力的继承是可以预测的，个人权利的裁定与执行绝非是短期的考虑。在稳定的民主国家，许多个人自信地签订长期的契约，或者可以很信任地将财产授托到后几代，或者设立基金会，他们认为这种预期是绝对会持久的，因而也表明在无限的将来，他们的法律权利是稳定和可靠的。""尽管经验告诉我们，相对贫困的国家如果有一个很强的专制统治者，并碰巧他也有不寻常的很好的经济政策，这些国家也可能会有急

① ［美］塞缪尔·亨廷顿、乔治·J. 多明格斯：《政治发展》，载格林斯坦等编：《政治学手册精选》，储复耘译，商务印书馆1995年版。

② 参见陈尧：《新权威主义政权的民主转型》，上海人民出版社2006年版，第四章。

剧的经济成长，但是这样的经济成长只会持续一两个专制统治期。”①因此，要取得稳定的持续的经济发展，仅靠政治上的威权不足以维持。

不可否认，经济发展最需要的是社会政治环境的持续稳定，即经济发展、权利保障的可预期性。如果我们仔细地考察拉丁美洲与东亚之间的区别，就不难发现，拉丁美洲诸国的权威主义与东亚国家和地区的权威主义存在着非常大的区别。一些东亚国家和地区之所以取得经济上的成功，就在于其集权是有限的。政治发展并不存在严重的失衡。在经济领域中，私有财产是受保护的，个人的经济绩效是可以预期的，社会政治运动的目标基本上是政治性的，因而对经济发展没有产生太大影响。由于政治上的集权本身也是有限的，而且当权者本身的目标也是民主化。在社会政治运动的冲击下政治系统逐步开放，渐进的民主转型就成为可能。因此，取得经济成功并且成功地实现民主转型的国家和地区并非源自于权威主义政权下的政治上的专制，而是源自于其专制的有限性所导致的国家发展与社会发展之间的相对平衡。

当今世界广大发展中国家无法完全忽视民主，“民主已成为整个世界上头等重要的政治目标。它受到各方面的颂扬。那些在其他哲学观点上存在根本分歧的人都同样颂扬它”。② 那么，如何在政治发展进程中既保证政治稳定又实现民主呢？政治平衡策略为其提供了良好的途径。在西方发达国家政治发展初期，这种政治平衡策略主要是通过政治体系内部的权力分散与制衡来实现的，即立法、行政与司法之间的分权制衡。而到了现代化中后期，随着行政国家的产生，民主范围也在不断扩大。此时的政治平衡主要是通过制度化的政党竞争及公民权利的扩大与保护对国家和政府的平衡来实现的，政治体系的内部

① ［美］曼瑟·奥尔森：《权力与繁荣》，苏长和、嵇飞译，上海世纪出版集团 2005 年版，第 34 页。

② ［美］科恩：《论民主》，聂崇信、朱秀贤译，商务印书馆 1988 年版，英文版序言第 1 页。

平衡开始转向外部平衡。正是有这种政治平衡的存在，使得西方发达国家在其政治发展过程中，既保持了政治稳定，又促进了政治民主。巴林顿·摩尔认为，在西欧政治发展的早期阶段，王权过强或过弱的微妙平衡，对于议会民主是一种重要的推动力量。在其他国家，也出现过形形色色的具有局部意义的等级会议，但比之西欧，它们不是缺少重要的成分，就是没有关键性的均衡。① 当今的发展中国家虽然不可能重复发达国家所走过的历程，但发展中国家要实现政治稳定与政治民主这两大目标，仍然离不开一定的政治平衡。第三波民主化浪潮之所以能够产生，就在于这些新权威主义国家内部在存在专制权力结构的同时，也存在同意权力结构，尽管这后者在权威主义时期并不发生重要作用。要维持暂时的政治稳定，为政治发展提供一个初期的稳定的环境，需要一定的专制权力结构发挥作用。但不能没有“同意权力结构”与之相平衡，否则，专制权力结构就会自我复制与扩张，最终彻底消灭同意权力结构。② 如若在集权时期、权力集中时期丝毫没有民主的结构和制度或者价值的存在，那么就没有民主政治形成的制度“路径依赖”基础，政治民主就无从生长发育，③ 政治民主就永远不可能发展起来。我国学者高放认为，“新权威主义”犯了一个很大的机械类比错误。新权威主义者很喜欢强调第三世界一些国家和地区或东亚“四小龙”在民主机制不具备或集权政治下新权威如何起作用。事实上，一些第三世界国家和地区如东亚“四小龙”在经济上的成功并非缺少民主机制，至少政治上的集权并没有影响到经济上的自由。如果政治过度集权，这些国家和地区的商品经济就不可能迈大步，而且无法根治官商、官倒问题。事实证明，新加坡、香港等

---

① 参见［美］巴林顿·摩尔：《民主和专制的社会起源》，拓夫、张东东等译，华夏出版社 1987 年版，第 336 页。

② 参见陈尧：《新权威主义政权的民主转型》，上海人民出版社 2006 年版，第四章。

③ 参见［美］诺斯：《制度变迁理论纲要》，载《经济学与中国经济改革》，上海人民出版社 1995 年版，第 3 页。

是世界上最清廉的国家和地区。① 因此，不能简单地将东亚国家和地区在经济上的成功归结为其政治上的集权，而要看到这种政治上的集权与其他第三世界的国家和地区比较起来是相对有限的。它们大多处于集权与民主之间。

第三节 政治发展进程中的政治平衡

一、政治发展进程中的政治平衡的基本内容

由于后发国家无法继续遵循先发国家的政治发展逻辑，政治发展序列观必须让位于政治发展的平衡观。后发国家的政治发展不能重走先发国家的道路，而是在其发展过程中必须注意政治平衡问题。政治平衡总是相对的，在不同的历史阶段有着不同的历史内涵。那么，何谓“政治发展进程中的政治平衡”？在政治发展进程中有哪些政治平衡问题最值得关注？

所谓政治发展进程中的政治平衡，是指在从传统政治转向现代政治的发展过程中，通过采取一定的平衡策略和战略从而使政治发展过程中所面临的基本矛盾保持一定的张力，不至于落差太大而维持一种相对均衡的政治发展态势。那么，广大发展中国家在其政治发展过程中应实现哪些政治平衡呢？李景鹏认为，政治是特定的社会主体维护其根本利益的特定方式和由此而形成的特定关系，政治发展则主要包括三个方面的发展：一是主体结构的发展，二是行为方式和手段的发展，三是关系的性质和状况的发展。② 事实上，这三方面可以简单地概括为体制、行为和价值。主体结构的发展主要表现为政治体制的发

① 参见高放：《中国政治体制改革的心声》，重庆出版社 2006 年版，第 38 页。

② 参见李景鹏：《中国政治发展理论研究纲要》，黑龙江人民出版社 2000 年版，第 22 页。

展，而关系的性质状况主要是由其基本的价值取向所决定的。王沪宁认为，从历史唯物主义的观点看，政治发展主要体现在价值、体制及行为三个方面。从价值上讲，“政治发展意味着民主精神的弘扬和升华，意味着民主原则和民主制度的建立和普及。”从体制上看，“政治发展意味着政治活动的制度化”，“意味着民主制度的广泛实行”。从行为上说，“意味着建立一个开放的社会，让民众能够了解和参与政治过程，使政治活动反映民众的要求，能够使民众与政治活动形式具有高度一致的利害关系。”① 由于政治发展进程中的政治平衡的具体内容是由政治发展所决定的，因而本书认为政治发展进程中的政治平衡主要包括以下三方面的内容：价值、体制和行为。

1. 政治发展进程中的价值性平衡

政治发展不仅具有价值导向，而且是导向现代民主。“时至今日，民主思想仍然广受欢迎。大多数政体仍然标榜‘民主’，那些没有自诩民主的政体也常常坚持认为，非民主统治的特例是最终通往‘民主’的一个必然阶段。在我们的时代，即使独裁者似乎也认为，少量的民主话语是其合法性的必不可少的组成部分。”② 然而，“民主思想的历史是奇特的，而民主实践的历史则是令人困惑的”。③ 民主化的浪潮尽管已经掀起三次波涛，但我们也应看到的是三次波涛背后是三次回潮。真正意义上的现代民主对于当今许多发展中国家而言，还是可望而不可及的事情。因此，对于后发国家而言，既不能放弃现代民主的价值取向，又要防止民主化过程中出现历史的倒退与混乱。

除了民主，它们还需要效能。在政治发展过程中，它们需要不断地扩大与完善公民参政的渠道，同时还要有能力调控整个社会，不至

① 王沪宁：《比较政治分析》，上海人民出版社 1987 年版，第 260 页。

② ［美］罗伯特·A. 达尔：《民主及其批评者》，曹海军、佟德志译，吉林人民出版社 2006 年版，第 2 页。

③ ［英］戴维赫尔德：《民主的模式》，燕继荣等译，中央编译出版社 1998 年版，第 1 页。

于导致参与爆炸。当今的广大发展中国家不仅面临着民主化浪潮的冲击，而且面临着经济全球化的冲击。民主的浪潮要求每一个发展中国家都坚持民主的基本价值，全球经济与科技等的扩展又要求有一个有效能的政府来应付来自国内外的各种挑战。我们不能以效能为由消灭民主，也不能以民主为由否定效能。而此时民主与效能同时提出了自己的要求，没有民主，我们很难说有了政治发展；没有效能，连最基本的民主条件都不可能创设。

总之，政治发展不仅涉及国家的发展，也涉及社会及个人的发展。政治发展的民主化目标要求国家机构的民主化、公民参与的扩大；而政治发展的稳定性目标要求国家机构能力的增强，公民参政水平的提高。一方面关乎民主，另一方面关乎效能。因此，对于广大发展中国家而言，在其政治发展过程中必须努力在民主与效率之间保持一定的平衡。

2. 政治发展过程中的体制性平衡

广大发展中国家在政治发展过程中不仅面临着“民主”与“效能”的二律背反，而且在政治体制的构建上往往陷入“分权”与“集权”的困境。众所周知，一般发达国家都走过了由权力集中、权力扩大再到权力分散这样一个漫长的历史时期，但与此相伴随的是，发达国家的公民权利及其保护程度也在不断扩展，并不是一定要发展到权力分散阶段，才保护公民权利。对于当今广大发展中国家而言，它们的政府的确普遍缺乏效能，缺少一个集中的能有效贯彻国家意志的统一的国家权威，因而，集权在广大发展中国家政治发展的初期是必需的。但这些国家在缺少一个有效能的政府同时，还存在着公民权利的普遍短缺。没有分权的民主体制，公民权利的保障就是空中楼阁。

从历史发展来看，广大发展中国家在政治体制的选择上，往往存在着诸多的反复。非洲国家独立后的政治体制，大体上就经历了这样三种形式：独立初期，非洲多数国家基本上承袭了原来西方殖民统治的一套文官制度，并以此为蓝本，组织政党政府。到20世纪60年代中期，军队干涉政治的情况愈演愈烈，随之出现了一大批军政权。而到了20世纪80年代末，又开始向文官政府转型。拉丁美洲诸国大体上也经历了这样一个过程。19世纪初，一系列拉丁美洲国家获得独立后，大多建立了共和国。但随后由于具有浓厚封建买办性质的大资产阶级的加入，再加上军人上层分子的干政，就形成了一种寡头集团的专制统治体制。20世纪50年代，拉美反对军事独裁的声浪剧增，到1959年，军政权国家只剩下4个。而到20世纪70年代初，这一地区又相继回到军人政权，特别是南美洲出现了清一色的军人执政的局面。这一政治局面直到20世纪70年代后期，拉美再次出现民主化的浪潮。① 东亚国家也大体经历了这样一个相似的历史过程：从战后民族独立到20世纪50年代末、60年代初实行西方议会民主制，从60年代初到80年代中期，实行了威权政治，从80年代中期以来，从威权政治开始转向现代民主政治。② 这充分表明，广大发展中国家在获得国家独立后，在政治体制上往往面临着在集权与分权之间的艰难选择。事实上，这种政治体制上的选择并不是一个非此即彼的过程，广大发展中国家完全可以依据自己的国情，建立起集分结合的政治体制。在经历了多次的政治体制上的变革后，许多国家已不能按既有标准作非此即彼的划分。在当今的拉丁美洲，除4个是民主国家，3个是威权国家或集权国家外，其余15个都是处于二者之间，被归类为“部分不自由国家”(partly illiberal democracy)、“竞争的半民主国家”(competitive semidemocracy)、“限制竞争的半民主国家”(restrictive semidemocracy)、“半竞争的部分多元威权国家”(semicompetitive partially pluralist authoritarian)。③ 这些国家现如今很难将其归为完全的存在分权制衡体制的民主国家或政治上个人集权、

① 参见李培华：《发展中国家的政治》，光明日报出版社1988年版，第61、130页。

② 参见贾都强：《道路、经验与警示：战后东亚发展中国家和地区的政治发展》，载中国现代国际关系研究所等著：《当代第三世界透视》，时事出版社2001年版，第382页。

③ 参见任一雄：《东亚模式中的威权政治：泰国个案研究》，北京大学出版社2006年版，第178页。

政党集权的威权国家与集权国家。

总之，广大发展中国家在其政治发展过程中，在政治体制的选择上，往往在集权与分权之间徘徊。如何建立起一种集分平衡的适合自身政治发展的政治体制，是令当权者们十分头痛的问题。

3. 政治发展过程中的行为性平衡

传统政治与现代政治最重要的区别就在于传统政治是少数人的政治，而现代政治则是大众参与的政治。然而，大众参与政治并不等于大众控制政府，新兴国家往往表现出两种不同的现代参与政治的模式，即民主的模式和极权的模式。“民主国家为普通人提供机会，以具有影响的公民身份，去参加政治决策的过程；极权主义则为之提供‘参与服从’的角色。”① 要走向民主，就必须扩大民主的政治参与。亨廷顿认为，“政治现代化最基本的方面就是要使全社会性的社团得以参政，并且还需要形成诸如政党一类的政治机构来组织这种参政，以便使人民参政能超越村落和城镇的范围”。② 可见政治发展在政治行为上的最普遍的表现就是政治参与扩大化。然而，政治发展的目标不仅是现代政体，而且是发达的现代政体。“现代政体之有别于传统政体就在于它的政治参与水平，而发达政体之有别于不发达政体则在于它的政治制度化的水平。”③ 也就是说，现代民主不仅在于它有较高的政治参与水平，而且在于它有发达的政治制度和组织来对日益扩大的政治参与行为进行调控。

由此，对于发展中国家而言，在政治发展过程中，一方面要不断扩大政治参与，另一方面又要将政治参与限制在一定的范围之内。一个发展中国家要从传统政治走向发达的现代政治，在公民政治参与行为上总是面临着大众政治参与和政府的政治控制之间的矛盾。没有一

① ［美］阿尔蒙德、维伯：《公民文化——五个国家的政治态度和民主制》，徐湘林译，华夏出版社 1989 年版，第 4～5 页。

② ［美］塞缪尔·亨廷顿：《变化社会中的政治秩序》，王冠华等译，三联书店 1989 年版，第 34 页。

③ ［美］塞缪尔·亨廷顿：《变化社会中的政治秩序》，王冠华等译，三联书店 1989 年版，第 73～74 页。

定的政治控制，政治参与的扩大可能将整个社会带入群众社会而不是参与社会。① 过于强调政治控制，一味压制政治参与，又极有可能引起参与爆炸或革命。对于发展中国家而言，它们所要做的就是在群众政治参与和政府政治控制之间寻找平衡。

总之，广大发展中国家在政治发展进程中面临着诸多的矛盾与问题，这些矛盾与问题集中体现在价值原则上的民主与效能、政治体制上的分权与集权、政治行为上的参与与控制这三个方面。只有实现了民主与效能、分权与集权、参与与控制的动态平衡，才真正达到了政治发展的理想状态。任何政治发展序列观所主张的“单腿支撑”式发展，都不可能长久。

二、政治发展进程中的政治平衡的内在逻辑

一般而言，政治平衡不只是包括价值性平衡、体制性平衡及行为性平衡三个部分。对于一个政治体系而言，也不仅仅表现为民主与效能、分权与集权、参与与控制的平衡。然而，政治平衡作为一个历史概念，在不同的历史时期有着不同的内涵。由于本书所要集中论述的是发展中国家在政治发展过程中的政治平衡问题，因而，在本书中政治发展过程中的政治平衡的具体内容是由政治发展所决定的。

政治发展本身并不是价值无涉的。如果抽取政治发展的价值目标，那就无异于政治变迁研究。“政治发展研究之主旨，着重在从传统政体转变到现代政体的目的论上；至于政治变迁研究，则有意规避这种目的论的倾向，而只关心变迁的过程、速度与范围，客观地不含

---

① 亨廷顿认为，群众社会和参与社会两者都有高水平的政治参与，它们的区别在于各自政治组织和程序的制度化程度，群众社会的政治参与是非制度化的，而参与社会的政治参与是通过政治制度来进行组织和安排的。但参与社会并不一定是民主社会，因为大众参与政治并不一定意味着大众控制政府。共产主义专政有高水平的参政，但并不属于民主政体。参见塞缪尔·亨廷顿：《变化社会中的政治秩序》，王冠华等译，三联书店 1989 年版，第 82 ~ 83 页。

价值色彩地探讨政治系统内部诸因素的互动关系。"① 政治发展也不同于政治现代化，派伊认为，如果将政治发展等同于政治现代化，那么就会面临如何区分"西方"与"现代"的难题。② 我国学者陈鸿瑜认为："政治现代化是一个不可逆转的客观过程，而政治发展则是一个预期的、价值追求的过程。从结果来看，如果说现代化是一个'破'的过程，是对以往秩序的破坏，是一种平衡状态的打破，那么，政治发展则是一个'立'的过程，是一种秩序的重构和新的平衡的实现。"③ 因此，政治发展只是政治现代化过程中的正向结果，也就是说在政治现代化过程中有可能出现政治衰退，也有可能出现政治专制与独裁。"非民主政体，甚至反民主政体，同样有可能是现代化的产物。"④ 而政治发展恰恰是与这些结果相对的。

由以上分析可以看出，政治发展虽然是一个政治科学概念，但其内涵并不是价值无涉的。政治发展的"秩序论"者的最大缺陷不在于否定政治发展研究的价值取向，而在于以强大的秩序需要抽取了政治发展的民主价值目标。"人当然可以有秩序而无自由，但不能有自由而无秩序。必须先存在权威，而后才谈得上限制权威。"⑤ 亨廷顿的这一观点具有极强的霍布斯倾向，即他所强调的政治秩序以"效能"作为惟一的政治价值目标。政治发展不应抛弃政治民主这一更为长远的目标。也就是说强调政治稳定和秩序的同时不能忽视民主与自由。发展本身意味着进步，政治发展意味着政治进步，而人类至今

---

① 陈鸿瑜：《政治发展理论》，台北桂冠图书股份有限公司 1995 年版，第 59 页。

② Lucian W. Pye, *The Concept of Political Development*, Annals of the American Academy of Political and Social Science, Vol. 358, pp. 1-13.

③ 燕继荣主编：《发展政治学：政治发展研究的概念与理论》，北京大学出版社 2006 年版，第 47 页。

④ [美] 巴林顿·摩尔：《民主和专制的社会起源》，拓夫、张东东译，华夏出版社 1987 年版，第 126 页。

⑤ [美] 塞缪尔·亨廷顿：《变化社会中的政治秩序》，王冠华等译，三联书店 1989 年版，第 7 页。

所找到的最好的政治形式就是民主政治。政治发展的反面不仅有政治衰败，而且还有政治专制与极权统治。后者对于人类文明的破坏也具有毁灭性。正是因为如此，20世纪80年代以来，政治发展理论又重归民主化倾向。亨廷顿自己曾坦言，他在《变化社会中的政治秩序》一书中强调政治稳定，是因为他认为政治秩序是一件好事；而在20年后《第三波——20世纪后期民主化浪潮》一书中强调民主及民主化，是因为他相信民主自身也是一件好东西。① 国内学者时和兴认为，亨廷顿的这两种思考是基于两种不同的现实。20世纪60年代他认为权威优先是基于平民主义国家的现实，90年代他又认为限制国家权威更加重要，是由于他看到了权威优先于自由的发展战略所带来的权威主义国家的普遍危机。20世纪60年代的现实是，欠发达世界严重存在着短缺政治，即在经济与社会产品短缺的背后的政治问题。20世纪70年代到90年代的现实是，欠发达世界许多权威主义政权也面临着合法性问题。宪政主义国家与新兴民主国家正是要完成这一任务。② 因此，对政治发展必须坚持民主与效能平衡发展这一价值标准，而政治价值上民主与效能的平衡发展又决定了政治体制上的分权与集权及政治行为上的参与与控制的平衡发展。

另外，政治发展作为从传统政治向现代政治的正向的转变过程，既包括国家的发展，主要表现为国家权力的量与质的提升；也包括社会的发展，主要表现为公民权利的扩展及受保护程度的提高。而所谓"正向的转变"，是与政治衰朽与专制极权相对应的。因此，在国家发展方面，不仅是指国家权力的量的增加，而且是"质"的提高。这种"质"的提高，一方面是国家权力的民主化，另一方面是国家权力的有效化。在社会发展方面，不仅是指公民权利的扩大，而且也包括公民权利的受保护程度的提高。公民权利的扩大要求民主，而公

---

① 参见［美］塞缪尔·亨廷顿：《第三波——20世纪后期民主化浪潮》，刘军宁译，三联书店1998年版，前言第3页。

② 时和兴：《关系、限度、制度：政治发展过程中的国家与社会》，北京大学出版社1996年版，第229～230页。

民权利要受到切实有效的保障又离不开国家的效能。即使是民主发展程度较高的发达国家，也仍然存在。奥罗姆在分析美国的政治发展过程时就提出，当代美国的权力分配呈现两种趋势：一是现代公司和美国国家权力的扩张，一是劳动的合理化和公民权的扩大。在政府权力增长的同时，公民权也在不断扩大，民众对联邦政府有组织的抵抗活动也逐步增加。国家权力与公民权利呈现平衡扩展的趋势。① 因此，从价值原则上看，政治发展过程是一个不断在民主与效能之间寻求动态平衡的过程。

在一个政治体系内，价值是体制的内化，体制是价值的外化。政治体制是政治价值的承载者，没有政治体制，政治价值就会成为空洞的价值。“价值观念与结构之间的实际关系是互相影响的，我们几乎很难将价值观念抽离出政治结构之外。”② 因此，对于广大发展中国家而言，要在政治发展过程中保持“民主”与“效能”的价值性平衡，还必须有与之相适应的集分平衡的政治体制的构建。民主要求分权，效能要求集权。没有政治体制上的分权制衡，就不可能保障公民的基本权利，更谈不上国家权力的民主化。然而，随着社会经济的现代化发展及经济全球化的推进，现代国家必须提升自身的效能以维护国家利益与公共利益，这就要求一定的集权，尤其是行政权力的集权。“二战”前后，西方发达国家纷纷从代议分权民主制走向行政集权民主制正是基于此。这种行政集权民主体制事实上仍是以分权制衡为基础的，只是行政权力的扩张比较突出，但并没有超出民主制的基本范围。因此，在政治发展过程中，要维护“民主”与“效能”的平衡，就必须同时在“分权”与“集权”之间保持平衡。

---

① 参见［美］安东尼·奥罗姆：《政治社会学》，张华青、孙嘉明等译，上海人民出版社 1989 年版，第六章。奥罗姆认为当代美国权力分配呈现三种趋势，即公司权力的扩大、国家权力的扩张及公民权的扩大。实际上在美国公司权力的扩大与国家权力尤其是行政部门的权力的扩大是结合在一起的，尤其是大的跨国公司的权力与国家权力的结合已经成为美国社会权力分配的主要问题之一。

② Dennis Kavanagh, *Political Culture*, The Macmillan Press, 1972, p. 66.

在政治发展过程中，政治发展的“民主”价值原则要求扩大公民政治参与，而政治发展的“效能”性价值原则又要求政治参与的扩大不能超过政府的承受能力。国家权力的发展不仅是国家权力量的增多，而且是“质”的提高，这种“质”的提高很重要的一个方面就是效能。由于政治发展的重要衡量指标之一就是政治参与扩大化，伴随政治参与扩大化所要求的提高国家权力效能的主要表现就是调控社会大众政治参与的能力。因此，在政治行为上，政治发展过程就是一个不断寻求公民的政治参与与国家的政治控制之间的动态平衡的过程。

总之，从本质上讲，政治发展过程是一个不断寻求国家权力与公民权利平衡发展的过程。公民权利与国家权力的平衡发展，在政治价值上表现为民主与效能，在政治体制上表现为分权与集权的平衡，在政治行为上表现为参与与控制的平衡。在这三种平衡当中，民主与效能作为发展中国家政治发展的基本价值原则，决定了在政治体制上的分权与集权、在政治行为上的政治参与与政治控制之间的平衡。政治发展过程中政治价值、体制与行为上的平衡是紧密联系在一起的有机体，都是围绕着国家权力与公民权利的平衡发展这一基本内容的。

第二章　民主与效能

——政治发展进程中的政治价值性平衡

人之所以为人，就在于人除了物质追求以外，还要追求生活的价值与意义。这也正是人类除了要过经济生活、社会生活以外，还要过政治生活的重要原因之一。斯宾诺莎说过："政治的目的绝不是把人从有理性的动物变成畜牲或傀儡，而是使人有保障地发展他们的心身，没有约束地运用他们的理智；既不表示憎恨、愤怒或欺骗，也不用嫉妒、不公正的眼光加以监督。"① 人类的政治发展离不开政治价值的支撑，民主作为一种最基本的现代政治价值，已经为当今世界各国的政治发展奠定了心理与文化基础。人类政治发展的主要目标之一就是实现民主。马克思和恩格斯在《共产党宣言》中就明确提出："工人革命的第一步就是使无产阶级上升为统治阶级，争得民主。"② 然而，民主的理想不能代替民主的实践，后者所面临的问题较之前者要多得多。"在这样一个个人主义不断增长、同时又有着复杂的相互依存关系的年代，如何使代议制政府运作良好？这是民主所面临的一大挑战。""代议制政府最大的内在危险是政治上的僵局和政策'塞车'。当遇到政治、经济和社会变化时，政府必须引领变化，或者至少适应变化。过多的派别或者过多的'否决点'会导致瘫痪。"③ 因此，发展中国家所要建立的政府，不仅是一个现代民主政府，而且是

① ［荷］斯宾诺莎：《神学政治论》，商务印书馆1982年版，第272页。

② 马克思恩格斯：《共产党宣言》，人民出版社1997年版，第48页。

③ ［美］霍华德·威亚尔达主编：《民主与民主化比较研究》，榕远译，北京大学出版社2004年版，第36页。

一个有效能的政府。发展中国家的政治发展过程，就是一个不断在民主与效能之间寻求动态平衡的过程。

第一节　民主与效能：政治发展进程中的价值性悖论

威亚尔达在《民主与民主化比较研究》的开篇导言中写道："在全球范围内，民主表面上取得了胜利，但这并未结束争论；历史并不像福山所说的那样'终结'了。……一些权威主义政权设法用够多的'民主'成分装点自己，以获得国际社会的认可（进而有资格获得国际贷款），但却不足以被视为真正民主的政权。更有甚者，许多最近发生的向民主制度的转变是部分的或不彻底的，这些转变所带来的是将民主和权威主义以多种方式结合在一起的混合形式。"① 可这仅仅只是现象，民主化所带来的混乱并不意味着民主的价值导向有误，而在于广大发展中国家在其政治发展过程中不可避免地会遇到"民主与效能"这一价值悖论。

一、民主与效能的内涵

如果说在人类政治发展过程中普遍存在"民主与效能"这一价值悖论的话，那么首先就必须先弄清楚民主与效能的科学内涵及其与政治发展的关系。

1. 民主的内涵

经过几千年的风雨沧桑，民主的形式及其内涵都得到了极大的扩展与丰富，民主已经成为全人类共同的追求，民主化正在成为一个全球现象。然而，当今世界上的民主有多种多样，而且相互冲突。"有这样两个重要的历史事实。第一，今天，几乎每个人都声称自己是民主人士。全世界所有的政治制度都把自己说成是民主制度，而这些制

① ［美］霍华德·威亚尔达主编：《民主与民主化比较研究》，榕远译，北京大学出版社 2004 年版，第 3～4 页。

度彼此之间无论是在言论还是在行动方面都常常迥然不同。”“第二，今天，尽管许多国家可以被称之为民主国家，它们的政治制度史却显示了民主安排的脆弱性，仅仅20世纪欧洲的历史就清楚地表明，民主是一种非常难以创造和维持的政府形式：法西斯主义、纳粹主义和斯大林主义差点要了它的命。”① 因此，正确地理解民主是创造和维护好民主的前提。诚如萨托利所说，“在民主制度的诸条件中，至少可以想到的一个是，错误的民主观导致民主的错误。”②

时至今日，在西方发达国家，民主已不能单纯地以“多数人的统治和对少数人权利的保护”来概括。随着共和主义的兴起、全民公决的复兴，公民直接参与政治决策的步伐在逐步加速，精英民主论者熊彼特所曾颠倒了的古典民主论者的观点又被重新颠倒过来。那种认为“民主方法就是那种为作出政治决定而实行的制度安排，在这种制度安排中，某些人通过争取人民选票取得作决定的权力”③ 的民主观念又逐步让位于民主的首要问题是“人民的统治”。民主的价值与民主的方法在当代难解难分，诚如自由、平等一样，民主也具有某种乌托邦的性质，如何用民主的方法达到民主的最终价值目标，人类还没有完全走出这一困境。

然而，以上民主的最新发展是发达国家的现实。对于发展中国家而言，无论采用何种民主形式，最重要的是尽快达到民主的最低标准。威亚尔达指出：“我们相信，有某些普遍标准是民主所要求的——制度化的竞争性选举、政治自由、政府的定期更换，但与此同时，民主的确切含义、后果、重要性及文化底蕴又存在显著不同。”④

① ［英］戴维·赫尔德：《民主的模式》，燕继荣等译，中央编译出版社1998年版，第1~2页。

② ［美］乔·萨托利：《民主新论》，冯克利、阎克文译，东方出版社1998年版，第3页。

③ ［美］约瑟夫·熊彼特：《资本主义、社会主义与民主》，吴良健译，商务印书馆1999年版，第395~396页。

④ ［美］霍华德·威亚尔达主编：《民主与民主化比较研究》，榕远译，北京大学出版社2004年版，第11页。

达尔认为，民主的必不可少的条件是所有的成年公民都必须拥有以下充分的机会：明确阐述他们的选择；通过个人行动和集体行动向其他公民和政府表明他们的选择；使他们的选择在政府行为中受到同等的重视，也就是说政府在考虑这些选择时不因其选择的内容或选择由谁提出而加以歧视。① 因此，本书所论及的民主，作为一种价值追求，它应该被理解为人民的自我统治。如果一定要作出体制上的选择，那么，它不是已经步入后现代社会的西方发达国家正在日益勃兴的协商民主，而是广大发展中国家目前最需要发展或完善的、满足民主最低要求限度的选举民主。正如李普塞特所定义的："一个复杂社会中的民主，可以定义为一种政治系统，该系统为定期更换政府官员提供合乎宪法的机会；也可以定义为一种社会机制，该机制允许尽可能多的人通过在政治职位竞争者中作出选择，以影响重大决策。"②

2. 效能的涵义

效能，即效率与功能的统称。在英语文献里，大体与effectiveness同义。而且，在不同的学科语言中，它的涵义也有所差别。在政治学的具体语境中，效能往往是指整个政治体系的效能，而不仅仅是指行政系统。政治体系的效能往往是指政治系统的有效性。李普塞特指出："有效性是指实际的行动，即在大多数居民和大企业或武装力量这类有力量的团体看政府的基本功能时，政治系统满足这种功能的程度。"③ 在行政管理的具体语境中，它往往是指政府的工作效率和工作能力的统一体。有效的政府必须是既有效率又有能力的政府，效率和能力密不可分。而要提高政府的效能，行政效率是关键。有学者甚至认为，政府效能亦称"行政效能"，是指国家行政机关和行政人员为实现行政目标，在行政管理活动中所发挥功能的程度

① ［美］罗伯特·达尔：《多头政体——参与和反对》，谭君久、刘惠荣译，商务印书馆2003年版，第3页。

② ［美］西摩·马丁·李普塞特：《政治人——政治的社会基础》，张绍宗译，上海人民出版社1997年版，第24页。

③ ［美］西摩·马丁·李普塞特：《政治人——政治的社会基础》，张绍宗译，上海人民出版社1997年版，第55页。

及其产生效率、效益、效果的综合体现。①

本书的效能是政治学意义上的效能，是指整个政治体系的有效性。著名学者王绍光认为，没有一个有效的政府（指的是大政府，而不是专指行政机关），任何民主都是毫无意义的。一个有效的政府必须有能力履行以下六项最重要的职能：（1）对暴力的合法使用实施垄断；（2）提取资源；（3）塑造民族统一性和动员群众；（4）调控社会和经济；（5）维持政府机构的内部凝聚力；（6）重新分配资源。其中，前两项职能适用于任何时代的政府，后四项职能是现代统一民族国家的特点。② 众所周知，民主即是一种价值追求，它意味着人民的统治，或至少意味着得到被统治者的同意的统治。没有一个有效的政府为民主界定边界，那么所谓的民主就可能畸变成无政府主义。因此，本书的效能是与民主相对应的效能，而且是指处于政治发展过程中的发展中国家政治体系的效能，即政治体系实际作为的效率与功能。

3. 民主、效能与政治发展

民主与政治发展的紧密关系自不待言，没有政治民主就谈不上政治发展。桑巴特·钱堂冯认为，关于没有民主的发展是否符合意愿的问题是一种误导。如果没有民主——即没有自由，我们不可能进行真正意义上的发展。当人民学会如何管理自己因而社会变成自治性时，发展便完成了。以民主交换专制统治下的经济发展是一种糟糕的交易。③ 而政治稳定对于政治发展而言同等重要，否则就会导致政治衰败。要实现政治稳定，政治体系的效能是关键。因此，效能与民主一样，同属于政治发展的必不可少的条件。

然而，在后发国家的政治发展过程中，民主与效能之间往往存在

---

① 郭泽保：《政府效能建设若干问题探析》，载《福建行政学院学报》2001 年第 4 期。

② 王绍光：《有效的政府与民主》，载《战略与管理》2002 年第 6 期。

③ ［美］V. 奥斯特罗姆等编：《制度分析与发展的反思——问题与抉择》，商务印书馆 2001 年版，第 81 页。

着悖论。拉里·戴蒙德认为，民主在发展中世界所经历的许多问题都是源自于内在于民主本性中的三种紧张和悖论：第一种是冲突与认同之间的紧张，第二种是代表性与治国能力之间的冲突，第三种是同意与效能之间的矛盾。① 事实上，我们可以将这三种悖论概括为一种，那就是民主与效能之间的价值性悖论。因为民主需要承认冲突，提高公民的现代政治认同则是政府效能的重要表现，但冲突过于激烈则会瓦解公民的政治认同，破坏政府提升公民政治认同的能力。在广大发展中国家，由于政府无法有效处理多元文化、民族的纠纷，往往一定程度的现代政治认同还没建立就走向了冲突。另外，民主需要代表与责任机制，要使政治领导人服务于民意，但它必须能够行动，充分发挥政治领导人的治国能力，因为政治领导人的治国能力是政府效能的有机组成部分。要促进民主，就要充分有效地控制政治领导人；要促进效能，又要求充分发挥政治领导人的治国能力。广大发展中国家的政治领导人要么因为民主机构控制过严而无法有效行动，要么撇开民主机构而走向个人专制或寡头统治。当然，更多的是后者而不是前者。阿尔蒙德认为，一个国家的发展包括两个政治变量及两个经济变量，其中两个政治变量是：（1）政府能力（或权力），（2）人民参政情况（或民主化）。这两个变量也叫做两个“P”。（因为权力——Power，参政——Participation 这两个词都以字母“P”起头。）而这两个标准，即政府的权力和效能，和公众对政府影响的程度，是两个衡量政治发展的标准。政治发展指国家的发展和国家的民主化。然而在政府效能与人民参政之间，又存在着矛盾。从阿尔蒙德所分析的发展中国家所采取的五种战略（包括民众主义战略，集权主义和专家治国战略，集权、专家治国和平均主义战略，动员人民的专家治国战略及新传统战略）来看，没有一种战略很好地同时实现这两大目标，

① 拉里·戴蒙德：《民主政治的三个悖论》，载刘军宁主编：《民主与民主化》，商务印书馆 1999 年版，第 122～123 页。

政府效能与政治民主总是处于悖论状态。①

总之，对广大发展中国家而言，要达到政治发展的基本目标，民主与效能缺一不可。但在其政治发展过程中，民主与效能之间又往往呈现出悖论状态：发展民主必须承认冲突，但民主往往无法有效地解决广大发展中国家的多元文化与民族冲突等矛盾，因为民主的功能也是有限的。发展民主必须控制政治领袖或执政党，但发展中国家的民主机制往往是某个领袖或执政党通过政治斗争的产物，缺少后者，民主机制将无法有效运转。发展民主必须尊重民意，然而，无法有效处理社会和经济问题，并达到适度的秩序与公正，民主将不会被看作是有价值的。

二、民主与效能价值性悖论的历史考察

即使对于当今西方发达国家而言，民主与效能也仍然存在矛盾与冲突，只是这种矛盾与冲突限制在一定的范围之内。一个民主的政府也可以是一个高效的政府，这已被西方发达国家当今的政治实践所证明。然而，除了英美等先发国家外，对包括德国、日本等国在内的后发国家而言，民主与效能孰先孰后，两者似乎鱼和熊掌不可兼得：它们要么在民主与效能之间徘徊，要么民主与效能严重失衡，要么既没有民主，也无所谓效能。“一个没有政治效率或政治效能很低的现代政治体系很难实现政治稳定或至少难以实现持久的政治稳定；一个没有政治民主或政治民主很低的现代政治体系，同样不可能实现政治稳定或至少难以实现持久的政治稳定。”② 在后发国家的政治发展过程中，民主与效能同等重要。因而，后发政治现代化国家在民主与效能之间，往往难以抉择。

1. 在民主与效能之间徘徊——法兰西动荡之源

① ［美］阿尔蒙德：《发展中的政治经济》，载塞缪尔·亨廷顿等编：《现代化：理论与历史经验的再探讨》，上海译文出版社 1993 年版。

② 施雪华：《比较政治现代化》，武汉大学出版社 2006 年版，第 567 页。

中国学者应克复在总结西方民主运动的历史时指出："法国近代史上一浪高过一浪的民主运动是全世界民主化的楷模。在二百年的政治风雨中，共和制始终深入人心。反反复复地追求共和是法国民主史的特征。"① 然而，法国直到1958年戴高乐总统领导下的半总统制的确立，才使法国的民主得以最终确立并同享政治民主与政治稳定。

法国政治发展的逻辑起点是1789年法国资产阶级政治大革命。②有学者指出："1789年的法国大革命自它开始的那一天起，同时代的观察者就已经感知到这是一件重大的历史事件，因为它彻底改变了文明世界的社会和政治特性。""法国革命造就了第一个共和政府来统治这个幅员辽阔、人口稠密的欧洲国家，并且它的法律和机构直到今天仍然是世界各地民主政府的一个样板。"③ 巴林顿·摩尔也指出："法国想通过民主的大门步入近代世界，那她就必须亲历革命的战火，穿越充满暴力和激进运动的长廊，这一点是万难否认的。"④ 可以说，这场激进的民主革命打破了传统的专制政治，初步实现了政治发展的重要目标——政治民主；但政治发展的另一重要目标——政治稳定——却总是可望而不可及，革命最重要的政治成果——政治民主——常常被政治动荡一扫而光。可见，政治民主观念的深入人心并不等于政治现实中政治民主的唾手可得。自1789年起，法国陷入了民主与效能的悖论之中："以帝国、复辟王朝为形式的强大、集权政府与民主的、不稳定的议会共和制政体相互排斥并交替出现。"⑤

---

① 应克复等著：《西方民主史》，中国社会科学出版社1997年版，第280页。

② ［美］劳伦斯·迈耶：《比较政治学——变化世界中的国家和理论》，华夏出版社2001年版，第161页。

③ ［法］比安卡玛利亚·丰塔纳：《民主与法国大革命》，载［英］约翰·邓恩编：《民主的历程》，林猛等译，吉林人民出版社1999年版，第128页。

④ ［美］巴林顿·摩尔：《民主和专制的社会起源》，拓夫、张东东等译，华夏出版社1987年版，第83页。

⑤ 陈建兵：《政治民主与政府能力：一种政治发展研究视角》，陕西师范大学研究生学位论文，第2页。

自1789年以后，法国的政体一直处于频繁更替之中。1791年，法国宪法规定法国为立宪君主制。1792年夏，法兰西第一共和国成立，实行公民大会与五人执政内阁政府体制，政府的效能被紧紧地束缚住。针对这种情况，通过政变上台的执政府在保留其共和制的外衣下进行专制集权控制，将公民大会一分为四，即国政院、议政院、立法院、参议院，削弱代议民主机关的权力。① 这种高度的行政集权直接导致了法兰西第一共和国的破产和第一帝国的产生。1804年，拿破仑称帝，法兰西第一帝国成立。接着又是波旁王朝的复辟，1830年路易·菲利浦的“七月王朝”的上台。1848年欧洲的革命烈火摧毁了法国专制王朝，专制的效率代替不了民主的需求，民主共和国再一次建立，这便是法兰西第二共和国。1852年，路易·拿破仑经全体公民“投票”建立帝国，第二帝国建立。1870年革命的烈火再次燃烧，法兰西帝制再次被历史所抛弃，1875年法兰西第三共和国成立。之后法国的民主发展又跌跌撞撞，进入第四共和国时期，直到1958年第五共和国开始，法国才开始真正告别政局动荡的历史。可以说在法国政治发展过程中，总是不停地从一个政治危机转入另一个政治危机，法国的民主发展是在革命与反动的交替中取得的。

对于法国式的政治发展模式，学界有着诸多不同的评价。不管它是卢梭的“公意”的产物，还是如摩尔所说的那样，一方面，“无套裤汉是革命的动力，而农民则成了决定革命能走多远的缰绳”；“另一方面，革命的任务没有完成，之所以如此的原因只能到18世纪晚期法国的社会结构中去找寻，这也意味着要在法国社会中完全建立起资本主义民主制度，还需有很长的一段路程可走。”② 我们可以看到，法国的政治发展总体上徘徊在政治民主与政治效能之间，它所建立起的民主共和国（包括第一、二、三、四共和国）往往因为民主的要

① 张金鉴：《欧洲各国政府》，台湾三民书局股份有限公司1968年版，第146～147页。

② ［美］巴林顿·摩尔：《民主和专制的社会起源》，拓夫、张东东等译，华夏出版社1987年版，第87页。

求而政党林立，任何一个政党都很难在议会中取得单独执政的机会，这就大大削弱了民主政府的效能，总是因为过于脆弱而被专制所取代。而在其发展过程中的帝制及复辟王朝，又往往过于强调政府的效能，忽视早已因革命而根植于法兰西民众之中的民主需求，因而专制一次又一次地被民主所推翻，但民主所推翻的不仅是专制，同时还有政府的效能。因为取代专制的民主政府往往因为自身的结构的多元而在社会政治危机面前无能为力。丰塔纳在评析民主与法国大革命时指出："有人认为，法国新宪法最严重的结构缺陷是把立法行为抬得太高，损害了行政职能，这多半是对的；换句话说，代表们雄心勃勃地想提出具有深远意义的法律而不是仔细考虑它们是否可行。""为了使决策有效率，革命政府不得不沿袭旧制度下专制君主所惯用的模式，诉诸特殊的规定和法令，而这些严格意义上都是非法的。没有合法地位，实际只是革命党的最高行政机构的公安委员会，用自己迅速有效的干预，代替了国民议会中的讨论、协商。在雅各宾政权崩溃之后，从恐怖中死里逃生的政治阶层的成员急忙走向别一个极端，希望建立强大的行政权力，把它视为重建法律和秩序的惟一机会。在短短几年里，共和制的机构失去了所有的信誉，自愿落入一个胜利的将军，拿破仑·波拿巴之手。"① 因而，政治民主与政府效能在法国历史上总是陷入一种不可兼顾的恶性循环，法兰西政体始终处于飘摇不定之中也就是其自然结果了。

2. 民主与效能严重失衡——德日法西斯主义之源

中央集权的国家政权，及其遍布各地的机关——常备军、警察、官僚、僧侣、法官（这些机关是按照系统的和等级的分工原则建立起来的），是起源于君主专制时代，当时它充当了新兴资产阶级社会反对封建制度的有力武器。然而，在德国和日本早期的政治发展过程中，资产阶级还没有强大到运用中央集权反对传统的封建主义，但也已经强大到作为一个阶级足以与传统封建势力联手运用中央集权来剥

① ［法］比安卡玛利亚·丰塔纳：《民主与法国大革命》，载［英］约翰·邓恩编：《民主的历程》，林猛等译，吉林人民出版社1999年版，第144页。

夺农民与大众。摩尔将其称为“资本主义的反动形式”。他同时指出：“在这类国家里，资产阶级的力量相当薄弱，如果它采取彻底革命的方式，革命势必夭折。相对软弱的工商阶级日后的使命，依赖于依旧居主宰地位的旧统治者中的异端分子，他们主要来自土地，在准议会政府的支持下，促成了现代工业社会所需要的政治经济变化。在这种统治的庇护下，工业发展迅速，但结局是经历了短暂和脆弱的民主时期后便成为法西斯主义。”① 因此，在德、日政治发展进程中，政治民主因素先天不足，而由于专制日盛其政府效能却增长有余。在民主与效能的天平之间，政治民主的不足导致了政府效能的畸形发展。

如果说 1871 年统一的德意志民族国家的建立是德国政治发展进程中的标志性事件，那么这一巨大政治发展成果的取得也是在普鲁士的刺刀下获得的。这个统一的民族国家并不是新型的民主共和国，而是作为神圣罗马帝国的继承者，是一个只具有某些民主外衣的德意志第二帝国。在这种高效的专制政治的统治下，德国经济社会现代化飞速发展，很快成了经济上的巨人，却仍旧是政治上的“侏儒”。“在德意志帝国时期，贵族仍是国家政治生活中的实际统治者，资产阶级只是通过起装饰作用的帝国议会加入了统治阶级的行列。”② 经济的赶超型发展对政府效能不断提出新的要求，权力的扩张不仅加速了其国内的整合，也促使权力外溢，与其他资本主义强国的竞争不可避免。随着“一战”的失败，帝国的专制制度与帝国本身一起迅速走向崩溃。

魏玛共和国的建立使德国历史上第一次建立起了真正的共和国。魏玛宪法规定，德国为共和国，国家权力来源于人民。德国实行联邦制度，联邦法律高于各邦法律。在政治制度上，魏玛宪法采用三权分

① ［美］巴林顿·摩尔：《民主和专制的社会起源》，拓夫、张东东等译，华夏出版社 1987 年版，前言第 5 页。

② 邢来顺：《迈向强权国家——1830—1914 年德国工业化与政治发展研究》，华中师范大学出版社 2002 年版，第 243 页。

立的原则，即立法权属于联邦议会，行政权属于联邦总统及政府，司法权属于联邦法院。魏玛宪法还规定，人民享有充分的人身、言论、出版、结社、集会、通讯、选举等自由权利，贵族特权被废除，男女在政治权利上一律平等。可以说，按照魏玛宪法，德国是当时资本主义世界中最民主的国家。但由于实行高度比例代表制和多党制，政党林立，往往没有一个政党能在议会中获得多数席位，只能建立多党联合执政的松散政府。完美的民主政府无法提供有效的政治产品，政府效能的要求很快又重新超过民主。

政党的自由发展在英美等有着相当长宪政历史的国家是自然而然的，法律无需对其作出特别的规范。然而，在德国既没有宪政的传统，也没有政党政治的历史。因此，当法西斯政党出现时，民众出于对政府效能的需求放松了他们对法西斯政党专制的警惕。执政的法西斯政党造成了“民主”在德国的中断。直到“二战”以后，德国的民主政治才重新步入正常发展的轨道。

纵观德国的政治发展进程，其民主历史是相当短暂的，魏玛共和国昙花一现就被法西斯专制所取代。魏玛共和国的失败在于其民主政府不能提供德国作为一个后发国家所面临的国际国内压力对政府提出的高效能的要求。在政治发展的价值选择上，民主与效能总是严重失衡。1871 年后的德意志帝国过于强调政府的效能而无视民主要求，“一战”以后的魏玛共和国过于强调民主的重要而忽视了政府效能的必要。之后上台的法西斯政权干脆抛弃民主，实行极权统治，政府效能走向畸形发展的道路。

与德国一样，亚洲的日本在其政治发展过程中也存在严重的民主与效能的失衡。为了快速实现现代化，政府效能被突出到极限，而政治民主却总是苍白无力。摩尔认为，自明治维新以来，日本的政治发展进程可以划分为以下三个阶段：第一个阶段是以土地自由主义失败，正式宪法的通过和 1889 年虚饰性的议会民主制的发展为特征的；第二阶段以民主势力力图打破制度束缚的失败尝试为下限，这是 30 年代早期大萧条的突然袭击所造成的明显后果；30 年代的失败开创了第三阶段的战争经济和右翼极权主义政权的日本模式。① 由此看来，日本与德国一样也走过了由专制集权到民主尝试失败，再到极权主义统治这样一个曲折的政治发展过程。事实上，这不是政治发展，这恰好是政治发展失败的例证。也就是说，政治发展的失败不仅有亨廷顿所说的政治衰朽，而且还有专制集权特别是极权主义统治。前者来自于民主政治参与的过度扩张，而后者来自于政府效能的畸形发展。

纵观日本近代以来的政治发展进程，它在完成统一的现代民族国家的建构之后，基本上没遇到派伊等提出的认同危机、合法性危机、参与危机、命令贯彻危机及分配危机。因为日本作为一个世界上少有的单一的民族国家，并不存在民族认同危机。其政权在促进经济社会现代化方面获得了巨大的成功，不但没有遇到合法性危机，而且还增强了其自身的合法性。至于后三个危机即使存在也微不足道，因为政府效能的不恰当发展带给了广大民众虚幻的民族自豪感，民主要求被降至最低点。聂运麟认为："日本政治现代化发端于明治维新，中经军国主义和军事法西斯独裁统治的肆虐，到战后在美军占领下实行民主改革才真正步入民主化轨道。"② 可以说日本战后民主化的改革不是基于其国内民主派别的政治要求，而是基于国际社会特别是美国的压力。因此，在日本政治发展的初期阶段，我们很难找到政治民主的影子，即使是明治宪制，也最多是二元君主制，而不是"二战"以后的现代君主立宪制。与德国相比，它甚至连魏玛共和制那样短暂的民主尝试都没有经历过。

总之，在政治发展过程中，我们既要防止因民主政治参与过度而导致政治衰朽，也要防止因政治效能的不恰当发展而导致专制集权甚至极权主义统治。日本和德国的政治发展进程表明，"一个强有力的

---

① ［美］巴林顿·摩尔：《民主和专制的社会起源》，拓夫、张东东等译，华夏出版社 1987 年版，第 233 页。

② 聂运麟：《政治现代化与政治稳定》，湖北人民出版社 2000 年版，第 276 页。

保守政府在短时间运行中表现出明显的优越性。它既能促进也能控制经济的增长。"① 但政府效能的不恰当发展最终导致了人类政治发展史上的灾难。摩尔还认为，德国和日本试图解决一个本质上无法解决的问题：它们既要实现现代化，又不愿改变社会结构，走出困境的唯一出路是军国主义。② 事实上还有另外一方面，那就是它们既要实现经济社会的现代化，又不愿改变其政治结构，民主与效能的严重失衡的背后事实上是政治发展与经济发展的严重脱节。

3. 民主与效能的双重缺失——发展中国家动乱之源

如果说发达国家已经基本上摆脱了民主与效能的价值选择困境，它们既不缺少民主，也不缺少效能；那么，对于广大发展中国家而言，它们既缺少民主，又缺乏效能。正如亨廷顿在《变化社会中的政治秩序》一书中所描述的："在整个亚洲、非洲和拉丁美洲，到处可以看到政治秩序在下降，政府的权威性、有效性和合法性在遭到破坏。这些地区缺乏国民士气和公共精神以及能够体现和指导公共利益的政治机构。笼罩在这里的景象，不是政治的发展，而是它的衰朽。"③ 亨廷顿同时认为，造成这种暴乱和动荡的原因，在很大程度上，是"社会急剧变革、新的社会集团被迅速动员起来卷入政治，而同时政治体制的发展却又步伐缓慢所造成的"④。也就是政治参与的扩大超过了政治制度化的发展。

以上亨廷顿的观点虽然被广为接受，但也遭到了诸多的误解。许多学者将其观点转化为发展中国家的动荡之源在于其民主发展过度，而权威建立不足。要发展民主，就必须先建立起权威主义的政治制

---

① ［美］巴林顿·摩尔：《民主和专制的社会起源》，拓夫、张东东等译，华夏出版社 1987 年版，第 358 页。

② ［美］巴林顿·摩尔：《民主和专制的社会起源》，拓夫、张东东等译，华夏出版社 1987 年版，第 358 页。

③ ［美］塞缪尔·亨廷顿：《变化社会中的政治秩序》，王冠华等译，三联书店 1988 年版，第 4 页。

④ ［美］塞缪尔·亨廷顿：《变化社会中的政治秩序》，王冠华等译，三联书店 1988 年版，第 4 页。

度，目前的专制是为下一步民主作准备。事实上，虽然亨廷顿毫不掩饰其权威主义观点：“人当然可以有秩序而无自由，但不能有自由而无秩序。必须先存在权威，而后才能谈得上限制权威。”① 但亨廷顿并没有将政治参与扩大等同于民主，他在区分群众社会与参与社会时指出：“大众参与政治并不一定意味着大众控制政府。”② 可见，在亨廷顿看来，参与并不等于民主，民主不仅需要民众参与政治，还需要大众能最终控制政府。政治参与的扩大超过政治制度化的发展恰恰证明其民主政治在发展中国家的不完善。广大发展中国家的政治动乱并不是来自于过度的民主，而是缺少有效能的民主。在人类政治发展过程中，树立权威对保持政治稳定是必要的，但要保持持续的稳定，则必须树立起民主的权威。

广大发展中国家的动乱的确源自于它们普遍缺少有效能的政府，缺少权威。但同样源自于它们缺少真正意义上的民主。因为参与并不等同于选举，选举也不能等同于民主。科恩认为，民主的前提之一是理性。③ 在广大发展中国家的政治参与中，我们很少能见到理性的政治参与，选民缺乏理性是发展中国家政治实践的普遍特征。另外，在广大发展中国家，它们大多只建立起了民主的外壳，而缺少民主的行为。有学者在分析拉美的民主化时指出，“事实上，所有拉丁美洲的威权独裁者，至少在20世纪（就我们所知曾经有很多），都宣示建立或回归民主是他们最终的目标（一旦法治和秩序得到恢复）。他们其中大部分基于同样的理由，都感到被迫要举行选举，以证明他们对回归民主的承诺，尽管前提条件是选举被其无耻地操纵了，并被以欺

① ［美］塞缪尔·亨廷顿：《变化社会中的政治秩序》，王冠华等译，三联书店1988年版，第7页。

② ［美］塞缪尔·亨廷顿：《变化社会中的政治秩序》，王冠华等译，三联书店1988年版，第83页。

③ ［美］科恩：《论民主》，聂崇信，朱秀贤译，商务印书馆1988年版，第59页。

骗的手段玷污了。"① 因此，造成问题的不是民主制度，相反，是对民主的错误理解或引入虚假的民主所导致的。不能将发展中国家的动荡归因于过度的民主，因为大多数发展中国家连基本的民主框架都缺乏，即使有也无意发挥它们的作用。其中有些国家压根就从未实行过民主。

在广大发展中国家，它们往往基于效能的要求而走向权威甚至独裁政治，但事实上权威主义政权和独裁政权的有效性并不能持久。"已有的证据并不证明威权体制在实行经济改革上比民主国家更有效率的判断是正确的。威权政府通常被假设比较可能进行经济自由化，因为它们的生存并不依赖竞争性选举，而且可以镇压其他不满意见的表达。然而，比较分析显示出，即使有些威权政府已经实施了成功的转型，仍很难证明这样的威权政权自身会增加转型的可能性。""在拉丁美洲，很多最有成效及前景的改革计划，都是由后威权的民主政府所实施的。"② 事实上，威权主义的前提是将人首先看成是经济动物，认为只要威权政治体制能促进经济发展，满足人们的物质需求，就能保持最大限度的稳定。然而，他们忘记了经济发展并不是国家发展的唯一目标。这在当今的一些中东国家可以明显地看出来，国家财富还涉及一个公平分配的问题。而要解决这一问题，只有依靠同步推进政治发展才能解决。霍尔巴赫指出："可以设想，国家富强，商业发达，物产丰饶，对邻国居于优势地位，使我们有可能判定它的政府是向善的。这是误解，对此我们应当加以舍弃。""判断政府是否贤明要看它利用国家的土地和财富以及使用民力是否明智合理，使用明智合理就能保障臣民过幸福生活，这个幸福就成了判断政府好坏的唯一依据。善于集中公民意志，用以促进公共福利——能这样就证明国家有

---

① 波宁哥：《拉丁美洲民主的前景与挑战》，载刘军宁编：《民主与民主化》，商务印书馆 1999 年版，第 214 页。

② 波宁哥：《拉丁美洲民主的前景与挑战》，载刘军宁编：《民主与民主化》，商务印书馆 1999 年版，第 230、231 页。

真实力量。”① 因此，在经济增长的同时就应该考虑分配，而分配问题最关键要靠政治发展来解决。

总之，对广大发展中国家而言，既要追求民主，又需要效能。它们的确缺少权威，但并不缺少专制的权威。它们需要民主，但更需要正确地理解和执行民主。因此，与其说它们需要有效能的政府，不如说它们需要一个有效能的民主政府。这种对效能的错误追求及对民主的错误理解，往往造成了民主与效能在这些国家的双重缺失。

三、民主与效能价值悖论的成因

后发国家在其政治发展过程中，往往面临着民主与效能的悖论。它们要么在民主与效能之间反复徘徊，要么民主与效能严重失衡，要么既没有切实地发展民主，也没有真正地建立起效能。民主与效能真的不可兼得吗？要突破这一政治发展进程中的价值悖论，同享民主与权威，就得先剖析这一悖论产生的根源。

1. 合法性与有效性的冲突

合法性问题由来已久，任何一个政权都必须获得合法性支撑。罗伯特·杰克曼认为：“合法性是政治生命力的根本性、决定性因素，因为它反映了那些寻求统治（也就是说，实施权力）的人为被统治者接受和认可的程度。它限定了统治者和被统治者之间的关系的性质。”② 李普塞特认为：“合法性是指政治系统使人们产生和坚持现存政治制度是社会的最适宜制度之信仰的能力。”③ 可见，从本质上讲，合法性问题就是人民大众对政治共同体、政府当局及其政策的一个认知及评价问题，是一个政治认同问题。只是在不同的时代，人们

---

① ［法］霍尔巴赫：《自然政治论》，陈太先、眭茂译，商务印书馆1994年版，第64页。

② ［美］罗伯特·杰克曼：《不需暴力的权力——民族国家的政治能力》，欧阳景根译，天津人民出版社2005年版，第122～123页。

③ ［美］西摩·马丁·李普塞特：《政治人——政治的社会基础》，张绍宗译，上海人民出版社1997年版，第55页。

有着不同的认知水平及评价标准。也就是说，随着时代的发展，合法性的基础在不断发生变化。马克斯·韦伯提出，合法性的基础主要有三种纯粹的类型：一是法理型；二是传统型；三是克里斯玛型(Chrismatic)。① 如果说传统的政权的合法性可以来自于领导人的“魅力型”权威，或来自于宗教神灵的启示，现代政权的合法性则主要来自于“法理基础”。

在近代以前，君主的权力来自于“上帝”，正所谓“君权神授”。而自启蒙运动宣扬人性否定神性以来，“君权神授”让位于“政权民授”，政府权力直接来源于人民的授予、委托或转让。洛克认为，“政治社会的创始是以那些要加入和建立一个社会的个人的同意为依据的；当他们这样组成一个整体时，他们可以建立他们认为合适的政府形式。”② “在一个建立在自己的基础之上并按照自己的性质，即为了保护社会而行动的有组织的国家中，虽然只能有一个最高权力，即立法权，其余一切都是而且必须处于从属地位，但是立法权既然只是为了某种目的而行使的一种受委托的权力，当人民发现立法行为与他们的委托相抵触时，人民仍然享有最高的权力来罢免或更换立法机关；这是因为，受委托来达到一种目的的权力既然为那个目的所限制，当这一目的显然被忽略或遭受打击时，委托必然被取消，权力又回到当初授权的人们手中，他们可以重新把它授予他们认为最有利于他们的安全和保障的人。”③ 托马斯·杰斐逊明确提出，“我认为构成一个社会或国家的人民是那个国家中一切权力的源泉”，“我不知道除了人民本身以外还有什么储藏社会的根本权力的宝库”。④ 因此，

① ［德］马克斯·韦伯：《经济与社会》(上卷)，林荣远译，商务印书馆1997年版，第241页。

② ［英］洛克：《政府论》(下篇)，叶启芳等译，商务印书馆1964年版，第65页。

③ ［英］洛克：《政府论》(下篇)，叶启芳等译，商务印书馆1964年版，第91~92页。

④ ［美］托马斯·杰斐逊：《杰斐逊选集》，商务印书馆1963年版，第60页。

自近代以来，政权的合法性基础已经完全改变，民主成了现代政府合法性的唯一来源。正如杰克曼所说，在当今世界，“政体常常是通过它们的‘大众同意’的基础来判定（正如选举所表现的那样），并通过民主原则来界定的，这样，拒绝采用选举准则的政府本身就不具有合法性”。① 由此我们可以看到，当今世界任何一个发展中国家在其政治发展进程中，都不可能拒绝民主这一最基本的价值，实施民主是获得现代政治合法性的必需。

如果说实施民主是基于现代合法性的要求，那么，使“民主有效运转起来”则是基于现代政治有效性的需求。“有效性是指实际的行动，即在大多数居民和大企业或武装力量这类有力量的团体看政府的基本功能时，政治系统满足这种功能的程度。”“有效性是工具性的，而合法性是评价性的。”② 一个政治体系的合法性与有效性是紧密相联的，政治系统的持续有效有助于提高它自身的合法性，反之，则会损害其合法性。

然而，合法性与有效性之间又存在着一定的矛盾。一方面，合法性并不仅仅求助于政治体系的有效性。系统论者伊斯顿在《政治生活的系统分析》中就提出，政治系统的维系与运转不仅仅是处理来自系统外的各种各样的“要求”，在对政治系统的输入中，还必须有大量的“支持”，尤其是“散布性支持”。这种“散布性支持”是政治体系合法性最稳定的基础。李普塞特也提出，“一般地说，甚至在政治系统有正常的有效性的时候，如果主要保守团体时时受到威胁，或者在关键时期，不允许新出现的组织接近政治，这个系统的合法性仍然会受到怀疑”。③ 另一方面，追求合法性有可能损害政治体系的有效性。戴蒙德在提出发展中国家发展民主过程中的三个悖论时指

---

① ［美］罗伯特·杰克曼：《不需暴力的权力——民族国家的政治能力》，欧阳景根译，天津人民出版社 2005 年版，第 124 页。

② ［美］西摩·马丁·李普塞特：《政治人——政治的社会基础》，张绍宗译，上海人民出版社 1997 年版，第 55 页。

③ ［美］西摩·马丁·李普塞特：《政治人——政治的社会基础》，张绍宗译，上海人民出版社 1997 年版，第 58 页。

出，“民主政治比任何其他政府形式更加依赖于普遍的合法性。这种合法性需要一种深刻的道德承诺和情感忠贞，但是，这需要时日方能成就，而且，部分地是作为有效率的运作的结果而成就的。除非民主政治能够有效地处理社会和经济问题，并达到适度的秩序和公正，否则，它将不会被人们看作是有价值的。”“假如民主不能起作用，人们则可能宁愿选择不经他们同意的统治，他们可能选择不再忍受去作出政治抉择的痛苦。因此，存在一个悖论：民主需要同意。同意需要合法性。合法性需要有效率的运作。但是，效率可能因为同意而被牺牲。”①

通观世界各国，在民主程度较高的国家，合法性与有效性是相互支持的。而在广大发展中国家，合法性与有效性往往存在着矛盾与冲突。众多理论家之所以支持广大发展中国家选择权威主义发展道路，就是因为他们相信权威主义政权有助于推进社会经济现代化，为其提供政绩合法性，从而维护政治稳定，避免政治衰败。但他们所忽视的是，政绩并不是合法性的惟一基础，而且一个政权将其合法性完全建立在单一的政绩基础之上也是极端危险的。20世纪发展中国家的事实证明，一旦发生经济危机，则政权易手，军人上台，社会动荡又随之而起，仍然避免不了政治衰败，甚至重新走上专制独裁。而且，权威主义政权下经济社会现代化的成功最终会将权威主义政权自身埋葬。因为“产生政治秩序混乱的原因，不在于缺乏现代性，而在于为实现现代性所进行的努力。如果贫穷的国家出现动乱，那并非因为它们贫穷，而是因为它们想致富”。② 权威主义政权在经济社会现代化上越有效，它自身的合法性问题也会越突出。因此，对于广大发展中国家而言，选择权威主义政体，可以为其提供短暂的合法性，但并不能从根本上解决其自身的合法性问题。因为早在其建立民主政体之

① 拉里·戴蒙德：《民主政治的三个悖论》，载刘军宁主编：《民主与民主化》，商务印书馆1999年版，第123～124页。

② ［美］塞缪尔·亨廷顿：《变化社会中的政治秩序》，王冠华等译，三联书店1988年版，第38页。

前，民主观念已经深入人心，国内外的民主压力迫使其最终面临合法性危机。

如果选择民主政体，它能满足现代政治合法性的要求，却可能满足不了有效性的需求。因为民主的功能也是有限的，它在解决发展中国家的民族冲突、宗教分歧、文化矛盾等方面往往显得无能为力，而这些恰恰是广大发展中国家动荡不安的重要根源。密尔甚至认为，代议制民主并不适合多民族国家。“凡是民族感情有效存在的地方，似乎就证明有把该民族的所有成员联合在同一政府，并且是他们自己的个别政府之下的根据。”而“在一个由不同的民族构成的国家，自由制度简直是不可能的。在一个缺乏共同情感，特别是语言不同的人民中，不可能存在实施代议制政府所必要的统一的舆论”。① 尽管密尔的观点遭到了阿克顿等学者的批评及被后来历史发展的事实所否定，但至少证明民主在解决诸如民族冲突等问题上的有效性是有限的。正如保罗·哈里森在《第三世界：苦难、曲折、痛苦》一书中所说：“在许多亚洲和非洲国家中，不要说政府形式，就连国家的领土完整也受到要求建立自己的国家的部族和其他集团的威胁”，再加上普遍的贫困与极端的不平等，“骚乱任何时候都可能爆发，有时以革命或者示威的形式，更多的则是没有组织的违法行为”。② 政治发展研究表明，建立起现代民族国家，为民主划定边界，才是政治发展的第一步。因此，民主政治对于发展中国家的政治发展而言也并非是灵丹妙药。尽管民主是政治发展的最终目标，一旦其在有效性方面不尽人意，它往往不会成为第一选择，反而会被权威政治或专制独裁所取代。

总之，对广大发展中国家而言，在政治发展过程中的“民主与效能的悖论”的原因之一就在于，任何一个发展中国家在其发展过

---

① ［英］J. S. 密尔：《代议制政府》，汪瑄译，商务印书馆 1982 年版，第 223 页。

② ［英］保罗·哈里森：《第三世界：苦难、曲折、希望》，新华出版社 1984 年版，第 450 ~ 453 页。

程都会遇到合法性与有效性的双重压力。而在发展中国家，合法性与有效性之间又存在着一定的矛盾与冲突。发展中国家基于现代政权的合法性要求，不得不实行民主；基于有效性的要求又不得不追求政治体系的效能。追求合法性有可能损害政治体系的效能，而追求政治体系的有效性又可能放弃民主，导致合法性危机。正如亨廷顿在分析新兴民主国家的困境时所指出的，第三世界国家民主和其他政权不稳定的一个基本原因是“低合法性和低效能之间的结合和互动”，以低合法性起家的政权会发现，很难变得有效能。而缺少效能的政权，特别是在经济成长方面缺少效能的政权，只能持续维持低水平的合法性。由于缺少合法性，它们不可能变得有效能；由于缺少效能，它们又不能培养出合法性。① 正是合法性与有效性的双重压力，使得民主与效能对于发展中国家的政治发展同等重要；正是因为合法性与有效性之间存在着冲突与矛盾，民主与效能之间往往在发展中国家政治发展过程中呈现出悖论状态。

2. 理想与现实的落差

博兰切利曾说，“政治应是现实主义的；政治也应是理想主义的。这两条原则相互补充时为真，相互分离时为假”。② 萨托利也认为，“每一项政策都是理想主义和现实主义的混和物。如果其中一个因素占了压倒优势，如果太多的理想主义消灭了现实主义或者相反，一项政策就有可能失败。永远不会有人能成功地制定真正纯粹的政策或严格的理想或道德的政策。”③ 然而，对于广大发展中国家而言，在其政治发展过程中，在理想与现实之间，总是存在着巨大的落差，而这一落差又直接导致了民主与效能之间的紧张。

首先，从发展中国家政治发展的理想目标来看，政治发展的理想

---

① ［美］塞缪尔·亨廷顿：《第三波——20 世纪后期民主化浪潮》，刘军宁译，上海三联书店 1998 年版，第 312 页。

② 转引自［美］乔·萨托利：《民主新论》，冯克利、阎克文译，东方出版社 1998 年版，第 43 页。

③ ［美］乔·萨托利：《民主新论》，冯克利、阎克文译，东方出版社 1998 年版，第 45 页。

与实现理想的现实条件相冲突。

政治民主是政治发展理论研究者们对政治发展目标的最早概括。早期的政治发展理论研究者持有这样的观点，即政治发展就是政治民主化。后期的发展理论家质疑并检讨这个观点，认为民主只是政治发展的众多目标之一。其中最重要的还包括政治稳定。但无论如何，直到现在，绝大多数的发展理论家仍然把民主视为政治发展的基本目标。① 亨廷顿就曾提出，发展中国家的发展目标有五个：经济增长、经济平等、政治民主、政治稳定及国家自主。并指出，“广泛接受这些目标也意味着接受一种美好社会的理想：富裕、公正、民主、有秩序、自己完全掌握自己的事务，简言之，酷似西欧北美已经建立的社会。落后社会是贫穷的、不平等的、压制性的、粗暴和依附于人的。发展就是从后者转变为前者的过程”。② 事实上，早在一百多年前，马克思在《资本论》第一卷第一版序言中就写道：“工业较发达的国家向工业不发达的国家所显示的，只是后者未来的景象。”③ 因此，我们可以看到，对于发展中国家而言，发达国家的现状就是它们要努力实现的目标。其中涉及政治方面，那就是政治民主与政治稳定。

如果说以上目标的设定，仅仅只是政治理论家们的分析或处在西方发达世界的政治理论家们所反映的西方发达国家的愿望。那么，从发展中国家的目标选择来看，这也是它们的自主选择。尽管民主的实践在这些国家步履蹒跚，但这些民主的观念却一波又一波地冲击着这些国家的人民。因此，从政治理想上，它们普遍迫切希望实现民主与稳定，可是，从发展中国家的现实发展来看，它们又普遍缺乏实现政治民主与政治稳定的基本条件。美国民主理论家科恩在《论民主》一书中提出，民主政治需要具备五个条件：（1）物质条件（包括民

① 参见燕继荣主编：《发展政治学：政治发展研究的概念与理论》，北京大学出版社 2006 年版，第 8 ~ 9 页。

② ［美］塞缪尔·亨廷顿：《发展的目标》，载塞缪尔·亨廷顿等编：《现代化：理论与历史经验的再探讨》，上海译文出版社 1993 年版。

③ 《马克思恩格斯全集》第 23 卷，人民出版社 1972 年版，第 8 页。

主的地理条件、民主的设施条件、民主的经济条件：平等和福利）；（2）民主的法制条件（言论、出版自由）；（3）心理条件（社会成员的宽容和公平精神、掌权者的自我克制）；（4）知识条件（运用智力解决社会问题）；（5）防卫条件（有能力防御外来的威胁和内部对参与的威胁）。① 而诸多发展中国家根本就不具备以上这些条件。因此，理想上的民主受制于政治现实的制约，理想只能让步于现实。

其次，从发展中国家实现其政治理想的理想路径来看，理想的实现路径与现实的国际压力相冲突。

尽管广大发展中国家基本上以发达国家的发展现状作为它们的理想目标，但它们所走的道路却与发达国家大相径庭。它们不仅想实现这些目标，而且是在短时间尽快实现这些目标。而这些目标的实现在西方发达国家则已经经历了几百年的历史。“西方各国处于专制主义时代达两个多世纪，处于‘民主化时代’达一个半世纪，处于‘福利时代’达一个世纪。新兴国家必须设法把这三个时代缩短为一个。由于有现代国家的范例，这些新兴国家在建立起有效的中央决策机构和形成促进民众参政的组织之前，就受到了要求为民众参与决策开放渠道的压力。”② 所以，如果说广大发展中国家在经济社会发展方面具有某些后发优势，它们可以通过引进先进的科学技术在短期内实现经济社会现代化，那么，广大发展中国家在政治发展方面则没有那么幸运，它们往往具有“后发劣势”。因为它们处于一个对其政治发展不利的国际环境当中。

阿尔蒙德强调，这些新兴的发展中国家处在一个完全不同的世界里，并与西方现代化时代相比，所接触到的影响和条件，完全不同。首先，由于科学技术水平的提高导致了贫民的人口爆炸，加剧了经济

---

① 参见［美］科恩：《论民主》，聂崇信，朱秀贤译，商务印书馆 1988 年版。

② ［美］加里布埃尔·A. 阿尔蒙德、小 G. 宾厄姆·鲍威尔著：《比较政治学：体系、过程和政策》，曹沛霖等译，上海译文出版社 1987 年版，第 422 页。

增长过程中的不平等问题。而这必然要反映到政治诉求上来。其次，由于现代化通讯工具的作用，第三世界接触的是一个在生活富裕、人民参政的社会中的发展模式。因此，第三世界的领导人就不得不对工业增长、福利和迅速扩大的国民参政等作出反应。而且，当这些要求提出时，许多新独立的国家甚至还没有成为民族国家，还不具有高效率的行政机构，还没有能力实行统治，或者还没有普遍的国家忠诚感和义务感。第三，广大第三世界国家不得不在冷战的两大阵营中求生存。① 因此，按照政治经济发展的逻辑，政治经济有两条必然的基本原理：（1）要人民参政首先必须政府具有能力。如果没有办事的方法，参与办事就毫无意义；如果没有实施决定的方法和能力，参与作出决定就没有必要。（2）要分配就必须先有经济的增长，要有福利就必须先有财富。如果没有产品和服务用的资料，就没有什么可以分配的。② 但是，第三世界国家无法按照这一逻辑自如地应付由这种发展的辩证法所带来的冲突。它们已进入了由政治上有能力和经济上发达的民族国家所组成的国际社会。在这个国际社会中，参政和福利是突出的政治问题。"因此，尽管发展的逻辑意味着国家建设和经济建设要先期进行，但发展的政治却迫使第三世界国家同时面临人们对于参政和分配的要求及期望。"③

从以上阿尔蒙德的分析可知，对于广大发展中国家而言，要实现其发展的目标和愿望，最理想的路径就是按照发展的政治逻辑先实现国家发展，再扩大人民参政。但这一理想的路径与现实的国际环境相冲突。全球化的浪潮不仅表现在经济市场化，而且表现在政治民主

---

① ［美］加里布埃尔·A. 阿尔蒙德、小 G. 宾厄姆·鲍威尔著：《比较政治学：体系、过程和政策》，曹沛霖等译，上海译文出版社 1987 年版，第 432 页。

② ［美］阿尔蒙德：《发展中的政治经济》，载塞缪尔·亨廷顿等编：《现代化：理论与历史经验的再探讨》，上海译文出版社 1993 年版，第 363 页。

③ ［美］加里布埃尔·A. 阿尔蒙德、小 G. 宾厄姆·鲍威尔著：《比较政治学：体系、过程和政策》，曹沛霖等译，上海译文出版社 1987 年版，第 423 页。

化。任何一个发展中国家对于民主化浪潮都不可能熟视无睹。

3. 经济与政治的失衡

马克思主义认为，经济是基础，一切社会变迁和政治变革的终极原因，不应当在人们的头脑中，在人们对永恒的真理和正义的日益增进的认识中去寻找，而应当在生产方式和交换方式的变革中去寻找；不应当在有关时代的想象中去寻找，而应当在有关时代的经济学中去寻找。广大发展中国家在其政治发展过程中所表现的民主与效能的价值性悖论只是一种表象，要剖析其原因，还必须深入到广大发展中国家的经济生活及其与政治生活的关系中去寻找。

众所周知，大部分发展中国家在经济社会上都处于传统的农业社会向工业社会的转变过程中。它们大部分经过西方发达国家的几十上百年的殖民统治后，有一定的工业基础，但仍然十分薄弱。它们往往在国内已经出现一部分致力于西方现代化的精英，但数量仍然十分有限。因此，在这些精英的领导下并取得国家独立后，它们的第一要务就是发展经济，实现社会经济的现代化，经济发展优先于政治发展，经济与政治呈现出失衡状态。这种经济优先的发展策略的后果之一就是民主与效能再一次呈现出价值性悖论状态。

政治发展的逻辑不同于经济发展的逻辑。对于广大后发国家而言，经济发展遵循着效率逻辑，它要求有高效的政府体制与之相适应；政治发展遵循的是民主逻辑，它要求政府最大限度地满足民众的意愿与要求。所以，在广大发展中国家，我们可以经常看到这样一种现象，“当民族主义领袖未取得政权之前，大多保持着民粹主义的见解，深入群众，以与群众相结合，但一旦他们掌握政权后，就视群众为达到‘现代’、‘统一’和‘富强’等国家目标的阻力，精英成为骑在民众背上的鞭策者，甚至迫害者”。① 经济发展的效率逻辑要求政府效能的快速提升，而政府效能的提升又往往与民众的意愿相冲突，绝大多数发展中国家的发展策略是将民众的民主要求束之高阁或

① 陈鸿瑜：《政治发展理论》，台北桂冠图书股份有限公司 1995 年版，第 156 页。

推向遥远的将来。所以，经济发展优先于政治发展的策略要求效能优先于民主。

然而，要发展经济，又离不开一定的政治发展。20 世纪 60～70 年代上台的威权政府或独裁政府普遍有心促进经济发展，可在经济发展到一定程度并开始与政治发展相冲突时，大多数却无心改革政治，政治与经济再一次失衡。事实证明，在经济社会现代化比较成功的东亚国家和地区，最关键的因素就在于在社会经济现代化发展到一定程度时，政治当局及时推进了政治改革。这些国家和地区并不是先现代化而后民主化的，它们的经济起飞是在自由市场经济、议会制、法治以及西方民主政治的压力和干预下完成的。这些国家和地区都有相对民主的政治环境和相对民主的经济环境。①

另外，如果我们仔细考察一下西方发达国家所走过的历史也可以发现，一定的政治民主的发展是经济社会现代化起飞有利条件。英国的光荣革命早于工业革命，美国经济的快速发展始于内战之后，法国大革命后社会经济现代化也大大加快。德日虽然在专制集权下快速实现了现代化，但由于民主因素的严重缺失，最终导致了法西斯主义的恶果。马克思曾对君主立宪制在英国的功绩给予高度肯定，他说："正是伴随着君主立宪制的确立，在英国才开始了资产阶级社会的巨大发展和改造。……在君主立宪制下，手工工场才第一次发展到前所未有的规模，以致后来让位给大工业、蒸汽机和大工厂。"② 列宁在称赞法国大革命的功绩时也指出，法国大革命"用真正革命的手段摧毁过时的封建制度，使全国过渡到更高的生产方式，过渡到自由的农民土地占有制，并且以真正革命民主主义的速度、果断手段、毅力和忘我的精神来实现这种过渡，——这就是那些用'神奇的'速度挽救了法国，把它的经济基础加以改造、加以革新的物质经济条件。"③ 因此，要实现有效的经济发展，又离不开一定的政治民主，

---

① 孙哲：《权威政治》，复旦大学出版社 2004 年版，第 349 页。

② 《马克思恩格斯全集》第 7 卷，人民出版社 1959 年版，第 251～252 页。

③ 《列宁选集》第 3 卷，人民出版社 1972 年版，第 166 页。

政治发展可以大大促进经济发展。

总之，“二战”后许多新兴独立的发展中国家在西方发达国家的压力或支持下普遍建立起宪政民主政体，可这种政治上的民主体制缺少经济社会力量的支撑，最终纷纷倒台。因为在一个基本上还处于传统社会的国家建立起现代民主政治，无异于在沙滩上建大厦。政治与经济的失衡导致了民主让位于效能。然而，经济发展又离不开一定的政治发展，甚至以一定的政治发展为前提条件。没有一定的政治发展，经济发展又极具风险。“一旦‘强大的’政治体系瓦解，依附于它的经济体系就会顷刻瘫痪。同样，如果严重依附于它的经济体系瘫痪，则支撑它的政治体系迟早也会分崩离析。”① 因此，经济——政治发展的失衡往往导致了发展中国家在其政治发展过程中效能与民主的悖论：经济的优先发展导致效能不得不优先于民主；而要发展经济，又不得不以一定的政治发展为前提，这又导致了效能的持续稳定的发挥就必须以一定的民主为前提。

第二节　综合价值最大化——民主与效能的动态平衡

从一定程度上讲，广大发展中国家在其政治发展过程中不可避免地会遇到“民主与效能的价值性悖论”，然而，现实中如何超越这一“悖论”比从学理上分析这一“悖论”却困难得多。民主与效能作为政治发展的基本价值取向，既不是完全兼容的，也不是完全矛盾的。它之所以呈现出“悖论”状态，主要是由发展中国家所处的社会历史条件所决定的。但困难在于“使一个价值最大化的努力会损害另一方面的价值”②，因此，在现实政治实践中超越这一“悖论”，就必须寻求民主与效能的动态平衡。

① 施雪华：《政治现代化比较研究》，武汉大学出版社 2006 年版，第 445 页。

② ［美］文森特·奥斯特罗姆：《复合共和制的政治理论》，毛寿龙译，上海三联书店 1999 年版，第 69 页。

一、价值共存——民主与效能动态平衡的前提

现代社会是一个多元社会，“多元社会并不是简单地指有多个利益集团的社会，而是指利益集团间相互平等包容、社会结构开放、价值评价体系非单一的社会”。① 在当代世界，无论是罗尔斯与诺齐克的“平等与自由之争”，还是近年来掀起的“宪政与民主之争”，它们所共同反映的是平等与自由同等重要，宪政与民主不可或缺。对于发展中国家而言，它们在政治发展的价值选择上也会遇到诸多的困境，但最基本的是民主与效能的“悖论”。因此，要实现民主与效能的动态平衡，就必须首先承认差异是平衡的前提，多元共存是平衡的必需。实现民主与效能的动态平衡，并不是否定其他价值如自由、平等、宪政等的必要，而只是为了更好地推进政治发展。

（一）政治发展过程中的价值分化与冲突

广大发展中国家的政治发展过程事实上是从传统专制政治走向现代民主政治的过程。这一过程涉及精神价值层面，则突出地表现为从“宗教化、神权化政治”走向“世俗化、理性化政治”。“传统社会最大的特征是充满了迷信与宗教色彩，神权政治乃成为传统政治的表征。在西方历史中，政教之争以从公元第 11 世纪至第 15 世纪最为炽烈。”② 英国国王查理一世曾说：“没有主教便没有国王。”哲学家罗素对此的解释是：“通常，教会会利用某种传统仪式使这个新君主合法化，僧侣的权力因这些机会而得到利益，因为它能成为国王权威的主要支柱。”③ 在东方历史中，虽然没有激烈的政教之争，但“授命于天”与“君权神授”在本质上如出一辙。正如辜鸿铭在《中国人

① 高兆明：《论多元社会的价值整合》，载《江海学刊》2001 年第 5 期。

② 陈鸿瑜：《政治发展理论》，台北桂冠图书股份有限公司 1995 年版，第 143 页。

③ ［英］罗素：《权力论》，靳建国译，东方出版社 1988 年版，第 56 页。

的精神》一书中所说，西方的宗教是个人的宗教或称教堂宗教，而中国的儒教是一种社会的宗教或称国家的政治宗教。① 因此，传统的信仰或意识形态具有神性的宗教性质，人们在政治价值观念上依附于神灵。随着现代化的推进，人们的信仰体系也随之解体，神性让位于人性。“令人信服的证据表明，世界上凡工业、教育和大众传播工具这样的现代化机构和影响力量普及的地方，便容易使人们形成现代化的世俗——理智型态度。”② 阿尔蒙德就明确地将政治发展的标准界定为两个方面：政治文化世俗化和政治结构功能分化。③ 然而，要达到“世俗化、理性化政治”这一目标却并不容易，在其过程中会出现诸多价值分化与冲突。

1. 精英与大众价值观念的冲突

一般而言，发展中国家的政治发展的第一步即建立现代民族国家都是在国内具有现代精神的精英们的领导下完成的。在从传统专制政治向现代民主政治的转变过程中，不可避免地会出现一个致力于政治改革与发展的精英阶层。然而，第三世界国家在其政治发展过程中，精英与大众之间往往存在着巨大的鸿沟。

一方面，在那些完全没有民主经历或试验的新兴国家和地区，在价值层面上，精英们已经进入了现代社会，而社会大众却还处于传统社会。因此，精英们不得不运用现代的价值观念去动员群众为实现社会经济的现代化服务。发展中国家的历史表明，其有效的工具之一便是民族主义。他们大多以民族主义为旗帜争取国家独立，但一旦民族国家建立后，又不得不面对仍处于传统社会中的种族之间的对立与冲突。殖民地时代同一帝国统治下的几个相邻的小国可以相安无事，但随着各自民族国家的建立，民族主义无法解决甚至加深了国内的种族

① 辜鸿铭：《中国人的精神》，海南出版社 1996 年版，第 48 页。

② ［美］加里布埃尔·A. 阿尔蒙德、小 G. 宾厄姆·鲍威尔著：《比较政治学：体系、过程和政策》，曹沛霖等译，上海译文出版社 1987 年版，第 54 页。

③ 参见［美］加里布埃尔·A. 阿尔蒙德、小 G. 宾厄姆·鲍威尔著：《比较政治学：体系、过程和政策》，曹沛霖等译，上海译文出版社 1987 年版，第 22 ~ 24 页。

冲突及由此引发的国界冲突等问题。可以说，民族主义深入民众既为发展中国家建立现代民族国家奠定了政治心理基础，但又是其独立后国内纷争的政治心理之源。

另一方面，在那些有过短暂民主经历或试验的新兴国家，发展中国家的精英大多在建国过程中为了动员民众，而作出自由民主的承诺。但一旦新的国家建立后，他们往往发现自由民主并非他们的第一选择，他们面临着比实现自由民主更为紧迫的任务，那就是摆脱贫困与落后。然而，经过民族国家建国过程的民主动员，民主的“病毒”一旦感染大众，就容易扩散，也容易复发。亨廷顿在分析20世纪70年代许多权威主义政权面临合法性危机时指出，“在某种意义上，这一社会的政治体已经感染了民主的‘病毒’，而且即使以前的民主政权不是极其成功，但是对一个真正合法的政府必须建立在民主实践基础之上的信念的迷恋却依然如旧。”① 因此，在广大发展中国家的政治发展过程中，精英为了动员大众不得不求助于民主的价值观念的宣传，但感染了民主“病毒”的大众却可能在其后利用民主反对精英们的政策。

陈鸿瑜先生在分析精英与大众的整合问题时指出，在精英与大众之间，“精英大都接受西方的教育，会说一口流利的英语、法语或其他欧洲语言，以及有西方的思想和观念，而群众则倾向于固守传统的价值观念、宗教和说当地的方言。就政治层面而言，统治者大都关心鼓励储蓄和投资，延迟即刻的经济满足，以期扩大未来长期的生产；然而民众则关心眼前的所得增加、公平的分配或社会公道，并不关心它发展的结果”。② 因此，精英们的政策往往得不到社会大众的理解与支持。“新兴发展中国家的精英，经常要对民众演讲，传播他们建国的理想，却很少透过反馈程序来了解人民的需求，这并不是领袖不

① ［美］塞缪尔·亨廷顿：《第三波——20世纪后期民主化浪潮》，刘军宁译，上海三联书店1998年版，第56页。

② 陈鸿瑜：《政治发展理论》，台北桂冠图书股份有限公司1995年版，第155页。

能听纳民众的意见，而是他们所听到的意见，都不是他们所想去做的，甚至于精英为了急于推行其理想，而没有时间去听听人民的意见。我们考察各发展中国家的政治实例，可以发现精英常采取禁止反对党或其他政党的活动、压制报纸、限制言论和集会自由、关闭双向的沟通通路等手段，以便实施领袖单方面所设想的建设蓝图。"① 而对于广大民众而言，他们所关心的往往是自己个人物质生活条件的改善及社会产品的公平分配。

总之，对于发展中国家的精英们来说，"不同街道上的芸芸众生，就像会议室里的大人物们一样各有不同。如果他们偶尔在一定程度上异口同声，那他们所说的未必就是隽言妙语。他们可能正确，也可能错误"②。因为即使是卢梭也认为："人民永远是愿望自己幸福的，但是人民自己却并不能永远都看得出什么是幸福。……正是因此，才必须要有一个立法者。"而"立法者在一切方面都是国家中的一个非凡人物。如果说由于他的天才而应该如此的话，那末由于他的职务他也同样应该如此"③。对于广大群众来说，他们仍用传统的价值来判断现实的精英，他们认为每一项政策不过是在为精英们自己谋取利益。一般而言，"在政府权力扩张的过程中，出现了严重的统治者与广大群众之间的裂痕，前者企图建立政府结构的权威和效率性，后者则依然过着从前的散漫的生活方式，无法立即适应领袖所推行或标揭的新的价值观念和作法"。④ 因此，对于发展中国家的政治精英者们来说，往往是增长优先于分配，效能优先于民主；而对于社会大众而言，分配优先于增长，民主优先于效能。为了经济增长及社会现

① 陈鸿瑜：《政治发展理论》，台北桂冠图书股份有限公司 1995 年版，第 156 页。

② ［德］波普：《猜想与反驳》，上海译文出版社 1986 年版，第 495 ~ 496 页。

③ ［法］卢梭：《社会契约论》，何兆武译，商务印书馆 1980 年版，第 52、55 页。

④ 陈鸿瑜：《政治发展理论》，台北桂冠图书股份有限公司 1995 年版，第 150 页。

代化发展，精英们往往要求大众暂时放弃物质享受和民主权利；而为了个人物质财富增加及公平分配，大众们往往诉诸于政治手段以求得终极解决。

2. 精英之间价值观念的冲突

如果说现代化造成了精英与大众在观念上的鸿沟，那么它同样造成了精英之间观念上的分化与冲突。在中国近现代史上，就出现过洋务派与保守派之争，改良派与革命派之争，问题与主义之争等。各种各样的西方思想如潮水般涌入中国，自由主义、实用主义、无政府主义、马克思列宁主义等都曾在精英阶层引起过强烈反响。但总体来说，“从心理层面讲，现代化涉及到价值观念、态度和期望方面的根本性转变。持传统观念的人期待自然和社会的持续性，他们不相信人有改变和控制两者的能力。相反，持现代观念的人则承认变化的可能性，并且相信变化的可取性”。①

尽管具有现代价值观念的精英一般最终都会取代持传统价值观念的精英而取得社会政治发展的主导权，但在现代精英群体内部，在如何获得变化等方面又会产生许多不同的看法，往往会产生改良与革命之争，尽管一个社会最终走向改良还是革命的道路并不是完全由现代精英们的观念所决定的。从发达国家政治现代化或政治发展所走过的道路来看，既有英国“旧瓶装新酒”式的改良主义道路的巨大成功，也有法国大革命式的狂风暴雨。从发展中国家情况来看，既有印度甘地领导的非暴力不合作运动，也有中国革命先行者孙中山领导的辛亥革命。法国大革命的批评者柏克认为，即使是在极端情况下，政治体制的变革也仅限于违规的那部分，限于造成了必要偏离的那部分；而且即使那时候，它也要进行得不至于引起整个公民群体和政治群体的解体，其目的是要从社会的原始因素之中衍生出一种新的公民秩序来。②

---

① ［美］塞缪尔·亨廷顿：《变化社会中的政治秩序》，王冠华等译，三联书店 1988 年版，第 30 页。

② ［英］柏克：《法国革命论》，何兆武等译，商务印书馆 1998 年版，第 28 页。

而他同时代的论敌潘恩则批评他说，他只顾怜惜羽毛，却忘记了那只垂死的鸟。① 革命派认为，只有通过武力，彻底推翻原有的统治者，才可能建立起新的民主政治秩序，因此，运用民族主义或民主主义动员群众参与革命就是必然的道路。而改良派则认为，他们不要独裁者，也不要革命家。他们希望在保持原有政治体系有效性的前提下扩大民主政治参与。贝尼基·阿基诺在他起草的一份打算在马尼拉机场发表的演说中写道："在一场革命中不可能有真正的胜利者，只有牺牲者。我们没有必要为了建设一个世界而毁掉一个世界。"② 因此，在如何实现一个国家政治发展的道路选择问题上，革命派往往求助于暴力以为建立现代民主政治彻底扫除障碍，民主的要求往往优先于政府效能的考虑。而对于改良派而言，任何革命都可能付出太多的代价，政治体系效能的持续优先于民主的考虑。

另外，如果说在取得民族独立之前广大第三世界的精英阶层能在民族主义的旗帜下团结起来，那么一旦新的国家建立，精英的分化也就不可避免。美国著名政治学者伊斯顿在《政治体系》一书中认为，政治是对社会价值的权威性分配。③ 值得关注的是，它分配的不仅是物质财富，而且还有政治权力与权利、社会荣誉等，从而造成了在一个政治体系中，"有些人对政治漠不关心；其他人则深深地卷入了政治。甚至在那些深深卷入政治的人中，只有一些人积极地谋求权力。在谋求权力的人中间，有的人比别人得到了更多的权力"。④ 因此，广大发展中国家在取得民族国家独立后，其中的一部分精英直接成为

① ［英］柏克：《法国革命论》，何兆武等译，商务印书馆 1998 年版，译者序言 XI。

② Benigno Aquino, New York Times, 8. 22. 1983, A8. 转引自［美］塞缪尔·亨廷顿：《第三波——20 世纪后期民主化浪潮》，刘军宁译，上海三联书店 1998 年版，第 242 页。

③ ［美］戴维·伊斯顿：《政治体系》，马清槐译，商务印书馆 1993 年版，第 123 页。

④ ［美］罗伯特·达尔：《现代政治分析》，王沪宁等译，上海译文出版社 1987 年版，第 130 页。

掌权者，成为权力精英；另外一些虽然未能直接掌权，但比一般大众更具有政治上的影响力而成为社会精英。权力精英与社会精英之间可能会结成联盟，但也可能走向分裂，其中最有可能分裂的是权力精英与知识精英。在权力精英与知识精英分裂的新兴国家，权力精英往往以效能代替民主，而知识精英则固守民主的价值取向。因为在“二战”以后，工业化进程向全世界范围铺开，“即使在有些国家还没有开始搞工业化，也把工业化列为其奋斗目标，特别是那些希望巩固其国家独立，要同先进国家进行竞争并提高国民收入水平的新兴国家的领导人物，尤有迫切感”。① 所以，即使权力精英在领导大众取得政权的过程中有过自由民主的承诺，也往往迫于发展经济的压力而将其束之高搁。但知识精英则不同，他们是精神贵族。普通民众可能会因为获得现实的物质利益而暂且放弃对自由民主的追求，但对知识精英而言，自由民主是获得物质满足的前提。亨廷顿将发展中国家的知识分子看做是天生的反对派，认为几乎任何一个处于政治现代化之中的国家，政府都不可能长久地指望知识精英的支持②。

总之，随着政治现代化或政治发展的推进，社会的分化也会带来价值观念的分化与冲突，在精英与大众之间，在精英内部之间都普遍存在。处于这种发展进程中的个人，也往往集各种相互冲突的价值观念于一体。沃尔曼向我们指出，处于这一历史时期的人们的头脑中常常出现的一些矛盾念头。他说：“我们大多数人既想生活得好些，又希望不打破已经习惯了的生活方式；既想发挥参与作用，又不想卷入；既想合群，又想标新立异；既想给自己的子女更多的选择自由，可是又总想让他们按自己的意愿去选择。”③ 从某种意义上讲，这种价值观念的分化与冲突是不可避免的，关键是如何看待这种分化与

① ［美］汤姆肯普：《现代工业化模式——苏、日及发展中国家》，许兴邦、王恩光译，中国展望出版社 1985 年版，第 13 页。

② ［美］塞缪尔·亨廷顿：《变化社会中的政治秩序》，王冠华等译，三联书店 1988 年版，第 265 页。

③ S. 沃尔曼主编：《发展概念》，转引自［英］安德鲁·韦伯斯特：《发展社会学》，陈一筠译，华夏出版社 1987 年版，第 19 页。

冲突。

（二）政治发展过程中的价值宽容

前文已经论及，政治平衡的前提是“冲突恒常”，没有差异与冲突，就无所谓平衡。“一种健康的民主制度，应当容忍最广泛的和可能的多样化，以保持政治制度的平衡。”① 但要达到平衡，也不能容许差异过大、冲突过于激烈，否则就没有平衡的可能性。随着政治发展的推进，民主与效能作为两种基本的价值观念在精英与大众之间，在精英内部都会产生一定的冲突，而这一冲突与其他冲突不同，它往往在政治实践中呈现出“悖论”状态。要使一种价值的扩大不至于伤害另一种价值功能的发挥，即实现民主与效能的价值性平衡，其基本的前提就是要存在价值宽容。

大体而言，多样性一直被认为是冲突混乱的根源，它导致民族的冲突，国家的毁灭。而一致性则是政治稳定的基础。在中国历史上有汉武大帝的“罢黜百家，独尊儒术”；在西方历史上有中世纪宗教神学的绝对权威。在中国有“文字狱”，在西方有“宗教裁判所”。西方的宗教改革使人们获得了维护良心和意见的自由，逐步获得了“异端的权利”。他们普遍相信，“不管那支配的思想是什么，只要是求助于恐怖做工具，强使异己的信仰趋于一律，这便不再是理想主义，只是件野蛮的行径。即便是最最纯洁的真理，一旦强加在持不同意见者的身上，就变成了对圣灵的犯罪”。② 因此，自近代以降，思想言论的自由是每一个人最基本的权利。对不同歧见的宽容也逐步成为现代民主政治的前提。1914 年，我国著名学者、政治活动家章士钊发表《政本》一文，他说：“为政有本，本何在？曰在有容。何谓

---

① 邓伟志主编：《变革社会中的政治稳定》，上海人民出版社 1997 年版，第 98 页。

② ［奥］斯蒂芬茨威格：《异端的权利》，张晓辉译，吉林人民出版社 2000 年版，第 6 页。

有容？曰不好同恶异。”① 可见，如果一个社会只有一种价值观念，那么这个社会就没有政治存在的必要。

在政治发展进程中，价值观念的冲突并不是以一种价值观念消灭另一种价值观念的理由。相反，要促进政治发展，就必需首先容忍各种价值的客观存在。有容才有异，有异才有比较，有比较才有选择，有选择才有进步，这正是人类社会政治进步的奥秘所在。现代民主的本性便在于宽容。没有宽容，没有不同意见的提出，要么就会回到古希腊时期的“贝壳放逐”式民主，要么就只可能导致专制。要顺利实现由权威体制向现代民主体制转变，在价值观念上的宽容是第一步。科恩认为，民主国家的公民必须能够容忍不守成规，容忍别人直接反对自己的信念与原则，容忍甚至是怀有恶意或出于愚蠢的反对。② 萨托利认为，“宽容并不是漠不关心。如果我们漠不关心，我们就会置之不理，仅此而已。宽容也不以相对主义为前提。当然，如果我们持相对主义的观点，我们会对所有的观点一视同仁。而宽容之为宽容，是因为我们确实持有我们自视为正确的信仰，同时又主张别人有权坚持错误的信仰”。③ 所以，当人类政治发展遇到民主与效能的价值性“悖论”时，其解决方法不应该是以民主代替效能，或以效能代替民主。

另外，有价值分化与冲突，就必须有价值整合，否则就会因为冲突而走向四分五裂。而价值宽容则是价值整合的前提。在广大发展中国家，为了实现价值整合，往往求助于某种意识形态，因为它可以作为国家统一的象征，鼓舞民心士气，可以作为国家政治发展的凝聚力量。但这样一种意识形态必须具有包容性，否则就很难避免达尔所说的意识形态的“囚徒”困境。达尔认为，“政治意识形态一旦在政治

---

① 李妙根编选：《为政尚异论——章士钊文选》，上海远东出版社 1996 年版，第 91 页。

② ［美］科恩：《论民主》，聂崇信、朱秀贤译，商务印书馆 1988 年版，第 187～188 页。

③ ［美］萨托利：《民主：多元与宽容》，载《直接民主与间接民主》，三联书店 1998 年版，第 62 页。

体系中被广泛接受，领导人本身也就成了它的囚徒。如果他们违反其准则，就会冒毁坏自己的合法性的风险”。① 所以，其一，这种意识形态必须具有普遍性，能够包容大多数人的信仰倾向，否则就不能发挥其“凝聚”作用；其二，这种意识形态必须具有适应性，能够适应时代的转变而不断进行自我调整，能包容一些新要素进入其中，否则就会出现搬起石头砸自己的脚。道格拉斯·诺斯就曾说过，“大凡成功的意识形态必须是灵活的，以便能得到新的团体的忠诚拥护，或者作为外在条件变化的结果而得到旧的团体的忠诚拥护”。②

总之，广大发展中国家在政治发展过程中，广泛存在着价值分化与冲突的现象，有时甚至会演化为流血斗争与冲突。为了不至于冲突各方在冲突中将自己和对方一起毁灭，就需要将这种冲突限制在一定范围之内，而价值宽容与共存则是将冲突双方限制在一定范围内的前提。

二、综合价值最大化——民主与效能动态平衡的实现途径

因为从价值层面上讲，政治发展的过程就是一个政治文化世俗化的过程，也是一个公民文化生长成熟的过程。在这一过程中，既有价值观念的分化，也有价值观念的整合。对于广大发展中国家而言，政治整合中最重要的是价值观念的整合。然而，如何才能更好地达到价值观念的整合以适应政治发展的需要则是一个令发展中国家普遍头痛的问题。众多发展中国家往往求助于民族主义，“民族主义，通常被认为是有助于民族整合。但实际上，民族主义和其他种族意识等一

---

① ［美］罗伯特·A. 达尔：《现代政治分析》，王沪宁等译，上海译文出版社 1987 年版，第 80 页。

② ［美］道格拉斯·诺斯：《经济史中的结构与变迁》，陈郁等译，上海三联书店 1991 年版，第 58 页。

样，常常刺激政治分化，甚至撕毁整个政治共同体。”① 米隆·魏纳对此提出两个策略：一是强调一致、统一的重要性，为避免冲突，可以通过强制或劝说的方法来达到一致。二是强调个人与团体利益的交融，让人们了解最好的公共政策，通过相互融通妥协产生出最好的政策。② 本书认为，遵从魏纳的第二个策略出发，奥斯特罗姆的“综合价值最大化”方案为我们提供了较好的思路。

（一）综合价值最大化的涵义

早在古典自由主义时期，功利主义代表边沁就提出，一个政体的好坏必须用能否为最大多数人谋取最大幸福为标准来测量，而民主政体是最符合功利原则的政体。因为在民主政体下，权利分配比较平均，等级区分不明显，有思想言论等各种自由，法律面前人人平等，统治者对被统治者负责，被统治者以统治者为社会所谋取功利的多少来判断他们的好坏。可以说，边沁提出了价值最大化原则，但这种最大化是单一价值的最大化，即功利或者效用最大化。与其说这种单一价值最大化符合当时资本主义发展的实际，不如说边沁是在为当时已经确立的资本主义民主政治辩护。

奥斯特罗姆在寻找美国政治的理论基石时认为，美国的政治制度并不是建立在单一价值最大化原则基础之上，而是建立在综合价值最大化的原则基础之上。他在研究《联邦党人文集》后指出：“《联邦党人文集》的相对优势的原则假定大多数价值边际效用递减。因此，更大的收益要求各项价值之间的均衡，在此各类价值并不维持恒定的比率。所以，综合价值的最大化往往主要派生于某一特定价值的最大化。进而言之，没有像边沁所说的单一价值的最大化，综合价值的最大化是不可能的。要实现综合优势的最大化，任务之一就是要‘以

---

① Samuel P. Huntington, *Political Development and Political Decay*, World Politics, Vol. 17, No. 3. p. 406.

② Myron Weiner, *Political Integration and Political Development*, The Annals of the American Academy of Political and Social Science, 358, March 1965, pp. 52-64.

适当的比例把各种价值混合在一起'。麦迪逊认为，这是一项'艰苦的'任务，并暗示任何政治解决都必须是有关根本要素之间的妥协。"① 如果说这一综合价值最大化原则适用于当时的美国政治制度的建构，那么对于当今广大发展中国家的政治发展而言，也仍然具有十分重要的参考价值。

1. 大多数价值都存在边际效用递减

边际效用递减，原是经济学中的术语。意指在达到一定数量之后，每增加一个数量单位，其效益不会相应增加，反而会开始下降。增加得越多，下降得越快。在人类政治生活当中，也会出现此类情形。大多数政治价值效能的发挥，都有其边界。自由过度，就可能成为无政府主义；民主过度，就可能演化为多数的暴政；平等过度，就可能转化为专制特权。以自由为例，虽然人们的自由来之不易，自由需要用自由斗士们和专制者的鲜血来浇灌，但我们要切记的是"我挥动我的手的自由止于你的鼻尖"。如果每个公民都滥用自己手中的自由权利，就会导致无政府状态。所有的选择都有其代价，更多的自由必须以更少的安全为代价。尽管这种代价不可能以美元或其他度量来计算，但我们大致仍然可以发现它的边际效用递减规律。

2. 综合价值最大化派生于某一特定价值的最大化

尽管由于单一价值的最大化会带来严重的社会政治后果，但综合价值最大化往往主要派生于某一特定价值的最大化。因为在特定的历史时期，都具有特定的历史任务。在战争时期，安全重于自由，更多的安全考虑可能会暂时牺牲公民的部分自由。但这也仅限于战争期间，一旦战争结束，安全便不能再牺牲自由。美国在世界经济危机及"二战"期间，总统的权力得到了极大的扩张，尤其是罗斯福总统打破了美国总统连任不得超过两届的任期惯例。战后美国立即立法，防止类似的情况再次发生。亨廷顿在分析发展中国家的政治衰败时指出，这些发展中国家所缺少的不是民主，而是一个有效能的政府。但

① ［美］文森特·奥斯特罗姆：《复合共和制的政治理论》，毛寿龙译，上海三联书店 1999 年版，第 70 页。

他并不认为这种集权式的有效能的政府是长久之计，其目标还在于以后权力的扩大及权力的分散。

3. 综合价值最大化的关键在于维持各项价值之间的动态平衡

尽管综合价值最大化派生于单一价值的最大化，但综合价值最大化并不能由此等同于单一价值最大化。综合价值最大化是指在突出某一价值的主体性作用的同时并不忽视其他价值的功能与作用。因此，维持各项价值之间的动态平衡就成为必需。当然这种平衡不是指维持恒定不变的比例，而是指在某一阶段以某一价值作主导兼顾其他价值，在另一阶段以另外一种价值作主导同样兼顾其他价值的反复的交替性发展。奥斯特罗姆认为，“为操作性的政府体制设计一部宪法，不可能是任何单一价值最大化的结果，理想类型或者纯粹类型的逻辑，在创造经验性的人工制品方面只具有有限的作用”。① 从世界各国政治发展历史来看，掌权者可能滥用手中的权力，公民也可能滥用自己的自由。任何一种单一价值的最大化，往往会带来严重的政治后果。因此，各发达民主国家往往是以权力制衡权力并使权力互制，权力的行使不能侵犯公民的基本政治权利；以法治平衡自由，自由是法治下的自由；以自由平衡民主，民主在肯定少数服从多数的同时还必须保护少数人的权利；以自由平衡平等，人们对平等的追求不能威胁到基本的政治自由。正如罗尔斯所认为，现代社会正义的第一个要求就是平等的自由优先原则。作为公平的正义基于两个基本原则：“第一个原则是每个人对与其他人所拥有的最广泛的基本自由体系相容的类似自由体系都应有一种平等的权利。第二个原则是社会的和经济的不平等应这样安排，使它们①被合理地期望适合于每一个人的利益，并且②依系于地位和职务向所有人开放。”而“第一个原则优先于第二个原则”。“对第一个原则所要求的平等自由制度的违反不可能因较大的社会经济利益而得到辩护或补偿。财富和收入的分配及权力的

---

① ［美］文森特·奥斯特罗姆：《复合共和制的政治理论》，毛寿龙译，上海三联书店 1999 年版，第 69 页。

等级制，必须同时符合平等公民的自由和机会的自由。”① 所以，尽管罗尔斯强调平等的重要，但他并没有忘记自由。

总之，在某一特定历史时期以某一特定价值作主导，以适当比例兼顾其他价值功能的发挥；在另一历史时期以另一价值作主导，同样以适当比例兼顾其他价值功能发挥。这样一种反复性的交替性的动态性价值平衡，就是综合价值最大化。

（二）综合价值最大化与政治发展过程中民主与效能的动态平衡

对于任何一个民族或国家，自由、民主、正义、平等、秩序、效能等都是其所要追求的价值，自由与民主、自由与平等、民主与效能等之间，也都存在着一定的程度的矛盾与冲突。但对广大发展中国家而言，在政治发展过程最为突出的就是民主与效能之间的“悖论”。要超越这一“悖论”，最好的办法是实现民主与效能的动态平衡，而综合价值最大化方案为其实现这一动态平衡提供了有益的参考价值。

由上文可知，大多数政治价值，如同经济发展一样，在其政治发展过程中都存在边际效益递减，民主和效能也不例外。单一民主的最大化可能导致专制或无政府主义，单一效能的最大化也可能导致专制甚至独裁。因此，依据综合价值最大化原则，民主需要节制，效能也需要边界。只有在民主的节制与效能的边界之间，才能寻求民主与效能的动态平衡。

1. 民主的节制

托克维尔在谈到“美国社会从民主政府中获得的真正好处”时指出：“民主并不给予人民以最精明能干的政府，但能提供最精明能干的政府往往不能创造出来的东西：使整个社会洋溢持久的积极性，具有充沛的活力，充满离开它就不能存在和不论环境如何不利都能创

① ［美］约翰·罗尔斯：《正义论》，何怀宏等译，中国社会科学出版社1988年版，第56～57页。

造出奇迹的精力。这就是民主的真正好处。"① 然而，我们不能将这种"好处"无限制地放大，美国的民主力量也给美国的民主的统治能力制造了诸多问题。民主功能的发挥也有其限度，"民主在很大程度上需要节制。"②

首先，民主必须有规模限制。一般认为，民主作为一种现代决策机制，必须有人数规模上的限制。奥斯特罗姆认为，民主需要深思熟虑，但在民主决策中，决策集团人数的增加并不必然意味着深思熟虑质量的提高。当数量非常小时，规模的增加有利于深思熟虑质量的提高，并且其提高的幅度要大于平均水平。然而，当规模增加到某一点时，每增加一个决策者，就会导致决策质量下降。其原因就在于，"在任何协商集团（deliberative group）中都存在着基本的限制条件，它起源于一个事实，一次只能有一位演说者能够被倾听并得以理解。两个或者多个人给同一个听众同时演讲，只会制造噪音，并引起混乱。有序的深思熟虑，要求演讲和沟通都遵守一次一个的规则。""以一次一个规则为基础的协商，意味着所有的协商组织'组成的人数越多，实际上指导大会进行的人就越少'。这一原则可运用于任何协商集团，无论是像雅典那样的公民大会，还是诸如现代立法机关的代表大会。"③ 因此，我们可以看到西方政治发达国家的议会一般都有人数限制。代表人数不能太少，太少就没有代表性；代表人数也不能太多，太多就无法进行有效决策。另外，尽管人类实现了由小规模的城邦民主向大规模的现代民族国家的民主的转变，但民主还没有也不太可能超出民族国家的规模。多元民主论者达尔认为，"没有一个大于国家的单位可能像现代多头政治那样民主地行使统治。""无数的跨国组织已经存在，有一些组织决非无权：欧洲共同体、北大西洋公约

① ［法］托克维尔：《论美国的民主》(上册)，董果良译，商务印书馆1988年版，第280页。

② ［法］米歇尔·克罗齐、［美］塞缪尔·亨廷顿、［日］绵贯让治：《民主的危机》，马殿军等译，求实出版社1989年版，第100页。

③ ［美］文森特·奥斯特罗姆：《复合共和制的政治理论》，毛寿龙译，上海三联书店1999年版，第90～91页。

组织、经济互助委员会、联合国，更不用说无所不在的跨国公司了。但是，这些组织中没有一个是很民主的。”①

其次，民主自身也有功能限制。民主不是万能的，民主有助于促进人类社会的平等，有助于实现每个公民自身的发展，也有助于世界和平与稳定。但它没有必要成为一个放之四海而皆准的原则。“在很多情形下，对专业知识、资历、阅历和特殊才能的需求超越了民主作为建立权威唯一办法的要求。”“如果在一个任命教师需要征得学生同意的大学里，这可能是一个比较民主的大学，但不可能是一所比较好的大学。同样，在军队里，如果军官的命令很容易遭到下属的集体否决，这样的军队在战场上肯定会遭到失败。总之，民主程序在其环境中是合适的话，这种环境也是有限的。”② 另外，民主在解决民族国家的边界、种族冲突等问题时往往无能为力。尽管随着全民公决的兴起，公民直接参与政治决策越来越普遍，但到目前为止，几乎没有一个国家成功地通过全民公决的形式来解决其领土的归属问题，也没有一个国家或地区成功地通过全民公决的形式来解决种族、宗教冲突等问题。且不说广大发展中国家，即使是发达国家，民主也无法解决其内部的此类纷争。加拿大的魁北克问题、英国的北爱尔兰问题，都没有因为民主而得到有效解决。戈尔巴乔夫的全民公决结果有利于维持苏联的存在，但却无法挽救苏联的解体。而且，民主也不一定能解决经济问题，戈尔巴乔夫的政治民主化优先于经济市场化的改革方案最终将苏联葬送。稳定的有节制的民主可能有益于经济发展，但民主并不一定能解决贫困问题。萨托利在分析古希腊平民主义政体的缺陷时指出：“政治肥大症造成经济萎缩症：民主愈完美，公民愈趋贫穷。因此导致了用政治手段解决经济问题的恶性循环：为了弥补财富生产之不足，就不得不去没收财富。于是看起来这种古代民主制注定了要

① ［美］罗伯特·A. 达尔：《多元主义民主的困境——自治与控制》，尤正明译，求实出版社1989年版，第16、15页。

② ［法］米歇尔·克罗齐、［美］塞缪尔·亨廷顿、［日］绵贯让治：《民主的危机》，马殿军等译，求实出版社1989年版，第100～101页。

毁于富人与穷人之间的阶级斗争，因为它在损害经济人时造就了一批政治动物。”①

再次，民主需要有公民的自我节制。民主需要公民积极的政治参与，但它需要的是公民理性的积极参与。科恩将理性看做是民主的前提条件之一。科恩强调指出，“如果治理社会的是规定和法律，社会成员就必须能够有效地交流意见以理解彼此之间的理由与目的，并且至少能把某些集体判断整理出来。如果理性被理解为做这些事的能力，社会成员须具有理性就成为民主的前提。如果不具备理性，就绝无可能通过参与来实行自治。”② 因此，民主需要理性来节制。另外，民主也需要有平衡的公民文化支撑。公民文化并不是某一价值的最大化，而是多种价值的混合。阿尔蒙德和维伯认为，“‘公民’是一种参与者取向、臣民取向和村民取向的特殊混合，而公民文化则是一种公民、臣民和村民的混合。”③ 更为重要的是，“在公民文化中参与者政治取向与臣民和村民政治取向是结合在一起的，而不是前者取代后者”。“当这些保留的较传统的态度和参与者取向相融合的时候，便导致了一种平衡的政治文化，在这种文化中，既存在着政治的积极性、政治卷入和理性，但又为消极性、传统性和对村民价值的责任心所平衡。”④ 因此，民主除了需要公民具有理性之外，甚至还要求某些个体或群体具有一定程度的冷漠和回避。民主意味着积极的政治参与，但并不是事无巨细地要求公民事事都参与，也不强迫人人都必须参与，否则民主就会变成一种公民的负担甚至是强迫。正如亨廷顿所说，“就某些群体来说，这种边缘存在的本身就是不民主的，但这也

① ［美］乔·萨托利：《民主新论》，冯克利、阎克文译，东方出版社1998年版，第317页。

② ［美］科恩：《论民主》，聂崇信、朱秀贤译，商务印书馆1988年版，第59页。

③ ［美］阿尔蒙德、维伯著：《公民文化——五个国家的政治态度和民主制》，徐湘林译，华夏出版社1989年版，第23页。

④ ［美］阿尔蒙德、维伯：《公民文化——五个国家的政治态度和民主制》，徐湘林译，华夏出版社1989年版，第35页。

是使民主有效地发生功用的原因之一”。①

总之，民主的理想并不等同于民主的现实，要使民主有效地运转起来，民主就需要有一定程度的节制。20 世纪 80—90 年代东南亚各国在经济上都取得了不小的成功，但菲律宾却没有赶上这班车。法罗斯认为：“在许多邻国眼中，菲律宾的表现证明，过度的、不克制的、西方式的民主政治并不可取。菲律宾处处效仿美国，许多亚洲国家却认为这正是症结所在。李光耀以及其他人表示，菲律宾害上了其他国家的经济基础所承受不起的政治奢侈症。”② 这恰如孟德斯鸠在总结平民政体时告诫的：“事务要办理，又要有一定的进度，不太慢，也不太快。但是人民往往是行动得太多，或是行动得太少。十万只手臂有时候可以推翻一切；但是十万只脚有时候只能像昆虫那样前进。”③

2. 效能的边界

对于广大发展中国家而言，它们的确普遍缺少一个积极有效的政府。我们经常看到的是种族和部落冲突不断，暴力事件层出不穷，军事政变接二连三，政权总是处于风雨飘摇之中。但我们应当注意的是，这并不是一个国家实行专制或独裁的充分理由。毫无疑问，在广大发展中国家的政治发展过程中，始终应注重政府效能的发挥，但政府效能必须有其边界，以防止走向专制独裁，损害政治发展。

首先，效能的发挥不应侵犯公民最基本的权利。西方国家早期在划定国家征税不得逾越的界线这个问题上一直争论不休，最后由“无代表，不纳税”这句箴言来解决。征税事实上是政府提取社会资源促进社会经济发展的最重要手段之一，是政治体系效能的表现，而代表权则是公民最重要的政治权利。可见，从一开始起，西方国家在

---

① ［法］米歇尔·克罗齐、［美］塞缪尔·亨廷顿、［日］绵贯让治：《民主的危机》，马殿军等译，求实出版社 1989 年版，第 101 页。

② James Fallows, Looking at the Sun: The Rise of the New Asian Economic and Political System. Pantheon Books, New York, 1994, p. 365.

③ ［法］孟德斯鸠：《论法的精神》（上册），张雁深译，商务印书馆 1961 年版，第 10 页。

其政治发展过程中就十分重视通过权利来为效能划定边界。在当代政治哲学最为有名的“罗尔斯与诺齐克之争”中，诺齐克就认为，个人权利是国家效能发挥的道德边际约束。若在国家产生和活动过程中没有侵犯到个人的权利，那么，它的产生和活动就是正当和可允许的；但若是侵犯到个人的权利，那么，它的产生和活动就是不正当和不允许的了。个人权利在此成为国家行为的一种根本的道德标准和道德约束。个人权利只是作为一种道德边际约束，作为一种只是否定性的限制、但却十分严格的行为标准起作用，因为它适用于国家的一切行为，国家不能因某种目的——比方说，哪怕就是扩大个人权利的目的——而为它的某一侵犯个人权利的行为辩解。① 且不论罗尔斯与诺齐克谁是谁非，但二者在保护公民最基本的权利方面是一致的。罗尔斯的分配正义，并不涉及最基本的公民政治权利的再分配。然而，广大发展中国家在其政治发展过程中，往往采取严格地限制公民权利的措施。他们铭记了亨廷顿的忠告，但他们忘记了托克维尔早在二百多年前的警告：“无限权威是一个坏而危险的东西。……当我看到任何一个权威被授予决定一切权利和能力时，不管人们把这个权威称做人民还是国王，或者称做民主政府还是贵族政府，或者这个权威是在君主国行使还是在共和国行使，我都要说：这是给暴政播下了种子……”②

其次，效能的发挥必须考虑其成本边界。任何一种选择都有其成本，当一个政治体系在提升自身效能的同时，也必须付出一定的成本。尽管以上我们提到政治体系效能的提升不应侵犯公民个人最基本的权利，但政府效能提升确实在某种程度上需要公民在公共产品上作出一定程度的忍受，不可提出过多的要求，即罗尔斯所说的分配的正义原则上作出让步。在一个政治体系刚建立初期，它可以通过强制等

① 何怀宏：《在自由与平等之间》，载［美］诺齐克：《无政府、国家与乌托邦》，中国社会科学出版社 1991 年版。

② ［法］托克维尔：《论美国的民主》，董果良译，商务印书馆 1988 年版，第 289 页。

手段来获取资源，扩大政治体系的效能。但对于强制的过度依赖将会导致这种手段的边际成本不断增加，而边际效益却不断下降。即越往后发展，掌权者运用强制手段解决问题的难度就越大，每增加一点强制都会遭到更为强烈的抵制。这事实上已经被世界各国的历史所证明：强制愈盛，反抗愈烈。从发展中国家的情况来看，大多发展中国家的价值体系建立在秩序与效能的基础之上，而且是广泛地求助于强制手段，但在近年来这种权威主义政权的纷纷倒台中，大多却是强制手段已经到了强弩之末。因此，发展中国家在强调其政治体系效能的过程中也必须考虑其成本边界，尽管这种成本不可能用美元来进行精确度量。在为自身扩大权力、提升效能的过程事实上也是为自身增加负担的过程。

总之，任何一种价值都有其自身的界限，效能也不例外。时和兴在论述政治发展过程中的国家和社会关系时就指出，从国家的层面来看，政治发展需要国家权力自主性的提高、国家行动能力的发展、国家权威的增长，但三者都有其自身的限度。① 发展中国家应该谨记的是卢梭早在其《社会契约论》就强调的名言："即使最强者也决不会强得永远做主人，除非他把自己的强力转化为权利，把服从转化为义务。"②

3. 民主与效能的动态平衡

如果说以上对民主与效能各自自身的限定有利于发展中国家的政治发展，那么，要实现政治发展的目标，还必须在民主的节制与效能的边界之间实现动态平衡。

政治发展是一个时间过程，民主的实现需要长时间的培育，效能的增强也需要有长时间的努力。综合价值最大化原则告诉我们，单一民主的最大化和单一效能的最大化都不利于政治发展，而综合价值最

① 参见时和兴：《关系、限度、制度：政治发展过程中的国家与社会》，北京大学出版社 1996 年版。

② ［法］卢梭：《社会契约论》，何兆武译，商务印书馆 1965 年版，第 12 页。

大化原则又派生于单一价值最大化。因此，就政治发展过程中民主与效能的动态平衡来看，即在政治发展初期，往往是以效能为基础的综合价值最大化，但效能的增强不能排斥或者完全压制民主；而到政治发展的中后期，则是以民主为基础的综合价值最大化，但民主的扩大也不能完全限制甚至损害效能的发挥。

时和兴在分析发展中国家发展的历史进程时指出，发展中国家大体经历了独裁主义国家、平民主义国家、威权主义国家和民主主义国家等四个阶段。① 似乎发展中国家的国家发展是一个由专制走向民主的依次渐进的过程。但我们要注意的是，并不是每个国家都会经历这四个阶段，而且这四个阶段也不存在依次传递的关系。从某种程度上说，它们不是历时性的，而是共时性的。不论哪一种国家形式，都离不开民主与效能的平衡问题。以学界最所称道的新权威主义为例，这种新权威主义之所以“新”，就在于其现代化倾向，新的权威不仅仅是资源的掠夺者，而且是现代化的促进者。有研究表明，1932 年至今，泰国的威权政治经历了传统专制阶段（1932—1957 年）、过渡阶段（1957—1980 年）及理智阶段（1980 年至今）这样三个阶段。而泰国的经济发展最为良好的阶段正是理智阶段。在理智权威政治阶段，民主机制已经不可能再随心所欲地被取缔或废除，民主机制在此阶段中处于比较稳定的状态。威权领袖无论是获得权力还是维持其权力，都在民主机制范围之内。② 再以前苏联解体后的俄罗斯为例。1991 年苏联解体后，俄罗斯便进入政治转轨时期。在政治转型初期，叶利钦试图立即实现西方式的民主政治，自由主义民主一度成为政治文化的主流。然而，在政治实践中，无政府主义释放的能量使俄罗斯的政治发展陷入严重的困境。特别是经济命脉被寡头集团所把持，地方分裂势力抬头，府院两派严重对立。2000 年，普京上台后，采取

① 参见时和兴：《关系、限度、制度：政治发展过程中的国家与社会》，北京大学出版社 1996 年版，第 49 ~ 76 页。

② 任一雄：《东亚模式中的威权政治：泰国个案研究》，北京大学出版社 2002 年版，第 184 页。

一系列措施迅速扭转了这种局面，实现了一种“可控的民主”形式，而正是在此期间，俄罗斯的经济开始迅速复苏。据此，很多学者认为普京的一系列措施是倒退。事实上，俄罗斯的这种“可控民主”是一种特殊的政治混合体，它既含有民主的因素，又具有集权的特点。“可控民主”保留了民主的一些普遍性原则与制度，如一定程度的民主选举、议会制、多党制和新闻自由等。同时，“可控民主”又强调权力的集中。在现有的宪政框架下，俄罗斯的权力集中是有限的集权，威权政治基本上是在法治条件下运行的。在这种“可控民主”制度下，国家与社会仍保持着一定的分离，国家不试图干预社会生活的各个角落。① 因此，普京的成功就在于以“效能”为中心，但并没有忽视民主这一普适性价值的作用。这种政治发展的价值取向符合俄罗斯社会经济复苏仍处于初期阶段这一基本国情。在广大发展中国家，在平衡民主与效能这一基本矛盾上做得最好的是马来西亚。有研究表明，马来西亚在独立后的政治发展历程中，尽管在20世纪70—80年代有权威主义的倾向，但始终没有走向真正的权威主义，而是不断地在民主与效能之间寻求平衡。马来西亚的经验至少向我们证明，一个以效能和民主相互配合的政治体制，能够在一个经济高速发展的国家中长期存在下去，因为这种体制比单纯的独裁或民主的体制都具有更大的弹性。而现行马来西亚政治体制中的民主，不是基于民族的整合，却是基于社会各种族社团的分裂。也就是说，民主在这样的国度中并不具有西方政治学的含义，而是一种分裂社会的粘合剂。②

另外，在国内学术界，施雪华教授在提出实现“发展中的政治稳定”时指出，要揭示政治效能与政治民主的动态平衡，可以从三个方面：从政治体系视角看，主要涉及政治体系的建构、维持和适应

---

① 范建中：《“可控民主”与俄罗斯政治发展走向》，载《世界经济与政治论坛》2005年第5期。

② 陈晓律、陆艳：《在民主与权威之间——马来西亚政治发展特点剖析》，载《世界历史》2000年第4期。

三个层面。在政治体系建构及维持初期，可以以政治效能为中心，一旦政治体系相对和平、稳定发展时，政治体系的持久稳定就不能不依靠政治民主了。从政治过程视角看，政治效能与政治民主的动态平衡意味着：第一，整个政治过程必须讲究政治效能。第二，整个政治过程又不能只顾政治效能而不讲究政治民主。从政策产品的角度看，政策产品的数量和质量都依靠这二者的动态平衡。数量多证明效率高，但如果质量不行即缺少民主，民众不认同，从表面上看效能高，事实上其效能是十分低下的。因为要加大行政成本。而如果片面地追求民主，那么政策产品将难以输出。社会将会限入长期的纷争当中。① 以上施教授的这一体系功能分析较为全面地论述了民主与效能的动态平衡关系，但我们还应该注意到民主及效能的自身限度的问题。即使在初期阶段以效能为中心，效能也不能是没有边界的，它不能侵犯公民最基本的个人权利，否则要转入下一个以民主为中心的发展阶段，则可能是无源之水，无本之木。因此，与体系功能分析不同的是，综合价值最大化中的民主不是纯粹的民主，而是有节制的民主；效能也不是纯粹的效能，而是有边界的效能。单一效能的最大化要求一定的民主来平衡，相应地，单一民主的最大化也要求一定的效能来平衡。这就是我们所说的通过综合价值最大化来实现民主与效能的动态平衡。

① 施雪华：《政治现代化比较研究》，武汉大学出版社 2006 年版，第 567～570 页。

第三章　分权与集权

——政治发展进程中的政治体制性平衡

人类的政治发展离不开民主与效能的价值性导向，但同样重要的是，必须有相应的体制或程序，民主和效能才能在实践中实现并相互和谐。维尔认为，“权力行使是实现西方制度理论家的社会价值的关键；他们所关心的是这样一个问题，即要保证政府的权力行使受到控制，以便政府的权力行使不致摧毁政府权力有意促进的价值”。① 如果说民主与效能是广大发展中国家政治发展过程中普遍遇到的价值性“悖论”；那么集权与分权则是广大发展中国家和地区在其政治发展中所普遍遇到的体制性“两难”。每一个发展中国家和地区要实现政治发展的基本目标，其第一步便是建立起民族国家，因而集权是必需的。但如果从一开始起就没有相应的分权机制，集权的自我复制与强化最终会导致过度集权。无论是资本主义国家还是社会主义国家都曾尝到过过度集权的苦果。因此，从政治体制层面上看，实现集权与分权的动态平衡是发展中国家和地区在其政治发展过程中需要解决的另一难题。

第一节　分权与集权：政治发展进程中的体制两难

王绍光在《分权的底限》一书中写道：“集权招人厌恶，如今是分权的时代。现在世界上恐怕找不到一个国家不高唱分权的调子。前

① ［英］M. J. C 维尔：《宪政与分权》，苏力译，三联书店 1997 年版，第 1 页。

社会主义国家脱离中央计划体制后，经济决策权随着私有化和市场化转到了企业经理和地方官员手中；第三世界国家为摆脱经济困境，纷纷搭上分权的快车。发达国家也不例外。”① 然而，恩格斯早在《集权与自由》一文中指出：“集权是国家的本质、国家的生命基础，而集权之不无道理正在于此。每个国家必然要求实现集权，每个国家，从专制君主政体起到共和政体止，都是集权的。美国是这样，俄国也是这样。没有一个国家可以不要集权，联邦制国家需要集权，丝毫不亚于已经发达的集权国家。只要存在国家，每个国家就会有自己的中央，每个公民只是因为有集权才履行自己的公民职责。”② 可见，对于广大发展中国家和地区而言，在政治体制构建过程中，必将面临集权与分权的选择困境。

一、分权、集权与政治发展

本书认为，政治发展包括两个方面：一是国家的发展，二是社会的发展。国家的发展主要表现为国家权力与效能的增长，社会的发展主要表现为公民权利与自由民主的扩大。阿尔蒙德认为，政府的权力和效能，和公众对政府影响的程度，是两个衡量政治发展的标准。政治发展是指国家的发展和国家的民主化。③ 因此，一个国家或地区要实现政治发展，既要集中和扩大国家权力，又要保障和扩大公民权利。为了促进政府的权力和效能，一定程度的集权是必须的。但要保障和扩大公民权利，权力的分立与相互制衡也不可或缺。

（一）分权与政治发展

如果说“现代政治体制与传统体制的差异在于权力的总量的不

① 王绍光：《分权的底限》，中国计划出版社 1997 年版，前言第 1 页。

② 《马克思恩格斯全集》第 41 卷，人民出版社 1982 年版，第 396 页。

③ ［美］阿尔蒙德：《发展中的政治经济》，载塞缪尔·亨廷顿等编：《现代化：理论与历史经验的再探讨》，上海译文出版社 1993 年版，第 362 页。

同，而不在于权力分配的不同”①，那么民主政治体制与专制政治体制的差异恰恰在于权力分配的不同。亚里士多德早在两千多年前就提出，“一个政治制度原来是全城邦居民由以分配政治权利的体系”②。公正地分配权利，保证公民的权利不受公共权力的侵犯，最关键的是要使权力分立并相互制衡。政治民主作为政治发展的重要目标之一，其实现必然要求政治体系在权力分配上建立起分权体制而不是集权体制。

首先，分权是实现政治民主化的必要条件。政治发展的一个重要目标就是政治民主化。要实现政治民主，摆脱政治专制，就必须建立起分权制衡的政治体制，尽管其具体形式会因具体国家的国情而不同。西方各发达国家在经历短暂的专制时期后，无不走向了分权制衡的道路。如果说集权是实现政治发展的一个必经阶段，那么分权则是政治发展不可缺少的组成部分。现代民主是自由民主，只有在公民的言论、集会、结社、投票等基本自由得到保障的前提下，才可能真正实现现代民主。要保障公民自由，就必须建立起分权制衡的体制。分权并不是实现民主的充分条件，但是其必要条件。在政治发展初期就开始注意利用一定程度的分权以防止集权过度而导致专制的国家或地区更容易实现政治发展的基本目标。在英国政治发展的初期阶段，英国的资产阶级一方面为了打破贵族的封建特权，促进其自身的资本积累而支持加强王权；另一方面，为了限制王权的高度集权又拿起贵族与王权斗争的武器，通过议会来限制王权。而反观德国，在其建立民族国家后主导其现代化发展是科层化和工业化的结合，民主化始终是缺乏的，因而最终走向了法西斯道路。可以说，集权越盛，实现政治发展的道路就越艰难。

其次，分权是提高政治体系能力的必要手段。政治发展的一个重

① ［美］塞缪尔·亨廷顿：《变化社会中的政治秩序》，王冠华等译，三联书店 1989 年版，第 130 页。

② ［古希腊］亚里士多德：《政治学》，吴寿彭译，商务印书馆 1965 年版，第 109 页。

要方面就是政治体系能力的增强。在现代社会，要提高政治体系的能力，并不能完全依靠传统的专制手段。相反，分权是其重要途径。阿尔蒙德认为："从历史看，不断分化和专业化的政治组织和角色（其目标和内部结构旨在直接执行政治功能）始终是同政治体系能力的增强联系在一起的。"① 伴随这种结构分化的，事实上是权力的分化。在一个传统的政治体系中，统治者可以直接掌握着政治、军事、司法、宗教等全部大权。随着现代政治结构的发展，不同的结构也开始履行不同的功能，并逐步走上专业化。原来高度集中的权力逐步分散开来，由不同的专门机构来掌管。这一方面是因为现代自由民主观念的深入，另一方面也是适应现代化发展的需要。因为在传统社会，政治体系所面临的任务非常少；而随着现代化的发展，社会经济事务的增多，传统的权力一体化的政治体系难以应付新的挑战，机构和功能的分化成为必然。在机构功能分化的背后，事实上是权力的分散。

再次，分权是传统专制国家实现政治发展所面临的迫切任务。权威主义理论普遍认为，广大发展中国家所面临的主要任务不是考虑如何限制权力，而是如何创设权力，以建立起一个有效的政府。这一结论并不适合于传统专制非常发达的东方社会。西方社会在其政治发展过程中所经历的专制集权比起古代东方社会的专制来说，无论是在其程度还是时间延续上都望尘莫及。安德鲁·韦伯斯特认为，权力分散的欧洲封建结构是建立在"三权分立"基础上的，即君主政体、贵族集团和教会三家分权。由于16世纪专制政府的建立，才改变了三权分立的状况。政府把权力集中于朝廷。到了16世纪晚期，由于商业和制造业领域的"资产阶级"力量日益壮大，专制君主政体被推翻（如在法国）或受到钳制（如在英国）。然而，资产阶级总要寻求资本主义自由竞争的天地。于是，资产阶级通过造反和革命同王室进

① ［美］加里布埃尔·A. 阿尔蒙德、小G. 宾厄姆·鲍威尔著：《比较政治学：体系、过程和政策》，曹沛霖等译，上海译文出版社1987年版，第80～81页。

行斗争就导致了新型政府，即资产阶级的君主立宪制政府的出现。① 如果说集权在西方社会政治发展初期是进步因素，那是因为当时处于封建割据的西方社会的权力过于分散。而且其专制集权也远没有达到东方社会那样的程度。其集权作为进步因素既是相对于分封割据，又是相对于过度集权而言的。恩格斯在分析封建制度的瓦解和民族国家的产生时指出："在这种普遍的混乱状态中，王权是进步的因素，这一点是十分清楚的。王权在混乱中代表着秩序，代表着正在形成的民族而与分裂成叛乱的各附庸国的状态的对抗。"② 因此，集权作为政治发展的一个必经阶段，对于不同的社会就具有不同的意义。对于西方社会而言，在其政治发展的初始阶段是具有进步意义的，因为传统的西方社会是一个封建割据的社会。而对于古代东方社会而言，则不一定具有积极意义。传统的东方社会在专制集权上已经达到了历史的高点，它们所面临的问题不是缺少集权，而是过度集权。这样一种高度集权的政治体制不但没有成为促进现代国家发展的动力，反而成了其政治发展的障碍。因此，对于有些传统专制集权已经十分发达的第三世界国家而言，在其民族国家建立的过程中就更应该注意分权对于其后的政治发展的重要性。

（二）集权与政治发展

无论是在传统还是在现代的政治体制中，权力都可能被集中或者分散。但前提是要有权力的存在。亨廷顿认为："权力是一种必须被动员、发展和组织起来的东西，它必须被创造出来。"③ 对于广大第三世界国家而言，它们普遍缺少的正是实现其政治发展目标的主要手段，即政治制度普遍缺乏权力。要促进国家能力与效能的增长，扩大

---

① ［英］安德鲁·韦伯斯特：《发展社会学》，陈一筠译，华夏出版社1987年版，第90页。

② 《马克思恩格斯全集》第21卷，人民出版社1965年版，第453页。

③ ［美］塞缪尔·亨廷顿：《变化社会中的政治秩序》，王冠华等译，三联书店1989年版，第131页。

国家权力，首先就必须集中权力以造成传统社会和经济的变革，实现政治的一体化，为其政治发展奠定相应的经济社会基础。

首先，一定程度的集权是实现政治一体化的必需。简单来讲，政治一体化是指若干个政治单位结合成一个整体。① 随着社会经济的发展和人们社会交往活动的增多与频繁，建立起一个统一的政治体系就成为必然。马基雅维利的《君主论》直接向君主进言建立起一个统一的意大利民族国家。英国通过摆脱欧洲大陆教会的控制而获得了民族国家的自主发展，美国通过独立战争、南北战争，德国和意大利都是通过战争实现统一的民族国家的一体化建构，以适应现代化的发展。要建立起统一的民族国家，就必须将原来各地方王国、部落的权力集中于现代民族国家的中央政府手中。亨廷顿就认为，政治发展首先意味着单一的、世俗的、全国的政治权威来取代传统的、宗教的、家庭的和种族的等五花八门的政治权威；还意味着民族国家享有的对外主权不受他国的干扰，中央政府享有的对内主权不被地方或区域性权力所左右。它意味着国家的完整，并将国家的权力集中或积聚在举国公认的全国性立法机关手里。② 王沪宁还进一步指出："政治一体化不是简单的形式上的民族国家的成立，而应当具备一定的内在机制，其中包括一体化的权威体制、一体化的法律体制、一体化的司法体制、一体化的行政体制等。不具备这个条件，政治一体化便无从谈起。"③ 因此，要实现政治发展，就必须首先实现政治一体化，而要实现政治一体化，就必须加强中央的权力和权威。

其次，一定程度的集权是一个国家或地区实现政治发展的重要环节，无论这一集权过程是由政党、军队还是官僚机构来完成。亨廷顿认为，政治发展的进程依次表现为：权力的集中、权力的扩大、权力

① ［美］戴维·米勒：《布莱克维尔政治学百科全书》，中国政法大学出版社2002年版，第604页。

② ［美］塞缪尔·亨廷顿：《变化社会中的政治秩序》，王冠华等译，三联书店1989年版，第32页。

③ 王沪宁：《比较政治分析》，上海人民出版社1987年版，第235～236页。

的分散。“现代化对一个分散的、组织薄弱的和封建的传统体制的第一个挑战，典型地是集中必要的权力以造成传统的社会和经济的变革。接着的第二个问题是在该体制中扩大权力，以吸收新近动员起来的参政团体，从而创立一个现代体制。这是当今世界现代化中国家面临的首要挑战。在此后一阶段，该体制就面临参政团体进一步要求分散权力并在各团体与机构之间确立相互制约的制度。”① 纵观世界各国的政治发展历程，除了美国由于其特殊的历史条件以外，大体上都经历了一个集权专制时期。在英国是国王与资产阶级相互支持抵制贵族，开疆扩土。正是王权的支持为资产阶级的原始积累扫清了贵族这一最大障碍，为其后来确立资产阶级的统治奠定了基础。法国的拿破仑专制成功地将革命的成就与传统和科层制的功效调和起来，由此创立了现代的、革命后的官僚政府国家。德国更是有宰相俾斯麦的“铁血政策”，日本有天皇的专制集权。在新兴的民主国家中，韩国经历了军人专政。其他第三世界国家，大多还处在集权专制时期。因此，从现代化的视角看，一个传统社会要走向现代社会，一定程度的集权是必须的。没有权力的集中，就没有权力的扩大与分散。这正如普尔所说：“现代化的历史，不仅是一部解放的历史，也是一部纪律和有纪律的组织的历史。”②

再次，一定程度的集权有利于为其政治发展创造相应的社会经济基础。如果说集权是广大发展中国家或地区实现政治发展的一个必经阶段，那么集权还是当今广大第三世界国家实现经济社会现代化的现实要求。政治发展离不开一定的经济社会条件。广大第三世界国家作为现代化的后发国家，要实现政治独立与经济自主，改变其依附地位，往往只能求助于民族解放运动。在这一过程中，军队、单一的民

① ［美］塞缪尔·亨廷顿：《变化社会中的政治秩序》，王冠华等译，三联书店 1989 年版，第 132 页。

② ［德］汉斯-于尔根·普尔：《欧洲现代化与第三世界》，载塞缪尔·亨廷顿等编：《现代化：理论与历史经验的再探讨》，上海译文出版社 1993 年版，第 312 页。

族性政党或“克里斯玛型”(chrismatic) 领袖人物往往起着关键性作用，从而促使许多第三世界国家在其政治发展的初期阶段就走上了高度集权的道路。奈杰尔·哈里斯指出：“随着非殖民化的开展，旧的帝国主义统治秩序的消除，将权力高度集中于国家手中，这在亚洲的部分地区和非洲是非常明显的。”① 因为在亚非拉地区，许多国家在取得国家独立前根本算不上是现代民族国家，有的甚至还处于部落制时期。因此，对于广大发展中国家而言，其政治发展的第一步就是建立起现代民族国家。令其困惑的是，第三世界国家普遍在取得民族独立后建立的国家是现代的，或至少具有现代民族国家的外壳，但其经济社会却还处于前现代社会。因此，通过运用国家权力来促进经济社会现代化就成为广大发展中国家的必然。经济社会越落后，国家权力的作用越大，集权也就越明显。

（三）政治发展进程中分权与集权的矛盾

纵观西方发达国家的政治发展历程，它们大体上都经历了一个集权与分权的钟摆式过程：在其政治发展的初期，往往倾向于集权；在资产阶级的政治统治确立后，为了促进自由资本主义的发展，分权成为历史的主流；当自由资本主义转向垄断资本主义时，政治体制也发生了相应的转变，集权成为主导；而自西方发达国家进入后现代社会以降，合理分权又成为各国政治体制改革的最强音。薄贵利在分析现代化进程中中央与地方权限变化的规律时指出：“在世界现代化进程中，中央与地方权限变化显现出明显的规律性，即在现代化起步阶段，中央与地方权限变化的主流趋势是中央高度集权化；在现代化稳定发展时期，分权化先后走上许多国家的政治舞台；在现代化危机时期，中央高度集权化来势迅猛，有些国家甚至走上了极端；在现代化

① ［英］奈杰尔·哈里斯：《第三世界的裂变》，改革出版社 1991 年版，第 217 页。

成熟时期，中央高度集权又被中央与地方合理分权化所取代。”① 对先发国家而言，这种集权与分权的规律性更替似乎并不存在内在的矛盾。在这些国家的历史进程中，它更多地是类似于哈耶克所说的自生自发的过程。

广大发展中国家则不同，它们的政治发展往往是在外力作用下的结果，其制度变迁更主要的是一种诱致性变迁。对它们而言，建立起什么样的现代政治体制在很大程度是一个选择问题。以中国为例，自1840年鸦片战争打开古老中国的大门后，就先后选择过君主立宪、民主共和、内阁制、总统制等。尽管这些选择都最终失败，但它所反映的却是发展中国家在其政治发展中所面临的一个普遍问题，即政治体制的选择是一个充满各种矛盾的艰难过程。在这些各种各样的复杂矛盾中，集权与分权往往占据着主导地位。

通过艰苦的民族民主运动，广大发展中国家才获得民族国家的独立。由于历史的惯性及新兴民族国家所面临的繁重的历史任务，集权往往成为不可避免的历史选择。但要防止集权走向新的专制或防止传统专制的复辟，保住民族民主运动的果实，分权又是不可或缺的。中国辛亥革命后，一开始建立起总统制，但后来由于形势的发展不得不让袁世凯当总统时，又不得不急于修改宪法扩大参众两院的权力以限制总统的权力。另外，现代化的成长要求建立起统一的国内市场、税收、国防等，这只能通过加强中央政府的权力来实现。美国的联邦党人正是基于此才使美国从邦联制走向联邦制。但对于广大发展中国家而言，传统的地方势力并不像西方社会那样通过资产阶级革命消灭得十分彻底。任何一个发展中国家的中央政府都不可忽视强大的地方势力的要求。因此，从政治体制的横向结构看，一个发展中国家在其政治发展初期往往陷入赋予代议机关还是行政机关以更大权力的矛盾之中。从纵向上看，它们又往往陷入中央集权与地方分权的矛盾之中。

总之，无论是集权还是分权，对于一个国家的政治发展而言，都

① 薄贵利：《集权分权与国家兴衰》，经济科学出版社 2001 年版，第 97 页。

是其不可避免的选择。对于不同的国家和地区，在其不同的发展阶段上，都会选择不同的政治体制。对于后发国家而言，它们不可能重复先发国家的历史。相反，在其现代化过程，必须努力避免现代化的危机。这也就决定了后发国家在其政治发展过程中，在政治体制的选择上必然面临着诸多的矛盾，其中最为突出地表现为行政集权与代议分权、中央集权与地方分权之间的矛盾。

二、代议分权与行政集权的两难

众所周知，代议民主虽然不是最理想的民主政治体制形式，却是人类政治发展到今天，在民族国家范围内实现民主的最主要的形式。正如列宁所说："如果没有代议机构，那我们就很难想象什么是民主，即使是无产阶级民主。"① 田穗生等在《中外代议制度比较》一书中写道："在当代社会，代议制度是民主政治的体现，是民主国家制度不可或缺的重要组成部分。代议制从其萌芽，直到今天发展成为一种较为完善、成熟的国家政治制度，是人类智慧在社会政治领域里取得的一项文明成果。"② 各国代议制度的具体形式不可能完全一致，有两院制也有一院制，但代议制度的基本精神却是一致的，那就是要实现从"主权在君"到"主权在民"的转变，就必须建立起代议分权的民主制度。然而，代议分权式民主很难适应当前复杂的国际国内形式的要求，在发达资本主义国家，行政集权式民主正蓬勃兴起。对于广大发展中国家和地区而言，行政集权则更为迫切。在政治体系的横向结构中，代议分权与行政集权往往成了广大发展中国家所普遍面临的困境。

1. 代议分权是实现政治民主的必需

尽管分权不等于民主，但民主必须要有分权。在一定意义上讲，没有分权，就没有民主。中国古代君主专制体制发展较为完善，自汉

① 《列宁选集》第3卷，人民出版社1972年版，第211页。

② 田穗生等：《中外代议制度比较》，商务印书馆2000年版，第1页。

朝起就有三公九卿之分，到唐朝更是完善为职能分工明确的三省六部制度。但君主专制体制下的这种所谓“分权”只是一种权力的“分工负责”。因为分权的前提是各权力主体的相互独立，而在君主专制制度下，即使是三省六部也只是专制君主的办事机构而已。民主体制与专制体制则不同，一切权力属于人民，人民正是通过选举并监督其代表即代议士组成议院来行使自己的权力的。为了保障公民的基本权利，民主体制下各权力主体都是相互独立并相互制的。因此，要实现政治民主，代议分权则是其必需品。对此，古典自由主义者洛克等人早有详细的论述。洛克将国家权力分为立法权、执行权与对外权三种权力，并认为立法权与执行权（事实上是行政权）应是分立的，“如果同一批人同时拥有制定和执行法律的权力，这就会给人们的弱点以绝大的诱惑，使他们动辄要攫取权力，借以使他们自己免于服从他们所制定的法律，并且在制定和执行法律时，使法律适合于他们自己的私人利益，因而他们就与社会的其余成员有不同的利益，违反了社会和政府的目的”①。孟德斯鸠则进一步将国家权力分为立法、行政与司法三种权力，并认为要保证国家和公民的政治自由，三种权力必须分别交由不同的人和不同的机构来行使。孟德斯鸠指出：“当立法权和行政权集中在同一个人或同一个机关之手，自由便不复存在了；因为人们将要害怕这个国王或议会制定暴虐的法律，并暴虐地执行这些法律。”“如果司法权不同立法权和行政权分立，自由也就不存在了。如果司法权同立法权合一，则将对公民的生命和自由施行专断的权力，因为法官就是立法者。如果司法权同行政权合而为一，法官便将握有压迫者的力量。”“如果同一个人或是由重要人物、贵族或平民组成的同一机关行使这三种权力，即制定法律权、执行公共决议权和裁判私人犯罪或争讼权，则一切便都完了。”② 且不说洛克和孟德斯鸠

① ［英］洛克：《政府论》(下篇)，叶启芳、瞿菊农译，商务印书馆 1964 年版，第 89 页。

② ［法］孟德斯鸠：《论法的精神》(上册)，张雁深译，商务印书馆 1961 年版，第 156 页。

的分权理论是为哪个阶级服务，但他们揭示了一个最基本的道理：要摆脱专制统治，就必须建立起代议分权体制。

事实上，现代代议分权民主政治不仅仅是指政府内部的权力分立与制衡，它还是一种多元化的结构功能分权政治。因为现代代议分权民主政体不再围绕着单一的政治权力主体而展开，国家与社会、政府与公民、中央与地方、政党与利益集团等都有自己特定的权利和义务，从而形成多重的权力分立交错关系。国家掌管政治行政事务，社会则专注于社会经济文化事务。公民拥有最后的主权，政府则受公民之托掌握治权。中央掌握全局性事务，而地方则只关注本地区事务。这正如维尔所说，“分权学说的漫长历史反映了多少世纪来人们对一种政府体系的期望，在这种体系中政府权力的行使将受到控制。它说明了这种对有限政府的基本期望如何被修正，并如何适应变化着的情况和需要”。①

历史发展到今天，以议会为中心的代议分权式民主在发达资本主义国家内部已经发生了巨大的变化，但从世界范围来看，变化的是议会，而不是分权与民主。尽管议会在整个民主政治体制中不再被认为具有至高无上“主权者”的地位，但密尔所说的代议机构的两大基本功能仍然没有发生太大的变化：一是监督和控制政府；二是既是公民的诉苦委员会，又是他们表达意见的大会。② 而这正是广大发展中国家和地区所欠缺的。对于广大发展中国家而言，它们所面临的问题往往不是议会的权力过大而是恰恰相反。它们要实现政治民主这一政治发展目标，广大发展中国家在建立民族国家之初，就必须开设议院以通民意。因此，扩大代议机构的权力、完善代议机构的功能就成为广大发展中国家政治发展过程中的主要任务之一。

2. 行政集权是提升效能的必需

---

① ［英］M. J. C 维尔：《宪政与分权》，苏力译，三联书店 1997 年版，第 19 页。

② ［英］J. S. 密尔：《代议制政府》，汪瑄译，商务印书馆 1982 年版，第 80 页。

随着资本主义的飞速发展，发达资本主义国家已经从传统的“守夜人”的国家让位于“福利国家”。社会经济发展对国家和政府提出了越来越多的要求，国家和政府在社会经济发展中的作用越来越大，提高政治体系的效能成为必然。传统的自由主义认为，政府的职能是相当有限的，主要是保护人们的自由、生命和财产安全免受侵犯，最小的政府是最好的政府。随着垄断资本主义的发展，社会矛盾越来越尖锐，经济危机越来越频繁且破坏力越来越大，政府不可避免地深深卷入社会经济活动当中，不仅强化了原有宪法赋予行政机构的权力，还大大扩充了这种权力，侵蚀了原本属于议会的权力。19 世纪是议会政治的黄金时代，议会是政治体系的核心，以至于有人认为，除了不能使男人变为女人和使女人变为男人以外，议会无所不能。① 然而，当今发达国家在提升政治体系效能过程中，行政部门的权力得到极大的提升，以行政部门为中心的行政集权式民主逐步代替了传统的以议会为中心的代议分权民主。普尔认为，在以往一百年中，不同的现代化模式至少在第一世界的工业化国家显露出一种趋同的倾向——向福利国家迈进。“科层化现象，由官僚机构控制的干预性手段以及官僚机构间的相互作用，特别是国家与民间官僚机构间的相互作用，都有成倍的增加，这使传统上议会对行政的控制，就如传统上其余大多数制衡手段一样，实际上成为不可能。”② 美国通过“罗斯福新政”，战后总统被视为“帝王般的总统”。素有“议会之母”的英国，其权力变化也经历了由上院向下院，由下院向内阁转移的过程，以至于议会内阁制国家都走向“首相民主”、“总理民主”。施雪华教授认为，这一转变根植于发达资本主义国家内部资本形式的变化。他认为，由于资本的形式有一个从自由资本向垄断资本发展变

---

① 参见［英］埃弗尔·詹宁斯：《英国议会》，商务印书馆 1959 年版，第 2 页。

② ［德］汉斯-于尔根·普尔：《欧洲现代化与第三世界》，载塞缪尔·亨廷顿等编：《现代化：理论与历史经验的再探讨》，上海译文出版社 1993 年版，第 323 页。

化的过程，因此，与资本的这两种形式相对应的政治形式也有两种：一种是议会分权民主政治；另一种是行政集权民主政治。自由资本主要通过议会来影响政府的决策，而垄断资本则主要通过少数竞争性政党来控制行政部门的决策。①

发达国家如此，广大发展中国家就可想而知。广大发展中国家往往没有经历一个自由资本主义充分发展的阶段，就已经进入到一个垄断资本横行的世界经济体系当中。与发达国家的政府相比较，发展中国家的政府所面临的问题和任务要多得多。它们不仅要培育成熟的国内市场，而且面临着垄断资本占据绝对优势地位的国际市场的残酷竞争。美国政治经济学家亚历山大·格克谢尔在其《以历史的观点看待经济的落后》一书中指出：在世界工业经济体系中，一个国家的经济越落后，工业化的起步越滞后，国家（即中央政府）在其后的工业化进程中所发挥的作用就越大，国家政体就越有可能走向政治专制主义，民主发展的阻力亦就越大。格克谢尔的研究证明，在世界工业化进程中的后进者，在国际竞争于自己不利的形势下，有必要、也只能依靠国家的强大力量以及中央政府的决心加以集中引导，才能在工业化进程中赶超先进国家。② 从当今发展中国家的普遍情况来看，这种国家的强大力量往往是通过加强行政集权来实现的。当今发展中国家的普遍情况是行政部门或代行行政权力的政党、军事机关的权力过于强大，而作为代议机关的议会的权力则相对弱小，有的甚至直接解散议会。

3. 代议分权与行政集权在政治发展进程中的矛盾

从当今发达国家的政治现实来看，代议分权与行政集权事实上并不存在根本上的矛盾，发达国家的行政集权的趋势并没有从根本上否定代议民主体制。从代议分权式民主走向行政集权式民主只是一个随着资本主义发展而发展的顺理成章的事情。但对于广大发展中国家而

① 施雪华：《政治现代化比较研究》，武汉大学出版社 2006 年版，第 420～430 页。

② 转引自孙哲：《权威政治》，复旦大学出版社 2004 年版，第 346 页。

言，在代议分权民主与行政集权民主之间，在很大程度上是一个理性选择问题。它们不可能在建立和完善代议分权民主之后再走向行政集权民主。要保障和促进民主，就必须建立起代议分权民主体制，而要提升政治体系的效能，行政集权又不得不成为它们的现实选择。

这种代议分权与行政集权的矛盾，在早期资本主义国家德国和日本也曾非常严重。德日在迅速工业化的过程中，政治体制上的畸形发展的主要表现之一就是行政集权大大超过代议分权，议会民主只是一个空架子。有分析指出，德意志帝国之所以走向军国主义和扩张主义的道路，其关键就在于在德国迅速工业化过程中，政治体制的畸形发展。一方面，行政结构上呈现出中央集权主义发展趋势，另一方面，政治体制上出现议会化和民主化的倾向，但代议分权大大落后于行政集权。① 现如今各发展中国家既希望取得德日迅速工业化所带来的具大成就，又要避免出现德日政治发展所走过的畸形道路，就必须重新调适代议分权与行政集权之间的关系。

从各发展中国家的现实状况来看，在其建立民族国家后普遍建立起了代议机关，但只有 30 多个国家建立起了代议民主或议会民主，而且大多数国家的殖民母国是英国、法国和西班牙，也就是说这些发展中国家在其取得民族国家独立后所建立的代议分权的体制大多是在其殖民母国的影响下选择的，而且大多为小国，其人均 GDP 也是从 153 美元到 4487 美元不等（见下表）。这些国家能够建立起比较稳定的代议民主的国家只有以色列、土耳其等国，其余大部分国家在其后的政治发展中都出现过军人政变或被其他政权形式所取代。格林纳达 1973 年发生政变，孟加拉国 1975 年曾解散国会，1982 年又发生军事政变。肯尼亚从 1969 年起禁止反对党活动，2002 年委内瑞拉又发生军人政变。这些国家往往苦于经济落后，民生凋弊，但它们更苦于缺乏一个能促进政治稳定、提升政治体系效能的政府。

---

① 邢来顺：《迈向强权国家——1830—1914 年德国工业化与政治发展研究》，华中师范大学出版社 2002 年版，第 179 页。

表一 **20世纪60—70年代实行代议民主的发展中国家**

国 别	殖民母国	独立年代	人均 GDP（美元）
巴贝多联邦	英国	1966	1450（1976）
波布查兹瓦那	南非	1977	—
哥伦比亚	法国	1953	1010（1979）
科莫洛斯	法国	1975	153（1976）
哥斯达黎加	西班牙	1848	1820（1979）
塞浦路斯	英国	1960	2200（1978）
吉布地	法国	1977	1000（1976）
多明尼加联邦	英国	1978	460（1976）
多明尼加共和国	西班牙	1821	990（1979）
厄瓜多尔	西班牙	1830	1050（1979）
斐济	英国	1970	1440（1978）
加篷	法国	1960	4487（1979）
赞比亚	英国	1965	275（1979）
加纳	英国	1957	400（1979）
格林纳达	英国	1974	500（1977）
几里亚	法国	1958	280（1979）
盖亚纳	英国	1966	437（1977）
海地	法国	1804	260（1979）
以色列	英国托管地	1948	4150（1979）
象牙海岸	法国	1960	1040（1979）
牙买加	英国	1962	1260（1979）
肯尼亚	英国	1963	380（1979）
吉利巴地	英国	1979	—
莫里西斯	英国	1968	738（1978）

续表

国　别	殖民母国	独立年代	人均 GDP（美元）
阿尔及利亚	英国	1960	670（1979）
巴布亚新几内亚	澳大利亚托管	1975	660（1979）
巴拉圭	西班牙	1811	1070（1979）
所罗门群岛	英国	1978	300（1976）
苏里南	荷兰	1975	1240（1977）
土耳其	——	1923	1330（1979）
委内瑞拉	西班牙	1811	3120（1979）
萨伊	比利时	1960	260（1977）
巴哈马联邦	英国	1973	3310（1975 年）

（注：本表格根据陈鸿瑜所著《政治发展理论》台北桂冠图书股份有限公司 1995 年版中的表格五：发展中国家的政党及国家意识形态总结而成。）

纵观其他发展中国家，其中大部分国家一般都采用行政集权制①，尽管建立起了议会，但议会并不发挥其应有的功能。有的国家甚至连议会都不存在，如沙特阿拉伯等。因此，广大发展中国家并不像发达国家那样，扩大了行政集权，却并不损害民主体制。它们往往是选择了行政集权，却背弃了“民主”。但无论是从政治稳定还是促进经济发展与政治效能的角度来看，这些“行政集权”的国家并不比“代议分权”的国家强。在一些军人统治的国家军人政变反复发生，许多一党集权制国家在过去几十年的集权专制时期在经济发展上也未能取得令人信服的成绩，有的甚至走向专制的自我强化之路。从 20 世纪中叶起，非洲国家陆续摆脱殖民统治。此后不久，大多数据

① 许多发展中国家实行的往往不是真正意义上的行政集权制，而是政党集权、军人专制独裁甚至君主专制，在此，为了区别于代议分权民主体制，将其全部归入行政集权制，因为无论是政党、军人，或者君主，大多是以集中行政权力，压制政治性机关即民意机关的权力而实行统治的。

弃了原殖民帝国所强加的多党议会民主体制，实行集权政治。半数以上的国家选择走社会主义道路，实行计划经济和一党制。但实践证明，许多国家实行的计划经济体制及大多数国家实行的集权政治并未达到预期的目的，相反却导致政局长期不稳、经济持续衰退。① 而经济的衰退和政局的动荡又强化了政治上的集权倾向，政治发展的民主化目标遥遥无期，有的甚至从根本上就否认民主的发展目标，政治体制又总是处于专制与动荡的风雨飘摇之中。

整体看来，要提升政治体系的效能，实现社会经济现代化，广大发展中国家和地区就必须保证国家或政府能够在现代化大生产和现代社会发展中更好地发挥“总资本家”的作用，削弱代议分权式民主以缓解政府的频繁更替所造成的危机，从而实现政治发展的主要目标之一——政治稳定。然而，要实现政治发展的另一目标——政治民主，却又不得不重视代议分权民主。因为要保证其国家或政府更好地发挥“总资本家”的作用即马克思恩格斯所说的发挥“资产阶级共同事务的委员会”作用，而不是专门为国内某一阶层、部族、宗派、党派甚至个人家族的利益服务，还必须得有代议分权民主体制作保证。政治发展最为重要的一个方面就是国家自主性的发展。要保证国家的自主性即不再单纯地为某一阶级或利益集团谋利益，除了社会利益群体的多元分化以外，还必须求助于政治体制上的分权制衡。

另外，从发达国家政治发展的历史来看，代议分权民主是与自由资本相适应的，行政集权民主是与垄断资本相适应的。② 与发达国家比较而言，发展中国家普遍没有经历自由资本主义阶段，也就没有发展出成熟的代议分权民主政治。而发达国家的行政集权民主却是在代议分权民主的充分发展和成熟的基础上水到渠成的，可以说没有代议分权民主的充分发展，就不会有行政集权民主。广大发展中国家在模

① 徐济明、谈世中主编：《当代非洲政治变革》，经济科学出版社 1998 年版，前言第 1 页。

② 施雪华：《政治现代化比较研究》，武汉大学出版社 2006 年版，第 420～430 页。

仿甚至移植发达国家的政治制度的时候，往往只看到了其行政集权所带来的政治体系的效能，或早年代议分权所构建起的民主，而没有看到这二者在其国内所引起的冲突与矛盾。由于它们没有经历自由资本主义的充分发展，发展代议分权民主就缺乏必要的经济社会基础，民主往往受阻。又由于其没有代议民主的充分发展，就更谈不上发展行政集权民主，在加强行政集权的同时往往会限制甚至破坏脆弱的民主体制。因此，它们往往在横向政治结构的选择上陷入代议分权与行政集权的矛盾当中。

三、地方分权与中央集权的困境

在人类政治发展过程中，中央与地方权限的划分一直是学界和执政者们所普遍关心的重大理论问题和实践问题。赵永茂教授认为，"民主国家常常期望能够在其国家政治过程中，有效地运用中央与地方政府，来实现宪法的基本规范与价值。其中，关于中央与地方政府间权力控制与分配的途径，归纳而言，约可分为中央集权制与地方分权制两种"。① 从当今世界各国的政治体制来看，采用联邦制的国家多实行地方分权，采用单一制的国家多实行中央集权。但也有实行联邦制的国家实行中央集权，如前苏联；实行单一制的国家实行地方分权，如英国。对于当今世界广大发展中国家而言，在其纵向的权力结构安排中，中央集权与地方分权往往成为难以抉择的又一难题。正如凯西斯（S. Cassese）所言，怎样设计出一套如同强力剂般的制度和理论，来结合及平衡中央与地方政府间权力划分的争议，② 实为人们所普遍关切。

1. 实行地方分权是扩大公民政治参与的需要

---

① 赵永茂：《中央与地方权限划分的理论与实际》，台湾翰芦图书出版有限公司 1997 年版，第 3 页。

② L. J. Sharpe, *Decentralist Trends in Western Democracies*, London: Sage Publication, 1979, p. 20.

众所周知，现代民主政治发展的过程就是政治参与不断扩大的过程。一个国家公民政治参与的水平和程度越高，这个国家的政治发展水平也就越高。亨廷顿等认为："政治参与的扩大是政治现代化的标志。"① 也就是说，在某种程度上，政治参与的扩大已经成为一个国家政治发展程度的一个重要指标。然而，通过何种途径扩大公民政治参与而又不会出现亨廷顿所说的"参与爆炸"？

一般认为，随着现代化的发展，公民政治参与的扩大是不可避免的，要避免"参与爆炸"，就必须加强制度化建设，其中最重要的是建立起现代政治体制即政党制度。"在政治参与水平尚低时就形成了适当政党组织的国家（大致如印度、乌拉圭、智利、英国、美国和日本等）很有可能会在扩大政治参与的道路上稳步前进，而那些在现代化进程中政党之建立晚了一步的国家，政治参与扩大的前程就会不那么平坦。"② 政党组织对于扩大和组织政治参与固然重要，但实行一定程度的地方分权也有助于扩大和组织公民政治参与。

公民政治参与的形式多种多样，但就其本质而言，公民政治参与就是公民影响政府决策的过程。林尚立认为："公民参与的本质是决策参与。决策参与主要集中在地方政府。因此，公民参与的扩大，就必然意味着地方政府的决策权要有所加强，以容纳扩大的公民参与。否则，地方政府就将无法容纳公民参与而陷入危机。"③ 与中央政府比较而言，地方政府在扩大公民政治参与上更具有优势。扩大地方政府的权力，实行一定程度的地方分权，往往有助于扩大和组织公民政治参与。

其一，有助于增强地方政府的适应性，扩大公民政治参与的范围。对一个发展中国家而言，各地区的差异往往非常之大。即使是中

---

① ［美］塞缪尔·亨廷顿、琼纳尔逊：《难以抉择——发展中国家的政治参与》，华夏出版社 1989 年版，第 1 页。

② ［美］塞缪尔·亨廷顿：《变化社会中的政治秩序》，王冠华等译，三联书店 1988 年版，第 367 页。

③ 林尚立：《国内政府间关系》，浙江人民出版社 1998 年版，第 148 页。

央高度集权，也不可能一劳永逸地解决地区差异等问题。尽管在单一制下，地方政府往往只是中央政府的执行机构。但由于地方政府所管理的公共事务一般直接与公众的生活息息相关，因而地方政府的决策就不能不充分考虑公众的利益，在与中央政府的交往中，也不能不反映本地方的利益诉求。与中央政府相比较，地方政府往往更具有灵活性与适应性，它能更为方便和快捷地反映和处理公民的利益诉求。而公民首先关心的往往是直接涉及自身利益的问题，公民决策参与也主要集中在地方政府，如果地方政府无权根据本地区的实际情况因地制宜地解决本地区的公共事务，那么众多的五花八门的地方利益诉求将会使中央政府不堪重负。中央政府只有关闭诸多的政治参与渠道，将公民政治参与限制在其中央政府所限定的范围之内。这显然不利于一个国家的政治发展。而如果相应地扩大地方政府的权力，实行一定程度的地方分权，将有助于进一步增强地方政府的灵活性与适应性，根据本地方的实际情况开放更多的政治参与渠道，满足公民政治参与的要求。毕竟公民参与地方政府的决策要方便有效得多。

其二，有助于更好地发挥地方政府的安全阀与过滤器作用，提高公民政治参与的质量。一个政治体系的正常运转和稳定，需要有一定的输入即公民政治参与，但政治体系的承受能力总是有限的。如果让强大的输入流畅通无阻地进入中央政治体系，则可能造成中央政治体系的瘫痪。对于直接面对政治输入来源的地方政府，就必须发挥好安全阀与过滤器的作用。“凡是地方上发生什么不满，最好让这些不满就地发泄，不要妨碍中央政府。”① 戴维·伊斯顿认为，一个政治系统没有要求的输入就好像一座没有原料来源的加工厂，但并不是所有的愿望（包括期待、公众意向、动机、意识形态、利益、偏好等）都能转化为要求，也不是所有的要求都能转换为约束性的决策，它们

① ［英］詹姆斯·布赖斯：《现代民治政体》，张慰慈等译，吉林人民出版社2001年版，第933页。

必须受到结构机制和文化机制的调节。① 然而，不同的结构体制安排会对政治体系的运行产生不同的效果。在一个地方分权的政治体制中，地方政府可以对各种要求进行系统的集中、综合、缩减，从而不至于使要求流量过大而导致对系统本身造成威胁。但如果在一个中央集权的政治体制下，地方政府只是作为中央政府的一个执政机构，缺少必要的权力和能力来对输入的要求进行一定程度的调节，就必然导致大量的要求直接向中央政府提出。对于许多发展中国家而言，中央政府往往本身就是十分脆弱的。因此，实行一定程度的地方分权，有利于地方政府更好地发挥安全阀和过滤器的作用，将公民政治参与限制在一定的范围之内，也有利于公民政治参与效能的提高。

另外，民主政治的成功，有赖于公民政治参与质量的提高。而公民政治参与的质量与水平并不是一蹴而就的，公民需要在政治参与的实践中学习与历练。布赖斯曾说："民主政治最好的学校和民主政治成功的最佳保障便是实行地方自治。"(The best school of democracy, and the best guarantee for its success, is the practice of local self government)② 因为将那些无须求得完全一致的事务更多地交给地方政府处理，中央政府就可以更加专心地致力于国务。而且，那些在国家政务上意见不一甚至相反的人们，可能在地方事务上可以和衷共济。对于一个发展中国家而言，重要的不是缺乏公民的政治参与热情，而是缺少必要的公民政治参与的基本素质。参与不仅把公民的需要和愿望传达给政府，它还有其他更直接的好处：参与本身就是满意的首要源泉，是教育的手段，人们通过参与学习责任感。它不仅只具有工具价值，它本身就是一种目的。③ 要想使广大的"臣民"转变为真正的"公民"，只有通过直接的公民政治参与实践才是最为有效

① 参见［美］戴维·伊斯顿：《政治生活的系统分析》，王浦劬译，华夏出版社 1999 年版，第六章。

② ［英］詹姆斯·布赖斯：《现代民治政体》，张慰慈等译，吉林人民出版社 2001 年版，第 134 页。本引注根据英文原文，对译者的译文稍有改动。

③ 燕继荣主编：《发展政治学：政治发展研究的概念与理论》，北京大学出版社 2006 年版，第 115 页。

的方式。而这种公民政治参与实践的最好场所说是地方政府。因此，要想使公民在政治参与实践中得到更多的锻炼，适当扩大地方政府的权力，实行地方分权也是必要的。

2. 加强中央集权有利于增强发展中国家的政治能力

王绍光认为，所谓国家能力就是指国家实现自己意志的能力。它不但是国家强盛的必要条件，也是关系到一个政权存亡的先决条件。任何政治制度必须具备四种基本国家能力才能运作和生存：一是政府为实现中央决策者的所谓“国家利益”从社会经济中动员财力的能力，即“汲取能力”；二是国家指导社会经济发展的能力，即“调控能力”；三是国家运用政治符号在属民中制造共识，进而巩固其统治地位的能力，即“合法化能力”；四是国家运用暴力或威胁维持其统治地位的能力，即强制能力。① 王绍光从国家财政的角度出发，认为“汲取能力”在这四种国家能力中占有举足轻重的地位，财政是国家的命脉。要加强中央政府的“汲取能力”，就有必要认识到分权的底限，在一定程度上加强中央集权，因为分权所不能办到的，恰是集权所能做到的。“分权所无法解决的问题正是集权的长处所在。”② 事实上，前两种能力是经济能力，后两种能力是政治能力。尽管前两种能力对于一个国家的政治稳定有着至关重要的作用，但从政治发展的角度而言，最重要的是要提高国家的政治能力。当然，其国家的政治能力不仅仅只是“合法化能力”和“强制能力”，它还包括国家整合能力等。在现代民族国家中，中央政府是对内对外的最高代表，中央政府的能力是一个国家能力的最重要的体现，提高国家能力，在一定程度上就是要提升中央政府的能力。但是，如何提高中央政府的政治能力？从世界各国的发展历程来看，往往是通过加强中央集权的途径来实现。

事实上，关于中央集权有利于增强国家政治能力的研究已经十分

① 王绍光：《分权的底限》，中国计划出版社 1997 年版，第 1~2 页。

② 王绍光：《分权的底限》，中国计划出版社 1997 年版，第 25 页。

成熟。有学者认为，尽管主张中央集权制的理论有许多种①，如果从政治发展的角度看来，实行中央集权，往往具有以下优点：（1）可以提高全国法律、政策和全国行政上的统一性，使中央与地方不会发生冲突，不易造成地方割据和四分五裂的局面，从而具有对内对外的力量。（2）事权集中于中央政府，则全国有整齐划一之制度，既可谋各地的均衡发展，又可使国家政策顺利推行。（3）事权集中于中央政府，国家政策及中央所发布之政令，责任上决不至混淆不清，较易推行于全国，可收省事迅速之效。（4）地方行政由中央主持，待遇相同，可免畸重畸轻之弊。而且组织比较单纯，没有中央与地方间机关的重复，或举办事务的重复，不致浪费和奢侈，也不致事权混淆不清。（5）在外交和国防上，中央统筹处置时，较为方便，且较具时效。② 这也就是说，实行中央集权，有利于提高中央政府的权威，不至于使中央政府受地方利益的掣肘，也有利于克服政治发展过程中的命令贯彻危机、认同危机等。它不仅是有利于增强国家的“合法化能力”和“强制能力”，而且还有利于增强国家的政治整合能力、政治控制与协商能力及提高整个政治体系的效能。对于广大发展中国家的政治发展而言，它们往往最缺乏的就是一个稳定有效的中央政府。而之所以缺乏稳定有效的中央政府，其根源就在于中央政府的权力在很大程度上受到了来自各地方势力、传统利益集团的抵制。因此，加强中央集权，有利于清扫传统地方势力及利益集团对于政治发展的阻碍。

总之，政治发展最重要的一个方面就是国家能力的增强，尤其是

① 赵永茂将其概括为国家绝对主权论、中央集权论、国家统合论、政治同质化论、中央补助政策论、新联邦主义、区域规划发展论、国家化政策论、总体经济论等九种。参见赵永茂：《中央与地方权限划分的理论与实际》，台湾翰芦图书出版有限公司 1997 年版，第 57 页。

② John Gyford Steven Leach and Chris Grome, The Changing Politics of Local Government, London: Uncoin Inc., 1989, pp. 247-249. 转引自赵永茂：《中央与地方权限划分的理论与实际》，台湾翰芦图书出版有限公司 1997 年版，第 62 ~ 63 页。

其政治上的“合法化能力”和“强制能力”。没有“强制能力”的增强，对外，国家主权无保证；对内，政治稳定无保障。而如果没有“合法化能力”的增强，“强制能力”的有效性就会受到怀疑，政治稳定仍然无法得到长久有效的保证。实际上，这二者可以归纳为一点，那就是一个国家在其政治发展过程中必须建立起国家的权威。所谓“权威”者：一则“权”，二则“威”。无“权”则“威”虚，无“威”则“权”不稳。因此，要想提高国家的权威，就必须加强国家的“强制能力”，首先做到有“权”。但有“权”并不一定有“威”，因此，还必须努力提高国家的“合法化能力”，以“威”固“权”，实现国家的政治稳定。而提高国家权威最为有效的手段就是加强中央集权。

3. 政治发展进程中地方分权与中央集权的矛盾

对于发达国家而言，中央集权与地方分权之间的矛盾，直到如今也没有得到完全解决。近年来，原有的中央集权制国家不断下放权力，地方分权趋势有所增强，如法国。原有的地方权力比较大的国家其中央集权趋势也比较明显，如美国。但总体而言，西方发达国家在中央集权与地方分权上大体能达到比较平衡的状态。林尚立指出：“在这多变的时代，西方国家中央与地方关系呈现出奇特的景象：中央政府权力扩大，集权程度加强；与此同时，地方分权也形成一股强大的潮流，冲击着中央与地方关系。”① 但是对于广大发展中国家而言，中央集权与地方分权往往不可兼得：或者中央高度集权，或者地方过度分权。这正如梅尼等所说：“产生文化特性和民族政治结合的那种集权化和现代过程，还产生了一种种族意识和一种日益增长的要求和从属于一个社区（这个社区与以民族为基础的社会相比隔阂更少和更不受个人感情影响）的愿望。”②

首先，中央集权与地方分权涉及的是权力的分配，主要集中体现

---

① 林尚立：《国内政府间关系》，浙江人民出版社 1998 年版，第 144 页。

② ［英］伊夫·梅尼等主编：《西欧国家中央与地方的关系》，朱建军译，春秋出版社 1989 年版，第 5 页。

在财权、事权、军权等的划分。从当今世界各发展中国家的整体情况来看，大多数国家采用中央集权制，只有极少数国家采用地方分权体制。然而，采用中央集权的国家大多数是高度集权体制，有的甚至是独裁。因此，一旦高度集权的体制解体，又会导致地方过度分权，甚至导致国家的四分五裂。对于广大发展中国家而言，中央集权式的国家政权的建立往往是在某一个政党或领袖人物的直接领导下建立的。因此，这种中央集权往往非常容易发展成为一党专制或个人独裁。而一旦执政党下台或领袖人物去世，传统的联系中央与地方关系的纽带就此断裂，从而导致内乱或国家的四分五裂，从传统的中央高度集权走向地方过度分权。

其次，在广大发展中国家，中央集权与地方分权的矛盾不仅体现在财权、事权、军权方面，它还与民族矛盾、部落冲突、宗教派系、党派冲突等交织在一起。西方发达国家的民族国家的形成是历史发展自然进程的结果，而发展中国家则不同，大多数是殖民历史的产物。就连印度那样的有着几千年历史的文明古国，在受到西方民族国家的冲击之前，也没有明确的国界。除了极少数国家（如日本）因特殊的地理条件外，很少有单一的民族国家。各发展中国家要促进国家的政治发展，就必须加强中央集权，提高国家的政治一体化水平。其中最有效的意识形态工具就是民族主义。然而，民族主义本身就是一把“双刃剑”。它能解决发展中国家的许多问题，也会给发展中国家带来许多新的问题。在政治发展过程中，民族、宗教、文化心理等方面差异是最难以一体化的，一时难以消除。在取得国家独立、摆脱殖民统治的过程中各民族往往会集中在民族主义的意识形态下团结一致。但一旦民族国家建立后，国内各民族间的矛盾和冲突又会随之产生。因此，过度的中央集权往往又会引起民族、宗教等问题的反弹。当民族、宗教问题中的许多差异和矛盾政治化时，地方分裂主义抬头，甚至会导致大规模的冲突发生。印度与巴基斯坦的分裂在一定程度上就是宗教冲突的产物。印度独立后，考虑到本国的民族和宗教问题，实行中央集权制，但印度教与穆斯林之间的教派冲突从来没有停止过。

再次，在广大发展中国家，意识形态和党派的冲突会加剧中央集权与地方分权的矛盾。在发达国家的冲击下，各发展中国家内部往往是各种意识形态并存，政党林立。在对待中央与地方权限的划分上，各种政治意识形态和政党的看法差异非常之大，甚至南辕北辙。执政党与在野党之间的冲突，往往会转化为中央集权与地方分权之间的冲突。"在野党所盘踞的地方一般要与中央形成某种形式的对抗，这种对抗的核心，一方面是抵制中央，限制中央集权，另一方面是通过各种动作来显示自身的权力。当一次大选改变了在野党和执政党的位置时，在旧的政治格局下所形成的集权和分权的矛盾，又会在新的政党格局下，以一种新的形态出现。"① 而且，在许多发展中国家，"政党并不单纯是民间社团，它在获取人民支持的同时，都招幕有军队，以作为取得政权的后盾，因此，表面上是政党在竞争，实际上是军队实力之竞争。"② 因此，如果一党独大或与其他政党相比占有明显优势，在其获得执政地位后，往往利用其执政优势限制、排斥其他政党的活动，一步一步走向一党专制甚至个人独裁。而如果各政党或党派之间的势力相当，则又极容易引起地方割据。

总之，一个国家的政治发展过程也是一个国家的权力总量的增长过程，中央政府增长权力，地方政府也希望增长权力。这对于已经实现政治发展的发达国家而言，从本质上并不会产生矛盾，中央集权的目的是增强中央政府的权力，地方分权的目的也是增强地方政府的权力。可是对于发展中国家而言，中央集权往往容易走向过度的中央集权，而地方分权又往往会导致地方过度分权，不利于其政治发展。

第二节　集分平衡——集权与分权的动态平衡

政治发展过程中集权与分权的矛盾，给各发展中国家带来了重大的挑战。集权与分权之间的协调，成为各国政治体制变革的关键。各

① 林尚立：《国内政府间关系》，浙江人民出版社 1998 年版，第 155 页。

② 陈鸿瑜：《政治发展理论》，台北桂冠图书股份有限公司 1995 年版，第 145 页。

国政治体系要适应经济社会发展的要求，首先就必须容纳和协调好集权与分权，从而形成具有活力的政治体系，促进政治民主化和政治稳定。因此，“要保证集权和分权共存，除了有一定的制度机制和政策措施保证外，还要做到适度的集分平衡”。① 而要做到集权与分权的动态平衡，其前提首先就是将集权限制在一定范围之内，为分权设置底限。

一、分权的底限

凡事皆有度，物极必反正是这个道理。集权与分权亦然。如果为了实现集权与分权的动态平衡，有必要为集权设置上限，同时，还必须为分权设置底限。艾德加多·波宁哥在分析拉丁美洲民主的前景与挑战时指出：“分权和权力下放指责任、权威和资源由政府移转到广义的私人部门，包括非政府组织，和由中央政府移转到地方或省（州或地区级政府），是增加民主参与过程的必要部分。然而，关于这些发展的步调和范围必须小心，以避免这些过程产生意外、相反的效果，其可能的形式包括无效率的增加、恩庇循私和腐败。”② 这也正如王绍光在分析中央与地方关系时所说：“分权并不意味着无限制地分权。实行市场经济不能否认政府在经济中的必要作用，行政放权也不能将应由中央政府承担的职责一古脑下放给地方政府。”③ 因此，讨论分权的底限不仅是个有意义的学术问题，而且是个重大的实践问题。过度地集权导致专制独裁，过度的分权则会导致国家分崩离析。

1. 分权的结构限度

任何一种权力的行使，都离不开一定的权力结构体系。尽管亚里士多德早在二千多年前就曾区分过政治体系的三种重要功能，可那时

---

① 林尚立：《国内政府间关系》，浙江人民出版社 1998 年版，第 166 页。

② 艾德加多·波宁哥：《拉丁美洲民主的前景与挑战》，载刘军宁主编：《民主与民主化》，商务印书馆 1999 年版，第 255 页。

③ 王绍光：《分权的底限》，中国计划出版社 1997 年版，第 61 页。

并没有发展出分权化的现代政治体系。亚里士多德认为，一切政体都有三个要素，作为其构成的基础。“三者之一为城邦一般公务的议事机能（部分）；其二为行政机能部分——行政机能有哪些职司，所主管的是哪些事，以及他们怎样选任，这些问题都须一一论及；其三为审判（司法）机能。”① 但这并不等于现代政治体系的立法、行政与司法三权分立，因为在亚里士多德所处的年代，这三种机能的区分主要是功能上的，而不是结构上的。这三种权力有时甚至是由同一机构如公民大会来行使。分权是政治发展的必然要求，现代政治体系与传统政治体系相比，其重要的区别就在于现代政治体系是一种权力分化的多元的政治体系。这种权力上的分化在政治体系上的表现就是政治结构的分化。因此，政治发展理论普遍认为，现代政治发展的一个主要方面就是结构分化。阿尔蒙德指出：“观察美国或任何一个现代国家的社会生活，都可发现大量的经济、宗教、文化和明显带有政治性质的组织。如妇女选民同盟、民主党、美国国会、国内收入署、第五巡回上诉法院等都是政治组织，其中每个组织都是一个具有明显政治目的的结构。”② 然而，结构的分化不是无限度的。

首先，从横向来看，结构性分权不得超出有效协调的范围。从亚里士多德对政体要素的三分，到洛克、孟德斯鸠对权力的三分，再到中国革命先行者孙中山先生对权力的五分，我们可以发现，权力的分割绝不是可以随意划分的——结构分化不得超出有效协调的范围。无论是权力的三分还是五分，其目的都是为了使整个政治体系保持大体的平衡与持续稳定有效。从当今世界各国权力体系的结构划分来看，大体上仍然没有超出孟德斯鸠所区分的范围。因为从国家权力划分角度来看，立法、行政与司法的相互独立与制衡有效地适应了整个世界社会经济现代化发展的要求。当然，随着社会经济的发展，政治体系

---

① ［古希腊］亚里士多德：《政治学》，吴寿彭译，商务印书馆 1965 年版，第 215 页。

② ［美］加里布埃尔·A. 阿尔蒙德、小 G. 宾厄姆·鲍威尔著：《比较政治学：体系、过程和政策》，曹沛霖等译，上海译文出版社 1987 年版，第 61 页。

必须有更进一步的结构分化。阿尔蒙德指出："增强分化程度意味着把个人纳入更为专业化的角色，并创造出能指导他们担当这些有限角色的引导模式。这种分化的优点是，它使每个人集中精力很好地完成一项细小的工作。"但他同时还指出："分化的优点同时也带来了问题。最一般的看法可能就是协调问题。创立专门角色的，可能意味着要由执行相同任务的人组成各种分支部门。但是根据多种多样的分化标准，这些分支部门各不相同，或者会面临不同的地理和技术环境。这样的单位愈多，它们的分化程度就愈高，协调它们活动的问题也就愈复杂。"① 因此，由结构分化所带来的效益在结构分化超出一定程度时就可能出现不升反降的趋势（如下图）。

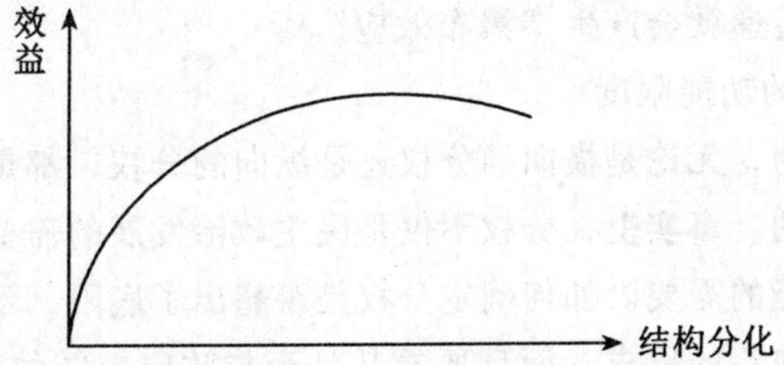

其次，从纵向上看，结构性分权的层次一般以三级为宜。对于一个现代民族国家尤其是大国而言，不仅需要有横向的分权制衡，而且需要有纵向的分权。即使是单一制国家，地方政府也不完全是中央政府的复制品。然而，地方政府的设置以多少层级最为恰当？是否地方政府的层级越多就越有助于民主政治发展或国家的治理？层级过少，缺少必要的纵向分权，中央政府的负担就会过于繁重。而层级过多，一则会带来严重的官僚主义弊病，加重公民的赋税负担；二则会导致信息失灵。无论是自上而下的政策传达，还是自下而上的民情反馈，

① ［美］加里布埃尔·A. 阿尔蒙德、小 G. 宾厄姆·鲍威尔著：《比较政治学：体系、过程和政策》，曹沛霖等译，上海译文出版社 1987 年版，第 70、71 页。

都会因政府的层级过多而失真，最终导致整个政治体系运转的不畅。纵观世界各国，在中央与地方的权力结构体系中，一般以三级政府设置为最为适宜。在美国是联邦政府——州政府——地方政府三级，在法国是中央政府——省政府——地方政府三级。而在权力的纵向划分上，主要涉及的是中央政府与州或省级政府之间的权力划分。当然，世界各国政府层级的设置会因各国的具体国情而定，这种三级设置原则只是一种经验总结，并非放之四海而皆准的真理。对于广大发展中国家而言，要实现政治发展，就必须深入基层，动员群众，将其整合进民族国家建设进程中来。因此，通过设置基层政权将国家权力深入由传统家族、部落等传统势力盘踞的基层社会，就是其政治发展的必然要求。然而，这种基层政权的设置层级也应该是有限度的，层级过多，信息的传递就会产生“瀑布效应”。①

2. 分权的功能限度

一般认为，无论是横向的分权还是纵向的分权，都是为了实现权力的相互制约。事实上，分权不仅是民主政治发展的需要，而且也是提高政府效能的需要。如何确定分权是否超出了底限，不仅要看其是否符合民主政治的要求，而且要看其是否与政府效能的发挥相适应。分权的功能不仅在于实现民主，而且在于实现效能。尽管不可能像王绍光在分析中央政府与地方政府之间的财权划分那样明确地提出一个百分比数字来衡量分权的底线，但我们应明确的是，分权的功能是有限的。

首先，分权的民主功能限度。简单说来，民主就是人民当家作主。但要保证人民正确地当家作主，并不是一件易事。因为“民主的合法性本身并不要求限制权力。一种受限制的权力在反对或抗拒另

---

① “瀑布模式”原是多伊奇用来分析在国际事务中精英引导舆论形成时所用的生动比喻。但其所揭示的却是信息的传递无论是自上而下还是自下而上，都会在每一个横向层面上（瀑布潭）中被打断和改造。参见 Karl Deutsch, The Analysis of International Relations, Englewood Cliffs, N. J. Prentice-Hill, 1968, pp. 101-102.

一种权力时，人民至高无上的权力（不存在反对的权力）却会成功地变成一个无限权力的来源”①。为了使人民不至于无意中自己伤害自己，分权成了民主的必需。然而，分权制衡并不等于民主，要想使民主有效运转起来，还必须依靠各权力部门的通力合作。这正如萨托利在分析民主国家中议会内部委员会的运作时所言：“在每个委员会中，委员会系统的运作是以相互延期补偿（或交易）为基础，作为系统它又是以主要受预期反应指引的边际报酬为基础。”② 因为在委员会式的面对面的小团体中，总是获胜的多数有可能会促成经常失败和受挫的少数派转向激进，延缓议程，进行刁难，而不是采取合作的默契态度，这样民主机制就可能陷入僵化而无法运转。因此，分权对于实现民主政治是必须的，但并不是权力分立愈复杂，民主就愈完备。分权可能防止民主走向专制与暴政，但并不一定保证民主的有效运转。而民主的有效运转关键还需要各权力部门的合作，如果权力分化越复杂，合作也就越困难。因此，分权制衡可能有效解决民主机制中权力的异化问题，但不能有效地解决民主机制中权力的运行问题。

其次，分权的效能功能限度。一般认为，一种分权制衡的政治体制有利于实现民主，但不利于该体制效能的发挥。事实上，无论是代议分权还是地方分权，都是为了适应社会经济现代化发展的要求。一定程度的分权恰恰是为了提高政治体制的效能以适应社会经济现代化的需要。随着社会经济现代化的发展，传统的立法、行政、司法三者合一的专制政体明显不符合时代发展的要求。在现代社会，任何一个单一的机构都没有能力同时履行立法、行政、司法等职能。社会经济越发展，对政治体制的要求就越多。政治机构要有效处理好社会经济发展所提出的各项任务，分权在所难免。在现代化发展初期，资本的所有者比较分散，每个资本所有者所拥有的资本额一般都比较有限。

① ［美］乔·萨托利：《民主新论》，冯克利、阎克文译，东方出版社1998年版，第217页。

② ［美］乔·萨托利：《民主新论》，冯克利、阎克文译，东方出版社1998年版，第261页。

要确保每个资本或大多数资本的所有者能够获得经济上的“平均利润”，必须在几乎相同的政治条件和机遇下进行利益竞争，代议分权民主政治体制就成了现代化初期自由资本最为理想的选择。① 议会中委员会的折中与妥协看似是以牺牲决策效率为代价，实际上是自由资本获得“平均利润”最为有效的方式。随着资本主义的发展，政府的经济干预职能急剧扩大，“政府的‘过重负担’已对中央政府的地方观点形成直接的（而且经常是戏剧性的）冲击，并使得中央和地方之间的任务必须作出新的分工”②。这种新的分工就是不论是中央还是地方，都倾向于地方分权。因为对中央政府来说，可以通过分权将大量的社会公共事务交给地方管理，从而减轻负担；对地方政府来说，通过扩大地方自主权，更好地调动本地居民参与地方公共事务管理，履行自身的职能。这种地方分权一是为了实现民主政治参与的需要，也是为了提高整个政治体系效能的需要。不论中央如何集权，也不能处理所有的社会公共事务。而且与中央高度集权体制相伴而生的是官僚主义、机构臃肿，职责不清和效率低下。将其一部分交由地方政府处理，既有利于减轻自身负担，也有利于整个政治体系效能的提高。

然而，通过分权来提高政治体系的效能也是有限的。众所周知，分权的另一面就是协调问题。当分权超出了有效协调的范围时，分权所带来的政治体系的效能就化为乌有了。其一，不是任何一种权力的分权都能促进政治体系的效能，有些权力例如军事权就不能分开来行使。其二，不是在任何历史阶段分权都能促进政治体系效能的提高。根据世界各国现代化发展的规律来看，在现代化发展的初期，代议分权有助于提高政治体系的效能，而到现代化发展的中期，代议分权则不适应垄断资本的发展要求，让位于行政集权，以提升政治体系的效

① 参见施雪华：《政治现代化比较研究》，武汉大学出版社 2006 年版，第 422～425 页。

② ［英］伊夫·梅尼：《西欧国家中央与地方的关系》，朱建军等译，春秋出版社 1989 年版，第 8 页。

能。到了现代化后期或进入后现代社会，由于行政集权对于有效解决政治体系的效能也是有限的，再度横向代议分权几乎不可能，通过地方分权以提高政治体系的效能成为必须。然而，完全指望地方分权来解决后现代社会政府繁重的公共事务也不太现实，中央下放给地方的权力只能是有关于地方公共事务的权力。因此，分权在一定历史时期能促进政治体系效能的提高，但这种功能也是极为有限的。

总之，尽管分权是当今世界各发达国家政府改革的潮流，分权也曾造成了欧洲资本主义发展的奇迹①，但对于当今各发展中国家而言，过度的分权会导致政治体系民主与效能的双重丧失，甚至会导致国家的分崩离析。各发展中国家在为集权设定上限的同时，也应该注意分权的底线。这正如薄贵利所言："在中央与地方合理分权体制下，中央集权的上限是：不能导致国家领导人个人的过分集权和独断专行，也不能导致某一国家机关的过分集权和独断专行；下限是：不得侵犯和剥夺地方的自主权，不得侵犯和剥夺企事业和社会团体的合法权益，不得侵犯和剥夺公民的合法权益。地方分权的上限是：在政治上，不得危及国家的统一主权和领土完整，不得损害国家统一的政治、法律制度，不得损害中央的合法权威；……下限是：不得侵犯和剥夺公民的合法权益，不得侵犯和损害企事业单位的合法权益，不得侵犯和损害社会团体和社会中介组织的合法权益。"②

---

① 保罗·肯尼迪认为，由于欧洲中世纪的地方自治和分权，使得欧洲特别是西欧不存在可以有效遏制商业发展的统一权威，没有哪个中央政府可以通过改变政策重点而造成某一特定产业的兴衰，没有繁重的税收对商人和企业家的掠夺，从而导致了在各城市之间或较大王国之间的原始的军备竞赛，从而促进了技术的发展。这在当时的中国、印度及其他文明古国那里都不存在。参见[美] 保罗·肯尼迪：《大国的兴衰》，蒋葆英译，中国经济出版社 1989 年版，第 33～36 页。

② 薄贵利：《集权分权与国家兴衰》，经济科学出版社 2001 年版，第 219～220 页。

二、集权的限度

一个国家或地区要实现政治发展，一定的权力集中是必要的。亨廷顿认为："一种政治体制首先必须能够创制政策，即由国家采取行动来促进社会和经济改革，才能成功地处理现代化面临的问题。"① 然而，维尔认为："我们不可能只是不加提问地接受这样一种观念：权力不断集中于内阁和总统手中是不可避免和无法制约的。就算因为某些现代社会的军事、社会和经济需要的假设，更多的权力或某些类型的权力集中于这些手中也许不可避免，我们还是应当问一问什么权力、多少权力在集中以及如何有效限制它们这样一些问题。"② 一定的行政集权和中央集权是一个国家或地区实现政治发展的前提，但如果走向高度集权，则有可能背离政治发展的基本目标。

首先，行政集权不能摆脱政治部门的控制。

随着时代的发展，立法、行政及司法三权之间的分权制衡往往不足以解释一个现代政府的运作。19 世纪末 20 世纪初，"英国和法国的议会制政府理论以及美国的'进步运动'的特点就是要求在立法部门和政府之间建立'和谐'，这一要求伴随了一种新的'分权'，政府的政治性部门和官僚制之间的分权"。③ 这一"政治"与"行政"之间的区分打开了行政自主的大门，但不能忽视的是，"政治"与"行政"区分的背后是"主权"与"治权"的分离。而"主权"应当控制"治权"，"政治"应该控制"行政"。

美国政治学家古德诺认为，"政治与政策或国家意志的表达有关，行政则与这些政策的执行相关"。"政府的民治程度越低，国家

---

① ［美］塞缪尔·亨廷顿：《变化社会中的政治秩序》，王冠华等译，三联书店 1988 年版，第 127 页。

② ［英］M. J. C 维尔：《宪政与分权》，苏力译，三联书店 1997 年版，第 10 页。

③ ［英］M. J. C 维尔：《宪政与分权》，苏力译，三联书店 1997 年版，第 6 页。

意志的执行功能与表达功能之间的区别就越小。"① 因此，政治与行政的分离是民治政府的前提，但这种分离并不是完全相互独立，而是必须在政治与行政之间求得协调一致。然而，如何求得这种协商一致则是另一个难题。古德诺认为："为了在国家意志的表达与执行间求得这种协调，就必须或者牺牲掉国家意志的表达机构的独立性，或者牺牲掉国家意志执行机构的独立性。……最后，民治政府要求执行机构必须服从表达机构，因为后者理所当然地比执行机构更能代表人民。"② 因此，尽管随着发达资本主义国家行政权力的急剧扩张，行政集权的速度在加快，但其普选权的范围也在不断扩大，公民政治意志表达和直接的政治参与范围也在不断扩大，行政集权并没有超出政治性部门的控制。

在广大发展中国家和地区，集权是必要的。但为了加强行政集权，往往是行政支配政治而不是政治支配行政。对此，有学者提出，政治的归政治，行政的归行政。事实上，政治与行政的分离并不意味着政治与行政的互不相干，而且政治与行政这两种功能也不可能分别委派给不同的机构分开来行使。目前，许多发展中国家在面临诸多政治性问题的时候通常采用"行政吸纳政治"的方式，以缓解政治性危机，从而维护政治发展的另一大目标——政治稳定。从短期效果来看，这有利于为其政治发展赢得相对稳定的社会环境，但"行政吸纳政治"的空间也是有限的，行政机构不可能无限地扩大。从长远来看，这种"行政吸纳政治"的方式并不符合民主发展的方向，政治与行政一定程度的分离是民主政府的前提。

总之，广大发展中国家在加强行政集权的同时，应当注意不能超出政治性部门的控制。当然，这种政治对于行政的控制也不能超出一定的限度。"要想不失去民治政府，在很大程度上要看我们是否有能

① ［美］F. J. 古德诺：《政治与行政》，王元译，华夏出版社 1987 年版，第 10 页、第 9 页。

② ［美］F. J. 古德诺：《政治与行政》，王元译，华夏出版社 1987 年版，第 14 页。

力防止政治对行政施加过大的压力，以防止控制行政的政党利用行政来不正当地影响公共意志的表达。”① 另外，政治对行政的控制也并不是全盘否定行政集权，只是行政集权不能超出政治性部门的控制。“因为只有行政在一定程度上被集权化了，才能达到政治与行政功能之间必要的协调。”②

其次，行政集权不能损害最基本的民主体制。

西方发达国家是在自由资本主义充分发展的基础上发展到国家垄断资本主义的，因而资本的理性化程度较高，资本本身并不直接控制国家政权。西方发达国家加强行政集权的同时，国家政治结构仍然保留着代议分权民主的议会制度和公民普选制度，而且公民权利也在随之进一步扩大。所以它们加强了行政集权，但并不会从根本上损害民主体制。而在广大发展中国家，由于没有自由资本主义的充分发展，财富往往比发达国家更为集中在少数家族或寡头手中，资本直接控制政权运作。所以，在不少发展中国家，更多地是以国家的名义实行私人垄断，国家政权甚至成了少数家族或寡头谋取私利的工具。这些大的家族或寡头对政权的控制最直接有效的就是控制执政党、军队或行政机关，而不是代议机构。刚刚被军人政变赶下台的泰国他信集团即是如此。在他信执政 3 年后，他的家人在泰国商业杂志《金钱与银行杂志》和朱拉隆功大学联合推出的“泰国 500 大富豪”排名中占据了压倒性的优势：平通他·西那瓦，他信的二女儿，财产 180 亿泰铢（约合 45 亿美元），位列榜首；班纳颇·达玛旁，他信的大舅子，150.27 亿泰铢，占据次席；盘通泰，他信的儿子，110 亿泰铢，位居第四；他信最小的妹妹位居第六十五，妻子位居第三百二十一。他信家族财富的暴涨，开始引发曼谷知识界和部分民众的质疑，终于在最

---

① ［美］F. J. 古德诺：《政治与行政》，王元译，华夏出版社 1987 年版，第 70 页。

② ［美］F. J. 古德诺：《政治与行政》，王元译，华夏出版社 1987 年版，第 69 页。

近一年中发酵为数十万人的“倒他”游行。① 因此，从许多发展中国家的现实情况来看，它们的领导人往往身兼数职：通常既是大资本、大财团的直接掌控者，又是国家行政首长、党魁、军队首脑或宗教领袖。这就造成了一些发展中国家在实行集权的同时往往抛弃了民主。它们的集权往往超出了行政集权民主的范围。

再次，中央集权不能危害地方权能的发挥。

一个民族国家的政治发展的第一步，就是建立起有效的中央政府。但并不是要建立起一个“天下之事无大小皆决于上”的高度集权的政府，中央集权必须有一定的范围和限度。恩格斯指出，中央集权也不是将所有的权力集中于中央，中央集中的只是普遍性的权力。他指出：“既然集权是集中在一个中心，既然这里的一切都是汇集在一个点上，那么集权的活动必然应当是有普遍意义的，它的管辖范围和职权就应当包括一切被认为是有普遍意义的事情，而涉及这个或那个人的事情则不在内。”②

随着现代化的发展，无论是单一制国家还是复合制国家，中央政府在国家经济社会事务中所发挥的作用越来越大。社会突发性事件的频繁增多也要求中央政府作出迅速有效的反应，而这就必须要求一定程度的中央集权。对于发展中国家而言，要集中全国的力量促进现代化的发展，就必须努力防止地方主义的干扰。但同样要注意的是，在中央集权的同时还应设法调动地方的积极性。恩格斯说：“为了中央而牺牲各省并且建立丝毫也不比门阀贵族和金融贵族统治更公正、更合理的寡头统治，一个地区的贵族的统治，那它自然就在制造不公正。”③ 毛泽东在1956年著名的《论十大关系》一文中，就专门论述了中央与地方的关系。他指出：“我们的国家这样大，人口这样多，情况这样复杂，有中央和地方两个积极性，比只有一个积极性好

① 《他信：“首富总理”沉浮录》，载《南方周末》2006年10月5日第一版。

② 《马克思恩格斯全集》第41卷，人民出版社1982年版，第396页。

③ 《马克思恩格斯全集》第41卷，人民出版社1982年版，第394页。

得多。我们不能像苏联那样，把什么都集中到中央，把地方卡得死死的，一点机动权也没有。”“为了建设一个强大的社会主义国家，必须有中央的强有力的统一领导，必须有全国的统一计划和统一纪律，破坏这种必要的统一，是不允许的。同时，又必须充分发挥地方的积极性，各地都要有适合当地情况的特殊。”①

另外，中央集权并不是将权力集中于中央的某一个人或特殊的利益集团，而是代表整个国家的中央政府本身。因为政治发展不仅意味着国家能力的增强、权威的提高，它还意味着国家权威的合理化。韦伯认为，国家权威的基础主要有三种纯粹的类型：一是合理的性质：建立在相信统治者的章程所规定的制度和指令权利的合法性之上，他们是合法授命进行统治的；二是传统的性质：建立在一般的相信历来适用的传统的神圣性和由传统授命实施权威的统治者的合法性之上；三是魅力的性质：（建立在）非凡的献身于一个人以及由他所默示和创立的制度的神圣性，或者英雄气概，或者楷模样板之上。② 一个国家的政治发展过程，也是一个国家权威基础的转换过程。现代国家的权威既不基于传统的性质，也不基于魅力的性质，而是基于合理的性质。也就是说，现代国家能力的增强及权威的提高，是建立在其制度的合法性基础之上的。因此，加强中央集权，并不是将权力集中于中央的某一个人或利益集团，而是集中于中央政府本身，即中央机关。对此，恩格斯曾明确指出：“国家集权的实质并不意味着某个孤家寡人就是国家的中心，就像在专制君主政体下那样，而只意味着一个人位于中心，就像共和国中的总统那样。就是说，别忘记这里主要的不是身居中央的个人，而是中央本身。”③

事实上，中央与地方的权力并不完全是此消彼涨的对立关系。在

① 《毛泽东著作选读》下册，人民出版社 1986 年版，第 729、730 ~ 731 页。

② ［德］马克斯·韦伯：《经济与社会》（上卷），林荣远译，商务印书馆 1997 年版，第 241 页。

③ 《马克思恩格斯全集》第 41 卷，人民出版社 1982 年版，第 397 页。

政治发展过程中，从政治体系的权力总量来看，它是一个不断增加的过程。在中央权力增长的同时，地方权力也可能随之增长。现代政治体系与传统政治体系比较，无论是其中央还是地方，其权力都要大得多。因此，加强中央集权并不一定是将地方的所有权力都收归中央。在发展中国家，地方政府与中央政府一样，往往苦于缺乏权力。因此，发展中国家在加强中央集权的同时，不能同时危害地方政府权能的发挥。“如果国家权力制度的发展以牺牲多样性和相对自治性地方制度变化为代价，那么不可能预期民主制文化将会出现。”①

总之，从世界各国的政治发展历程来看，一定程度的集权是必要的，但是集权过度就会物极必反。无论是资本主义国家，还是社会主义国家，都有过沉痛的教训。对于资本主义国家而言，法西斯主义的横行不仅给德意日本国人民带来了灾难，还给全球带来了无法挽回的损失。这正是广大发展中国家在其政治发展过程中必须避免的。

三、集权与分权的动态平衡

集权有限度，分权也有底线。如何将集权与分权限定在其限度之内，则是一个非常难以掌控的问题。这正如维尔所言：“我们不准备接受政府可以以‘效率’为由或其他任何理由而变成单一的、无分工的、铁板一块的结构，我们也不能接受可以允许政府成为由纯粹实用关系而偶然发生的简单凑合。”② 我们所追求的是集权与分权的动态平衡。

1. 建立和完善政党制度，实现代议分权与行政集权的平衡

对发达国家而言，不论是代议分权还是行政集权，其前提都是民主。在当今世界广大发展中国家和地区，民主始终是脆弱甚至是缺乏

① ［美］V. 奥斯特罗姆等编：《制度分析与发展的反思——问题与抉择》，王诚等译，商务印书馆 1992 年版，第 15 ~ 16 页。

② ［英］M. J. C 维尔：《宪政与分权》，苏力译，三联书店 1997 年版，第 10 页。

的。它们不可能像发达国家一样经历充分的代议分权民主再过渡到行政集权民主。因为任何选择都是现实的，既基于国内社会经济发展的现实，也基于国际环境发展变化的现实。现代化的压力迫使它们往往选择了行政集权，却抛弃了民主。但诚如古德诺在分析政治与行政的关系时所言："一方面为了保证国家意志的执行，政治必须对行政进行控制；另一方面，为了保证政府的民治性和行政的高效率，又不能允许这种控制超出其所要实现的合理目的。"① 而要实现政治与行政或者说代议分权与行政集权之间的动态平衡，关键在于建立和完善现代政党制度。

"现代化起步较晚的国家会同时面临着现代化起步较早的国家在一个相当长的历史时期内渐次遇到的各种各样的问题，这是一个特殊的难点。不过，同时面对许多问题既是一种挑战，也是一种机会。它至少使这些国家的精英分子能够选择自己需要优先处理的问题。"②如果行政集权势不可挡且迫在眉睫，那么最关键的就是想方设法控制行政集权不至于走向专制。行政组织过分强大会使民主政府不可能存在，而行政组织过分弱小会使政府因缺乏有效的管理而解体。因此，要实现代议分权与行政集权的平衡，如果不能在体制内找到，就必须到体制外即政党那里找到这种平衡。一方面通过政党竞争，保证公民意志得到有效表达，通过在议会内部政党之间的政策辩论，实现政治对行政的有效控制；另一方面，通过执政党掌管国家政权，尤其是行政机关，又不至于使行政完全听命于政治从而保持相对独立性。因为，"一个强有力的政党体制有能力做到两条，第一条是通过体制本身扩大政治参与，从而达到先发制人并使紊乱或革命的政治活动无法展开，第二条是缓解和疏导新近动员起来的集团得以参与政治，使其

---

① ［美］F. J. 古德诺：《政治与行政》，王元译，华夏出版社 1987 年版，第 21 页。

② ［美］塞缪尔·亨廷顿：《变化社会中的政治秩序》，王冠华等译，三联书店 1989 年版，第 368 页。

不至于扰乱体制本身”。① 这样既保证了民意的充分表达，又保证了行政集权不至于伤及民主制度本身。古德诺在其《政治与行政》一书中十分赞赏英国的议会内阁体制。认为内阁对议会负责，议会对人民负责，这就保证了人民意志的表达并对行政实现了有效控制。而内阁由首相领导执行国家意志，首相兼党魁、政府首脑于一身，又有利于保证行政效率。事实上，联结政治与行政的并不是内阁的行政集权，而是政党。政党通过选举获得议会多数席位而执政，成为联系议会与内阁的桥梁。在美国那样的总统制国家，总统和议会分别选举产生，行政机关与立法机关之间并不是完全的隶属关系，因此，更加需要有体制外的政党进行协调。

然而，与英美发达国家不同的是，有些发展中国家并没有政党，到目前为止，没有政党的发展中国家有 24 个。有些发展中国家的政党并不是平衡政治与行政、代议分权与行政集权之间的桥梁，而是代替政治与行政。派伊在批评近代亚洲国家的政党时说：“亚洲国家既不能因为没有政党而把事情搞好，也不能因为有了政党而把事情搞好。就历史而言，政党之被引进亚洲国家，似乎解决了很多问题，但也制造了许多问题。”② 因此，建立起现代政党制度就成为广大发展中国家政治发展的关键。

总之，对于发展中国家和地区而言，要实现政治发展的基本目标，必须建立起代议分权民主的基本框架，在代议分权民主的基本框架内实行一定程度的行政集权。而要实现代议分权与行政集权的动态平衡，必须不断完善现代政党政治。政党作为公民意志有组织的表达最为有效的工具，通过竞选执掌国家政权，从而成为联结政治与行政、代议机关与行政机关的桥梁。通过建立起相对完善的政党制度，

① ［美］塞缪尔·亨廷顿：《变化社会中的政治秩序》，王冠华等译，三联书店 1989 年版，第 380 ~ 381 页。

② Lucian W. pye, “*Party Systems and National Development in Asia*”, in Joseph Lapalombara and Myron Weiner（eds.）, pp. 369-398. 转引自陈鸿瑜：《政治发展理论》，台北桂冠图书股份有限公司 1995 年版，第 201 页。

发展中国家既可以保住代议分权的民主架构，又可以有效地确保行政集权不至于走向专制独裁。

2. 中央与地方关系法治化，实现中央集权与地方分权的平衡

就一个国家或地区的政治发展而言，中央与地方的关系随着政治发展的不同阶段不断有所调整。历史发展到今天，随着全球化的进一步扩展，任何一个国家或地区都不可能脱离世界总的发展趋势而另辟蹊径。普尔认为，在以往的一百年中，不同的政治发展模式出现了一个共同的倾向，那就是向福利国家迈进。而在向福利国家迈进的过程中，就中央与地方关系来说，正在创造一种新的平衡。① 林尚立在分析西方国家政府间关系发展的趋势时也指出："虽然西方各国经济和社会发展状况、政府间关系的性质以及政治与行政传统均有所差异，但面对现代社会政治、经济和文化发展所提出的共同问题，西方各国在处理集权和分权问题时的指导思想是比较一致的，即在充分保证中央政府对地方政府的有效控制和协调的前提下，力求实现集权和分权的适度平衡。"② 广大发展中国家虽然大多数还处于政治发展的初期阶段，但在中央与地方关系问题上，集分平衡也是其最佳途径。问题的关键是如何实现这种集权与分权的适度平衡。权力可以被集中，也可以被分散，但权力的集中与分散并不是随意的。

一方面，它必须符合权力本身的性质。孙中山先生在《中华民国建设之基础》一文中曾指出中央集权制与地方分权制的偏颇。他认为权之分配，不应以中央为对象，而应以权之性质为对象。他说："夫所谓中央集权或地方分权甚或联省自治者，不过内重外轻、内轻外重之常谈而已。权之分配，不当以中央或地方为对象，而当以权之性质为对象。权之宜属于中央者，属之中央可也；权之宜属于地方者，属之地方可以。例如军事外交，宜统一不宜分歧，此权之宜属于

① ［德］汉斯-于尔根·普尔：《欧洲现代化与第三世界》，载塞缪尔·亨廷顿等编：《现代化：理论与历史经验的再探讨》，上海译文出版社 1993 年版，第 323 页。

② 林尚立：《国内政府间关系》，浙江人民出版社 1998 年版，第 164 页。

中央者也；教育卫生，随地方情况而异，此权之宜属于地方者也。”① 密尔在论及地方行政的原则及其职能时也强调，中央集权应与地方分权相结合。他提出三条基本原则：首先，一切纯属地方的事务——一切仅涉及一个地区的事务——应当归地方当局负责。其次，有关人身及财产安全、个人之间的公平审判等社会的头等重要的事情即关乎政府的首要目的的事情，都应置于中央监督之下。再次，中央应当监督地方，在极端的情况下有权解散地方议会或将地方行政长官免职，但无权作出新的任命，或停止地方机关的工作。②

另一方面，它还必须符合该国或本地区政治发展的实际。在当今西方国家的中央与地方关系的调整中，普遍存在这样一个趋势：“联邦制国家，像德国和美国，鉴于功能上的原因，变得较为中央集权化；而中央集权制的政府，如法国、西班牙或英国，则被迫将部分权力勉强地转移到地方或省级政府与中央集权的最高层政府之间，处于中间一级的新的地区性实体。”③ 这也就是说，一个国家在调整中央与地方关系时究竟采用何种策略，应基于其本身的国情。“现代的中央与地方的关系，只能理解为是一种过去和现在的结合。一个国家内部所出现的紧张是它早期的形成、发展和适应性变化的产物。”④ 因此，研究中央与地方的关系，就不得不求助于历史与现实的结合。

纵观世界各国，在政治发展过程中发达国家能轻易调整好的中央与地方的关系，对于发展中国家来说却是望尘莫及。其根本的原因就在于发达国家法治的完备。美国的建国之父们着力于建立一个有效的

---

① 孙中山：《民权与国族——孙中山文选》，曹锦清编选，上海远东出版社 1994 年版，第 240 页。

② 参见［英］J. S. 密尔：《代议制政府》，汪瑄译，商务印书馆 1982 年版，第 215 ~ 220 页。

③ ［德］汉斯-于尔根·普尔：《欧洲现代化与第三世界》，载塞缪尔·亨廷顿等编：《现代化：理论与历史经验的再探讨》，上海译文出版社 1993 年版，第 323 页。

④ ［英］伊夫·梅尼：《西欧国家中央与地方的关系》，朱建军等译，春秋出版社 1989 年版，第 3 页。

中央政府，但并不是建立一个高度集权的中央政府，尽管美国在其后二百多年的历史中中央政府的权力大大扩展。“政府的力量是保障自由不可缺少的东西；要想正确精明地判断，它们的利益是不可分的；危险的野心多半为热心于人民权利的漂亮外衣所掩盖，很少用热心拥护政府坚定而有效率的严峻面孔作掩护。”① 因此，美国1787年宪法通过明确规定中央政府的权力的方式来划分中央与地方的权能关系。在今天看来，当时美国中央政府的权力算不上是中央集权，但它足以有效地维持中央政府的有效运转，又维持了美国地方自治的传统。因此，对于广大发展中国家而言，要实现中央集权与地方分权的动态平衡，并不是简单的权力的收放问题，而应该建立在本国社会经济发展与政治发展的基础之上，充分考虑到权力本身的性质，促进中央与地方权力配置的制度化、法治化。

总之，“如果应该由中央政府行使的权力相当一部分落到了地方政府手中，就是跌出了分权的底线；反之，如果应该由地方政府行使的权力相当一部分却集中在中央政府手中，就是超出了集权的上限。无论分权或集权都应适度，超出集权的上限或跌出分权的底线都是同样不可取的”。② 而要保证中央集权与地方分权都不超出各自的限度，通过法治化规范与调整中央与地方的关系是其最为有效的途径。

① ［美］汉密尔顿等：《联邦党人文集》，商务印书馆1980年版，第5页。
② 王绍光：《分权的底限》，中国计划出版社1997年版，第28页。

第四章　参与与控制

——政治发展进程中的政治行为性平衡

人类的政治发展离不开民主与效能的价值导向，也离不开分权与集权的体制性规范，更需要通过相应的政治行为来体现。孔子说过："政者，正也。子帅以正，孰敢不正?"① 孔子一方面强调政治的内在价值，另一方面强调通过政治行为来践行政治价值。政治价值再好，如果不成为政治行为的指导，就会成为空洞的乌托邦；政治制度再完善，如果不能成为政治行为的规范，就会成为束之高阁的空中楼阁。因此，在人类政治发展的历程中，不仅要做到价值规范上的民主与效能、政治体制上的分权与集权的动态平衡，还需要在政治行为上做到控制与参与的动态平衡。

第一节　政治参与与政治控制：政治发展进程中的行为困境

诚如亨廷顿所言："政治参与扩大是政治现代化的标志。在传统社会，政府和政治通常只与少数精英有关。……在所有现代工业国家，尽管合法参与的形式和性质各不相同，但这些国家都普遍确认和强调积极的公民权原则（the principle of active citizenship）。"② 然而，政治参与的盲目扩大，将会导致"政治衰朽"而不是"政治发展"。

① 《论语·颜渊》。

② ［美］塞缪尔·亨廷顿、琼·纳尔逊：《难以抉择——发展中国家的政治参与》，汪晓寿等译，华夏出版社1988年版，第1页。

在政治发展过程中，为了实现民主，必须动员广大民众参与政治；而为了维护效能，又不得不在一定程度上控制民众的政治参与。参与过度，不利于实现政治发展的政治稳定这一目标；控制过严，又将窒息初生的民主。因此，不断在政治控制与政治参与之间寻求动态性的平衡，成为发展中国家和地区在其政治发展过程中的另一艰难任务。

一、政治发展进程中的政治参与

政治发展理论普遍认为，政治参与扩大化是政治现代化或政治发展的最主要标志。一个传统的政体可以获得较高程度的政治权威合理化和结构功能分化，但其政治决策与参与只可能囿于上层核心的范围。例如，帝制中国时期的政治体制就具有相对较高的合理化和结构功能分化的特征，但普通中国人对政治几乎不可能有任何影响力。据此，美国著名政治学家亨廷顿认为："政治现代化最基本的方面就是要使全社会性的社团得以参政，并且还需要形成诸如政党一类的政治机构来组织这种参政，以便使人民参政能超越村落和城镇范围。""从某种角度来说，现代政体之有别于传统政体就在于它的政治参与水平。"①

1. 政治参与的概念

美国当代著名政治学者达尔在其《现代政治分析》一书中开篇就说道："无论一个人是否喜欢，实际上都不能完全置身于某种政治体系之外。一位公民，在一个国家、市镇、学校、教会、商行、工会、俱乐部、政党、公民社团以及许多其他组织的治理部门中，处处都会碰到政治。政治是人类生存的一个无可避免的事实。每个人都在某一时期以某种方式卷入某种政治体系。"② 可见，人类作为天生的

① ［美］塞缪尔·亨廷顿：《变化社会中的政治秩序》，王冠华等译，三联书店 1988 年版，第 34、73 页。

② ［美］罗伯特·达尔：《现代政治分析》，王沪宁等译，上海译文出版社 1987 年版，第 5 页。

政治动物，不可避免地会被动卷入或主动参与政治生活。在现代社会，政治参与成为人类政治发展最重要的衡量指标。“政治参与”与“政治”一样的古老，也与“政治”这一概念一样地难以厘清。正如有学者所说：“政治参与是现代政治学中频繁使用的一个概念，但当它成为当代政治学的一个研究主题的时候，就需要人们小心对待了。”① 综合看来，目前政治参与的概念主要有以下几种：

(1) 政治参与是平民影响政府决策的合法的活动。西德尼·维巴认为：“就政治参与这个术语来说，我们指的是平民或多或少以影响政府人员的选择及（或）他们采取的行动为直接目的而进行的合法活动。”② 在这个定义中，他们排除了非暴力反抗和暴力、军事政变、动员性政治参与等行为。《中国大百科全书·政治学》也认为政治参与是“公民自愿地通过各种合法方式参与政治生活的行为”。

(2) 政治参与不仅包括政治行为，还包括与政治相关的观念活动和政治不作为。美国政治心理学家威廉·F. 斯通认为，讨论政治问题、阅读和收看新闻也是间接的政治参与。③ 阿尔蒙德在《公民文化》一书中也这样看待政治参与。

(3) 政治参与只包括自愿的活动，不管是暴力还是非暴力，但不包括被动地政治参与活动。巴恩斯和凯恩在他们的著作《政治行为：五个西方民主国家的群众参与》中认为，政治参与是在政治的各个层次中意图影响政治抉择的公民的一切自愿活动，它也包括抗议和暴力行为。④

(4) 政治参与是指个人试图影响政府决策的一切活动。《布莱克

① 燕继荣主编：《政治发展学：政治发展研究的概念与理论》，北京大学出版社 2006 年版，第 112 页。

② ［美］西德尼·维巴：《政治参与》，载格林斯坦、波尔斯比编：《政治学手册精选》(下册)，周琪等译，商务印书馆 1996 年版，第 290 页。

③ ［美］威廉·F. 斯通：《政治心理学》，胡杰译，黑龙江人民出版社 1987 年版，第 212 页。

④ 参见帕特里克·J. 孔奇：《政治参与概念如何形成定义》，载《国外政治学》1989 年第 4 期。

维尔政治学百科全书》认为，政治参与就是参与制定、通过或贯彻公共政策的行动。宽泛的定义适用于从事这类行动的任何人，无论他是当选的政治家、政府官员或是普通公民，只要他是在政治制度内以任何方式参加政策的形成过程。①

（5）政治参与是指平民试图影响政府决策的活动。亨廷顿和纳尔逊认为：第一，政治参与包括活动而不包括态度。第二，政治参与是指平民的政治活动，或者更确切地说，是指充当平民角色的那些人的活动。第三，政治参与只是指试图影响政府决策的活动，而不论其是否合法。第四，政治参与包括试图影响政府的所有活动，而不管这些活动是否产生实际效果。最后，政治参与不仅包括行动者本人自发的影响政府决策的活动，而且包括行动者受他人策动而发生的影响政府决策的活动。②

本书认为，从政治发展的视角来看，亨廷顿和纳尔逊的定义较符合实际。政治发展的主要标准之一就是政治参与扩大化，而政治参与的扩大主要是指广大公民的政治参与行为。对于那些以政治为业的政治职业者来说，参与政治就是其本职工作。只有广大公民政治参与的不断扩大才能说明民主范围的扩展和加强。

2. 政治参与对于政治发展的意义

在不同的社会里，政治参与被赋予不同的价值。在社会经济发达的社会里，通常趋向于赋予政治参与以更高的价值，政治参与本身就是目的。在广大发展中国家，更为常见的是将政治参与作为实现其他更高价值目标的手段。但无论政治参与是作为价值目标还是作为工具手段，人类历史发展的事实证明，现代民主政治发展的过程就是公民政治参与不断扩大的过程，一个国家的公民政治参与水平越高，其政

---

① 戴维米勒主编：《布莱克维尔政治学百科全书》，中国政法大学出版社2002年版，第608～609页。

② ［美］塞缪尔·亨廷顿、琼·纳尔逊：《难以抉择——发展中国家的政治参与》，汪晓寿等译，华夏出版社1988年版，第5～7页。

治发展水平也就越高。“政治参与的扩大是政治现代化的标志。”①

（1）扩大政治参与有助于巩固和扩大现代民主政治的基础。

一个现代政治体系的有效运转，既要有有效的输出，还要有有效的输入、反馈等环节。有效的公民政治参与成为了现代政治体系有效运转不可或缺的输入。自启蒙运动宣扬人性否定神性以来，“君权神授”让位于“政权民授”，政府权力直接来源于人民的授予、委托或转让。因此，没有公民有效的政治参与，政权就缺乏最基本的合法性基础。马克思和恩格斯都曾对公民的政治参与给予过高度评价。恩格斯曾指出：“普选制是测量工人阶级成熟性的标尺。在现今的国家里，普选制不能而且永远不会提供更多的东西；不过，这也就足够了。”② 从发达资本主义国家所走过的道路来看，它们正是通过逐步扩大公民选举权、开放更多的公民政治参与渠道来缓和社会矛盾、调节社会冲突从而稳定其民主政治统治的基础。

另外，尽管早在两千多年前亚里士多德就提出著名的论题：“人类在本性上应该是一个政治动物。”③ 但这并不意味着每个人都会主动地参与政治，在“主动参与”与“被动卷入”之间还存在着巨大的鸿沟。况且，亚里士多德并不赞同现代民主政治所普遍承认的公民政治参与的自由平等诸原则。恩格斯曾经指出：“在希腊人和罗马人那里，人们的不平等比任何平等受重视得多。如果认为希腊人和野蛮人、自由民和奴隶、公民和被保护民、罗马的公民和罗马的臣民（指广义而言）都可以要求平等的政治地位，那末这在古代人看来必定是发了疯。”④ 因此，尽管人类在本性上是一个政治动物，但并不意味着现实社会中的每个人无时不刻都有政治参与的动机和愿望。从功利的角度看，“假如非政治手段如同政治渠道一样有希望或比政治

① ［美］塞缪尔·亨廷顿、琼·纳尔逊：《难以抉择——发展中国家的政治参与》，汪晓寿等译，华夏出版社 1988 年版，第 1 页。

② 《马克思恩格斯选集》第 4 卷，人民出版社 1995 年版，第 169～170 页。

③ ［古希腊］亚里士多德：《政治学》，吴寿彭译，商务印书馆 1965 年版，第 7 页。

④ 《马克思恩格斯全集》第 20 卷，人民出版社 1971 年版，第 113 页。

渠道更有希望，人们就会适当地把他们的时间和精力投放到非政治手段上。"① 达尔认为，在现代政治体系中为什么有许多人不愿介入政治，主要有以下这样几个理由：（1）如果你认为同可以期望从其他活动中得到的报酬相比，从政治介入中得到的报酬价值较低，你就不大可能介入政治。（2）如果你认为你所面临的各项选择之间没有什么重大差异，因此你的所作所为就无足轻重，那么你就不大会介入政治了。（3）如果你认为你的所作所为无足轻重，因为你无论如何不能有效地改变结果，那你就不大会介入政治了。（4）如果你认为没有你的介入结局也会相当满意，你就不大会介入政治。（5）如果你觉得你的知识太有限了，不能有所作为，你就不大会介入政治。（6）最后，你遇到的障碍越大，你就越不大会介入政治。② 可见，并不是有了民主政治体制，公民就会主动地参与政治生活。要巩固和扩大民主政治，就必须不断扩大公民的政治参与。

（2）扩大政治参与有助于提高参与者的素质和整个社会政治参与的水平。

政治发展不仅意味着公民政治参与范围的扩大，而且意味着政治参与水平的提高。而公民政治道德素质的提高是其政治参与水平提高的关键变量之一。一般而言，公民的政治参与素质取决于公民教育，而且随着经济社会发展及公民教育水平的提高，公民政治参与会越来越理性化，越来越具有公共精神。因此，西方各发达国家在其政治发展初期往往以公民素质、财产资格等限制普通群众的政治参与资格。但是，我们在不否认教育对于提高公民政治参与水平的同时，也必须意识到只有在游泳中才能学会游泳，在跳舞中才能学会跳舞，公民教育并不能代替公民政治参与实践。桑巴特·钱堂冯在研究托克维尔的《论美国的民主》后认为："事实上，发展本身必须不仅仅被看作是

① ［美］塞缪尔·亨廷顿、琼·纳尔逊：《难以抉择——发展中国家的政治参与》，汪晓寿等译，华夏出版社 1988 年版，第 17～18 页。

② 参见［美］罗伯特·达尔：《现代政治分析》，王沪宁等译，上海译文出版社 1987 年版，第 133～137 页。

一个目标，而是要看作一个人民在其中可以建设性地相互结盟的过程。托克维尔说：'使人们对其国家的命运感兴趣的最有力的、也许是唯一保留下来的方法，是让他们参与政府'。"① 李普塞特也指出："德国和法国属于欧洲教育最好的国家之列，但仅仅靠国民教育水准本身，并没有使它们的民主得到稳定。"② 公民政治参与行为本身就是对公民政治道德素质的最好教育，扩大政治参与本身就有助于提高参与者普遍的道德政治觉悟水平。密尔早在其《代议制政府》一书中就指出："自由政府的主要好处之一就是，当人民被要求参加直接关系到国家巨大利益的行动时，就会对人民的最底层进行知识和思想感情的教育。"③

尽管政治参与的扩大，更多的是作为社会经济现代化的副产品，"是更多的人摆脱贫困和更多的人增强政治意识的结果"④，而不是个人、群体或精英有意识的选择，但政治参与扩大有助于使动员式政治参与转向自主式政治参与。就大多数处于转型社会的民众而言，政治参与过去是、现在仍然是解决自身问题或增进自身利益的一种不太有效的方式，他们大部分属于达尔所划分的"无政治阶层"。他们最初卷人政治，往往是政治动员的结果。政治动员通过制造强大的舆论压力，一方面可以造成一部分人的"从众心理"，另一方面可以促进一部分人克服政治参与的心理障碍，激发其政治热情。而且，随着政治参与的扩大，公民政治参与实践活动的增加，动员型政治参与会逐步让位于自主式政治参与。在经过长时间的政治参与实践后，参与政

① 桑巴特·钱堂冯、托克维尔的《美国民主制与第三世界》，载 V. 奥斯特罗姆等编：《制度分析与发展的反思——问题与抉择》，商务印书馆 2001 年版，第 80~81 页。

② ［美］西摩·马丁·李普塞特：《政治人——政治的社会基础》，张绍宗译，上海人民出版社 1997 年版，第 31 页。

③ ［英］J. S. 密尔：《代议制政府》，汪瑄译，商务印书馆 1982 年版，第 126 页。

④ ［美］塞缪尔·亨廷顿、琼·纳尔逊：《难以抉择——发展中国家的政治参与》，汪晓寿等译，华夏出版社 1988 年版，第 182 页。

治生活将成为现代人的政治生活方式。

(3) 扩大政治参与有助于促进革命或政治体制改革。

革命和改革是政治发展的两种主要途径，而要取得革命和改革的成功，扩大政治参与是其不可避免的选择。

“在政治上，革命的实质是政治意识的迅速扩大和新的集团迅速被动员起来投入政治。其速度之快，以致现有的政治制度无法溶化它们。革命是政治参与的爆炸性的极端事例。”① 这种参与爆炸，对于一个正处于现代化建设的发展中社会而言，可能会起到极大的破坏作用，但对于确保革命成果具有必不可少的功能。“无论是由于被排斥于政权之外而试图推翻现存政府并开创革命历程，还是已控制了正式的国家机构但打算对现存社会、经济和文化制度进行根本改造。革命的领导者都知晓这一真理，一个自称为革命者的精英，如果不去促进政治参与的扩大，那么，他不是在自取失败就是在隐瞒他的真实目的。”② 一场全面的革命意味着对现存政治制度迅速而猛烈的摧毁，没有广大民众的政治参与的革命是不可能成功的，因为它缺乏革命最基本的政治支持。

改革的道路是艰难的，它甚至比革命更为曲折。早在古希腊时期，亚里士多德就强调：“有关政体的建议必须以当代的固有体系为张本而加上一些大家所乐于接受并易于实施的改革。改善一个旧政体就有创制一个新政体那么困难，这恰相似于要人们忘掉一页老课程就有要人们诵习一页新课程那么困难。”③ 革命的关键是动员新的群体参与政治以摧毁旧的政治体系，而改革的关键在于动员新兴集团加入政治体系以获取其对改革者的支持。改革如果得不到广大民众的拥护和支持，最终就会流产。亨廷顿和纳尔逊认为，掌权或指望掌权的政

---

① [美] 塞缪尔·亨廷顿：《变化社会中的政治秩序》，王冠华等译，三联书店 1988 年版，第 242 ~ 243 页。

② [美] 塞缪尔·亨廷顿、琼·纳尔逊：《难以抉择——发展中国家的政治参与》，汪晓寿等译，华夏出版社 1988 年版，第 176 ~ 177 页。

③ [古希腊] 亚里士多德：《政治学》，吴寿彭译，商务印书馆 1965 年版，第 177 页。

治领导人，如果想调整发展政策，必须设法压制住精英和中等阶层的反抗。为了达到这一目的，可以有三种基本的策略：一是说服的方式，缓和或软化部分上等和中等阶层人的反抗。二是镇压，这样做需要一支忠诚而有力量的警察和军队。三是动员那些曾是消极或积极而无效的群体参与政治，以此来克制反对势力，换言之，改革者可望在扩大政治参与中谋求支持。当涉及较多的群体和更广泛的问题时，说服和单纯的镇压通常便难以奏效。改革要想获得成功，几乎总是必须改变政治参与。①

总之，政治参与的扩大是政治民主化的主要标志。从某种程度上讲，政治民主作为政治发展的主要目标之一实际上也就是要扩大政治参与。

二、政治发展过程中的政治控制

众所周知，政治发展的一个重要方面就是政治体系能力的增强。这既包括政治体系的政治动员能力，也包括其政治控制能力。据此，李景鹏先生认为，我们对于政治发展的研究应该围绕着政治控制问题来展开，分析政治发展的理论框架可以用政治控制理论来概括。他指出："政治发展作为一个现实的、动态的政治过程，实际上是作为统治秩序的代表者的国家和社会上各种力量的较量过程，以及通过这一较量所形成的一定政治格局和发展趋势。包括：国家对阶级对立和阶级冲突的控制，对各种利益关系的调节，对人们与政府之间相互关系的控制和调节，对社会经济、文化发展的控制和调节，对国家权力体系内部各种关系的控制和调节，等等。"② 依笔者看来，尽管我们还不能将国家对社会的政治控制等同于政治发展问题，但不可否认的

① ［美］塞缪尔·亨廷顿、琼·纳尔逊：《难以抉择——发展中国家的政治参与》，汪晓寿等译，华夏出版社 1988 年版，第 3 页。

② 李景鹏：《中国政治发展的理论研究纲要》，黑龙江人民出版社 2000 年版，第 51 页。

是，国家与社会的关系是政治发展的主题，国家对社会的政治控制是人类政治发展的重要方面。

1. 政治控制的含义

自人类进入政治社会以来，政治控制就是一种普遍的政治现象。恩格斯在解释国家的起源时就明确提出："国家是社会在一定发展阶段上的产物；国家是承认：这个社会陷入了不可解决的自我矛盾，分裂为不可调和的对立面而又无力摆脱这些对立面。而为了使这些对立面，这些经济利益互相冲突的阶级，不致在无谓的斗争中把自己和社会消灭，就需要有一种表面上凌驾于社会之上的力量，这种力量应当缓和冲突，把冲突保持在'秩序'的范围以内；这种从社会中产生但又自居于社会之上并且日益同社会脱离的力量，就是国家。"① 可见，政治控制如同政治一样古老，但也如同政治本身一样，其含义难以厘清。

对于"政治控制"这一概念，我们并不陌生，但它却很少成为一个规范的政治学分析范畴。李景鹏先生认为："政治控制是国家与社会相互关系的总概括，是指国家权力中心为维护某种既定的秩序所采取的行为以及这种行为所造成的一定格局。作为行为来说，它是政治统治和政治管理的过程，作为格局来说，则是国家权力与各种社会力量相互作用、相互制约的结果。"② 谢岳等认为，政治控制是国家为了实现共同体共同的价值目标对社会进行规约与调控的过程。政治控制的主体是国家，而控制的对象和范围则是与国家相对应的社会。③ 任维德也认为，政治控制就是国家为了在社会中建立和维持一定的秩序而对社会进行的支配、调节、节制和协调过程，其目的在于通过国家政权对人们的思想、行为进行指导、影响和限制，使之遵守

① 《马克思恩格斯选集》第4卷，人民出版社1995年版，第170页。

② 李景鹏：《中国政治发展的理论研究纲要》，黑龙江人民出版社2000年版，第52页。

③ 谢岳、陈振群：《政治控制的限度：国家与社会关系研究新视角》，载《福建省委党校学报》2001年第7期。

社会规范，以维持社会秩序、保障社会稳定、促进社会发展。① 可见，国内政治学界普遍从国家与社会的关系出发，认为政治控制是国家对社会的一种调控。这种界定方式可以说抓住了政治控制的本质，在此基础上，本书认为，政治控制是政治主体为实现其自身的政治目的而对政治客体的政治行为采取限制性措施。

(1) 政治控制的主体是国家，但代表国家行使最高政治控制权的可能是个人（如专制君主）、政治组织（如政党）或政治机构（如议会、行政机关和司法机关）。正是因为有社会的对立和冲突，才有政治控制的必要。据此，许多学者认为政治控制的主体理所当然是国家。然而，国家作为一种“虚幻的共同体”，不可能直接来行使其政治控制权，而是由其代表（个人、组织或机构）来行使的。

(2) 政治控制的客体主要是社会，但不仅仅是社会。从国家与社会的关系上来看，政治控制主要是国家对于社会的控制。但政治控制还有另外一方面，那就是政治组织、机构的内部控制。如一个政党在选举投票及议会内部决策时对本党党员或议员的严格控制等即属于政治控制的范畴。另外，尽管社会是政治控制的主要对象，但并不是所有的社会领域都必须无时无刻地纳入政治控制的范围，社会也有其相对自主的领域。而且随着政治发展水平的提高，社会相对自主的范围应该不断地扩大。对于一个正处于政治发展中的国家或地区来说，最主要的就是要控制广大民众的政治参与行为，而不是将公民的所有其他社会性行为也纳入政治控制的范围。也就是说政治控制实际上是要控制其客体的政治行为，而不是一般的社会行为。这也正是政治控制与社会控制的差别所在。

(3) 政治控制不是一般的协调、调节过程，而是一种对其控制对象的限制性行为。达尔认为：“控制是指行动者之间的这样一种关系，即一个或更多的行动者的偏爱、愿望或意图，可以引起一个或更

① 任维德：《当代中国社会转型的政治控制》，载《内蒙古师大学报（哲学社会科学版）》，2001 年第 4 期。

多的其他行动者的一致的行动或行动的倾向。"① 因此，控制不同于协调，协调通常是在平等主体之间进行的，而控制则是一种主客体之间的支配与被支配关系。就政治控制而言，尽管存在着客体的反控制，但控制所反映的是主要是权力的单向流动，否则就不可能有有效的控制。所以，"政治控制具有明显的强制性特征"。② 政治控制的主要目的就是要使控制对象的政治行为符合其控制主体的意志，因而政治控制事实上是客体服从主体意志的过程，是主体对客体的一种政治行为的限制。

当然，一个国家或地区要实现有效的政治控制并非轻而易举。政治控制的基础在于政治权力，但单有政治权力往往达不到有效的政治控制，尤其是对于后现代化国家而言，更是如此。Percy C. Hintzen 和 Ralph R. Premadas 指出："在一个独立的、完全摆脱了殖民地地位的社会，统治机器必须建立在政治霸权、经济控制和外部资源战略的唯一通道这三个支点之上。三者任缺其一，整个体系就会崩溃。"③ 因此，有效的政治控制还依赖于经济控制、社会控制等的有效支持。

2. 政治控制对于政治发展的意义

正如社会控制论的代表、美国社会学家罗斯所说："如果社会解除所有对其成员的控制，一种自然秩序便会出现。但是，这样的秩序同人工秩序比较，粗糙而不完善，而容忍这种自然秩序，其惩罚必定招致非常惨重、明显的普遍灾难。"④ 与社会发展一样，人类政治生活与实践也需要有一定程度的控制。人类政治生活的进步与发展，取

---

① ［美］罗伯特·A. 达尔：《多元主义民主的困境——自治与控制》，尤正明译，求实出版社 1989 年版，第 17 页。

② 谢岳、陈振群：《政治控制的限度：国家与社会关系研究新视角》，载《福建省委党校学报》2001 年第 7 期。

③ Percy C. Hintzen; Ralph R. Premadas, Guyana: Coercion and Control in Political Change, *Journal of Interamerican Studies and World Affairs*, Vol. 24, No. 3. (Aug., 1982), p. 338.

④ ［美］E. A. 罗斯：《社会控制》，秦志勇、毛永政译，华夏出版社 1989 年版，第 44 页。

决于整个政治体系如何在政治稳定和政治民主之间取得平衡，为了达到政治的和谐与稳定，人类政治生活也需要有“控制”机制。

（1）有效的政治控制是实现政治稳定的关键。人类社会作为一种类的共同体，其秩序并不完全是自生自发的。政治的产生本身就是人类对于自发秩序所带来的不便的解答。霍布斯认为，人类社会最初处于一种人人为战的自然状态之中，为了在这种恐怖的自然状态之中求得生存，人们不得不求助于一个强大的“利维坦”——国家。① 洛克认为，人类最初的自然状态并不像霍布斯所认为的那样恐怖，但仍有诸多矛盾与不便，而这些矛盾与不便得不到很好的解决，则可能导致人类陷入战争状态。因此，为了保障人类在自然状态中就已享有的自由、生命与财产不至于因人类社会陷入战争状态而消灭，人们必须借助于政府。② 虽然霍布斯、洛克的自然状态理论是一种纯粹的假设，但至少说明人类社会的矛盾与冲突要想保持在一定的范围之内，避免人类重新回到战争状态或进入战争状态，则必须求助于国家、政府等政治力量的控制。

对于当今广大发展中国家或地区而言，政治稳定既是其发展的目标，也是其实现有效发展的前提。“秩序是先于其他一切价值的”③ 价值是值得商榷的，但不可否认的是，它即使不是首要价值，至少也是与其他价值同等重要的、不可或缺的价值。有西方学者研究指出：“许多内部相互分裂的后殖民国家几乎完全依靠一个有效的控制机器来确保政治秩序。”④ 这些国家不仅仅是经济贫穷、社会发展水平低

① 参见［英］霍布斯：《利维坦》，黎思复、黎廷弼译，商务印书馆 1985 年版。

② 参见［英］洛克：《政府论》（下篇），叶启芳、瞿菊农译，商务印书馆 1964 年版。

③ ［美］蒂德·格伦：《政治思维：永恒的困惑》，潘世强译，浙江人民出版社 1988 年版，第 112 页。

④ Percy C. Hintzen; Ralph R. Premadas, Guyana: Coercion and Control in Political Change, *Journal of Interamerican Studies and World Affairs*, Vol. 24, No. 3. (Aug., 1982), p. 337.

下，更为突出的是社会政治冲突接连不断。正是在此意义上，亨廷顿认为："这些国家缺乏很多东西。……然而，在这些短缺的深层和背后，还存在着一种更为严重的短缺，即缺乏政治上的共同体和有效能的、有权威的、合法的政府。"① 为了建立起一个有效的、有权威的政府，政治控制成为必不可少的手段。因为政治控制的本质是政治权力的运动②，而政治权力是保持政治稳定的关键。Percy C. Hintzen和Ralph R. Premadas确信："没有人会否认控制模式的有效性。尽管人权恶化、民主短缺，但它保证了短期的政治稳定。"③

（2）有效的政治控制也是实现民主的重要前提条件。人类社会的政治控制在不同时期有着不同的形式。大体而言，我们可以将其分为"行动性控制"和"监管性控制"两种。在行动性控制中，政治控制的客体很少有豁免和自由，类似于商业企业中经理的权威和军队、轮船或消防队里指挥机构的权威。在监管性控制中，主要是以法律形式的制度为标准，实施的是责任取向的控制。制度框定了一个客体可以自由活动的行为空间，只有当行为者触犯到制度边界时，才会受到制裁和处罚，这类似于球赛裁判的权威。④ 如果说传统专制国家的政治控制主要依靠的是"行动性控制"，那么现代民主国家主要依靠的就是"监管性控制"。

民主不是万能的，民主本身也需要节制。⑤ 并不是实现民主就否定政治控制的必要，相反，民主必须是可控的，否则民主理论家们对

---

① ［美］塞缪尔·亨廷顿：《变化社会中的政治秩序》，王冠华等译，三联书店1988年版，第2页。

② 李景鹏：《中国政治发展的理论研究纲要》，黑龙江人民出版社2000年版，第53页。

③ Percy C. Hintzen; Ralph R. Premadas, *Guyana: Coercion and Control in Political Change*, *Journal of Interamerican Studies and World Affairs*, Vol. 24, No. 3. (Aug., 1982), p. 352.

④ 石清浚：《我国社会转型时期政治控制分析》，2005年吉林大学博士论文，第17页。

⑤ 参见本书第二章第二节。

"多数的暴政"就无需多虑了。所不同的是，民主社会所需要的政治控制更主要的是一种"监管性控制"。随着人类社会的发展及政治文明的进步，那种以直接命令传达的强制的控制越来越让位于依靠法律制度来制定行为边界的监督性控制。许多发展中国家之所以总是在动荡不安与专制独裁之间徘徊，最关键的原因就在于其缺少制度性的"监管性控制"。有学者分析指出："这根源于两方面的因素：①无节制的选举竞争；②一个高度集权化国家机器的遗留。第一个因素已经导致地方分裂政治化，加速不信任。一个国家没有一种共享的价值观念，不同群体的利益保护就不得不建立在政府的控制基础之上。第二个因素基于这样的环境设施：一个群体对其他群体的有效统治。没有一种协商一致的体制安排，民主在一个高度分裂的社会就显得捉摸不定，继而权威控制似乎成了延缓相互冲突和政治分裂不可避免的结局。作为一种统治的合法性基础，稳定成了无可争议的价值，尤其是在面临人权的残酷滥用的时候。"① 因此，正因为对选举竞争缺少有效的"监管性控制"，民主缺少有效的制度保障，专制集权才不可避免。一个国家或地区要实现政治发展，不是摒弃政治控制，而是要实现政治控制方式的转变。

（3）有效的政治控制还是实现政治平衡的内在要求。政治平衡不仅包括政府机构内部各权力机关之间的平衡，还包括国家与社会之间的平衡。一方面是国家设法控制社会，另一方面是社会设法控制国家。国家与社会的平衡事实上国家与社会之间控制与反控制之间的平衡。维尔指出："控制的职能要求有某种方式的平衡概念，而不论这种平衡是表现在政府机器之内，在政府和人民之间，还是在媒体控制自身之间。这个历史的平衡概念在人类制度发展的目前阶段是不能废弃的。我们必须这样来重新系统阐述先前的一些理论，使它们不再仅仅在执行部门、立法机关和司法机关之间寻求平衡，而是还要使它们

① Percy C. Hintzen; Ralph R. Premadas, *Guyana: Coercion and Control in Political Change*, *Journal of Interamerican Studies and World Affairs*, Vol. 24, No. 3. (Aug., 1982), p. 337.

包括现代政府的一些不可缺少的组成部分，例如政党、压力群体、新闻、电台和电视。"① 因此，要实现政治发展进程中的国家与社会的平衡，离不开国家对社会的控制，也离不开社会对国家的控制。

总之，政治控制对于政治发展而言，是其不可或缺的组成部分。无论对于哪一个国家或地区而言，政治发展必须是可控的。这正如布莱克所说："如果一些社会为了发展而动员资源，那么，政治上的控制和协调往往是一个前提。"② 当然，物极必反的道理同样适用于政治控制，控制过严，就会窒息社会民主，导致专制独裁。

三、政治行动的困境：参与与控制

一个国家或地区的政治发展过程，事实上是国家能力与公民能力同时增长的过程。它既包括其国家政治控制能力的增强，也包括其公民政治参与水平的提高。人们为了民主必须既扩大参与又加强控制，而为了更大限度地实现民主政治发展，任何政治参与和政治控制都不能没有限制：控制过严及参与过度都不利于民主政治的发展。

1. 政治失控与参与爆炸

李普塞特指出："民主政治系统一旦建立，它就会'积聚力量'，创造社会基础（组织机构和制度）以保证它的继续存在。"③ 然而，这只是学者们的一厢情愿罢了。任何一种政治系统的建立与巩固都离不开人的作用。在它们存在的每一阶段，它们的存在都是人的意志力作用的结果。"④ 因此，民主政治系统一旦建立，不能依靠它自身去

---

① ［英］M. J. C. 维尔：《宪政与分权》，苏力译，三联书店 1997 年版，第 318 页。

② ［英］西里尔·E. 布莱克主编：《比较现代化》，杨豫等译，上海译文出版社 1996 年版，第 14 页。

③ ［美］西摩·马丁·李普塞特：《政治人——政治的社会基础》，张绍宗译，上海人民出版社 1997 年版，第 25 页。

④ ［英］J. S. 密尔：《代议制政府》，汪瑄译，商务印书馆 1982 年版，第 7 页。

慢慢创造社会基础，而是要依靠人力去培育、去创造。民主政治系统的巩固，也离不开其有效的民主政治控制手段。一旦民主政治系统失去控制，政治参与爆炸，又会造成无政府状态和动荡不安。

第二次世界大战以后，除了极少数明显的例子以外，绝大多数发展中国家都处于动荡不安之中。尽管妥协、选举、非暴力是第三波民主化的共同特征①，但新的地区冲突接连不断。非洲的武装叛乱与种族大屠杀，前南斯拉夫解体后塞尔维亚人与阿尔巴尼亚人的冲突最终导致武装冲突，前苏联解体后各独联体国家为了新的领土与资源的冲突也接二连三。政治不稳定并不只是亨廷顿所说的20世纪50—60年代的特征，在一定程度上它仍在延续。对此，亨廷顿的基本观点是政治参与的速度超过了政治制度化的速度，从而导致了政治参与爆炸。在这种情况下，所有的社会团体都卷入政治，这些团体之所以更加“政治化”，乃是由于缺乏有效的政治制度去调停、升华、缓解各团体的政治行动。然而，亨廷顿没有看到，在广大发展中国家不是缺乏政治制度，而是缺乏有效的政治制度。政治制度要有效，关键在于其政治控制力。一个传统的集权政治体系，一旦其政治控制开始松动，整个政治制度就会崩溃。前苏联的解体可以说是苏联共产党政治控制系统崩溃的结果。苏联共产党19次代表会议及其后修改宪法，变原有的等额选举为差额选举，权力重心转向苏维埃，一党制宪法条款独立难撑，苏共政治控制主体结构趋于解体。政治控制主体结构的坍塌使得依托它的政治控制基本功能损失大半：苏维埃权力重心的崛起和国家权力的分权制衡正在取代苏共的集权，国家和社会政治多元化取代政治一元化，事实上的多党制代替苏共一党制。②

另外，政治发展需要政治动员，而政治动员又最容易失控。政治发展理论普遍认为，民族国家的建立是政治发展的第一步。政治动员

---

① ［美］塞缪尔·亨廷顿：《第三波——20世纪后期民主化浪潮》，刘军宁译，上海三联书店1998年版，第203页。

② 黄立弗：《苏共政治控制衰变探析》，载《东欧中亚研究》2000年第2期。

的一个重要方面就是将众多传统文化中狭隘的地方主义和世界大同观念转移到以领土、最终是民族国家为基本单元的超地方主义但远不是世界主义的基础上来。① 可以说，大多数发展中国家的建立本身就是政治动员的产物。因此，一方面出于民族独立运动的惯性，另一方面出于现实国家建设的需要，政治动员速度往往高于其工业化的速度，政治动员成为其实现社会经济现代化的工具。然而，群众一旦被动员起来，就难以被控制甚至失控，动员者往往搬起石头砸自己的脚。一个处于政治发展初期或中期的政府，既要有较强的政治动员能力，也要有较强的控制被动员起来的群众的能力。在20世纪50年代晚期和60年代早期，拉美有一大批经过选举的民主政府掌握了政权。这些民主政府往往对工人、农民和下层民众进行了广泛的动员以获取支持，由于这些国家以前都没有这种大众动员经历，所以这些运动使得拉美那些传统的掌权者——军队力量、商业和土地精英、罗马天主教教廷——深为惊恐，甚至感受到了威胁。随后这些保守势力联合起来共同推翻了民主制，并将军人送上了权力的宝座，长时间地执掌政权。②

总之，随着现代化的发展，发展中国家的人们越来越普遍地卷入政治。富人贿选、学生造反、工人罢工、暴民示威、农民骚动、军人政变等在广大发展中国家司空见惯。许多发展中国家整个权力系统支离破碎，各社会势力赤裸裸地相互对抗，传统的政治控制体系不再有效，而现代民主的政治控制体系又未能建立。整个社会要么暂时倒退到传统的集权专制，要么陷入政治失控局面。在广大发展中国家和地区，“当统治精英操纵一个贫穷的族群反对另一个族群时，控制体系就像其必然的那样开始松动，种族冲突可能接踵而至，另一轮为了维

---

① Karl W. Deutsch, *Social Mobilization and Political Development*, The American Political Science Review, Vol. 55, No. 3 (Sep., 1961), p. 500.

② ［美］霍华德·威尔达：《新兴国家的政治发展——第三世界还存在吗?》，刘青、牛可译，北京大学出版社2005年版，第61页。

持稳定的压制又会建立起来”。① 由于缺乏必要的妥协精神以及达成妥协的条件，往往只能由某一占绝对优势地位的社会势力来收拾政治失控的局面，这就又陷入另一轮专制循环当中。

2. 控制过严与参与窒息

处于发展过程中的国家和地区，极少把政治参与的扩大当作发展的目标。在当今世界广大发展中国家和地区，集权式的政治控制似乎成为其维持秩序的唯一有效途径。尽管这种强权下的宁静为其发展提供了短暂的有利环境，然而，“在以出口导向型经济为主的广大去殖民化的第三世界国家，与这种稳定相伴随的是付出了经济发展与民族自主的代价。当建立在特权和权力基础上的利益寡头统治体制永久化时，大多数市民仍然一贫如洗。控制系统并不是自我解救的，它的生存需要国际社会的持续支持。”② 美国在 20 世纪 60—70 年代之所以坐视广大发展中国家权威主义与独裁政权的兴起，甚至大力支持它们，是因为对于美国来说，权威主义或资产者的独裁比共产主义政权对自由世界的威胁要小得多。在当今世界，除一部分国家仍然处于民主的巩固阶段以外，仍有 29 个国家只是部分民主国家，还有 55 个国家和地区完全处于专制统治之下。③ 迄今为止，仍有 24 个发展中国家没有政党或禁止政党活动，40 多个国家和地区实行一党独裁。在这些国家和地区，不是扩大政治参与的问题，而是根本就不存在任何民众政治参与的渠道与途径。

传统的理论认为政治民主化基本上是跟随经济增长的脚步前进的。这种观点可以追溯到知名政治社会学家西摩·马丁·李普塞特那

① Percy C. Hintzen; Ralph R. Premadas, Guyana: Coercion and Control in Political Change, *Journal of Interamerican Studies and World Affairs*, Vol. 24, No. 3. (Aug., 1982), p. 352.

② Percy C. Hintzen; Ralph R. Premadas, Guyana: Coercion and Control in Political Change, *Journal of Interamerican Studies and World Affairs*, Vol. 24, No. 3. (Aug., 1982), p. 352.

③ 参见［美］霍华德·威亚尔达主编：《民主与民主化比较研究》，榕远译，北京大学出版社 2004 年版，第 2 ~ 3 页。

里。是他推广了这样的观念：经济增长通过扩大受过教育的中产阶级而助长了民主。① 在过去的半个世纪中，众多的专制政权经历了广泛的经济发展却并没有推进相应的政治民主化进程。也有个别专制者不得不引进温和的政治改革，却将其限制在严格的可控范围之内，从而保住大权不失。扩大政治参与在这些国家根本就是镜中花、水中月。不过，也有学者提醒人们，李普塞特在强调经济发展与政治民主的相关性的同时也告诫读者说，这一进程并非注定发生——它在西欧是靠一套特定的条件才成功的。李普塞特的追随者还忽略了这样一个事实：专制政府并不是在那儿被动观察政治风云变幻的。特别是从短期来讲，经济增长也往往使国民对政府的满意度提高，不大会去支持改朝换代。② 新加坡作为新兴工业化国家，在独立后短短的几十年内，由一个自由港口发展成为亚洲四小龙之一，其骄人的成绩素为学术界关注。然而，人们在关注其经济发展和社会秩序的同时，往往忽视了其政治上的强制。“新加坡是一个实行高度政治控制的国家。新加坡的政治控制主要是通过议会、法律与社会福利来实现的。这种政治控制主要履行保证人民行动党政治统治，对工人阶级进行训诫，创造与外国资本联盟所需的劳动力等功能。这种政治控制虽然具有强制性，但由于与经济目标挂钩，将违反这一目标的组织和个人同反社会与反国家联系起来，因而具有合法性，使人民行动党在实行这种控制时有更大的活动余地。”③

总之，权威主义所主张的强有力的政治控制有利于经济增长，而经济增长会自动转向政治民主这一观点只说对了前面一半。政治控制并不会像人们所期望的那样随着经济增长而自我减弱或解体，从各发展中国家的普遍情况来看，在没有强大外来压力的情况下，反而会自

---

① ［美］西摩·马丁·李普塞特：《政治人——政治的社会基础》，张绍宗译，上海人民出版社 1997 年版，第 27 页。

② 布鲁斯·布尔诺·得·米斯基达，佐治·当斯：《发展与民主》，劳牛译，英文原载外交杂志 2005 年 9/10 月号。

③ 陈祖洲：《试论新加坡的政治控制系统》，载《南京大学学报》1999 年第 4 期。

我强化。醉心于权威主义国家的学者，实际上是寄希望于通过上层精英的共和来实现对社会的专制。但他们没有看到国家权力压制社会最终会危及自身。① 一个发展中国家和地区要实现政治发展，没有一定程度的政治控制，就难以实现政治稳定这一政治发展的重要目标，但政治控制过严，又会过度抑制参与，窒息初生的民主政治。

第二节 组织调控与利益诱导

——参与与控制的动态平衡

一、政治参与的节制

政治民主作为政治发展的重要目标之一，其本质就在于公民政治参与的扩大与参与水平的提高。尽管以参与为核心的强势民主论者认为我们遭受苦难并不是因为民主参与过多，而是民主参与过少。强势民主论者本杰明·巴伯特别指出："有效的独裁政治要求伟大的领导者，而有效的民主则要求伟大的公民。"② 强势民主被他誉为"参与模式中的政治"。但他们也不得不承认积极的公民也不必要在每个层次和每个事件上进行具体的管理。③ 无论在何种程度上，公民的政治参与行为都需要一定的限制。

首先，公民政治参与需要公共理性的节制。民主需要公民的积极参与，但它需要的是具有公共理性的积极参与。霍尔巴赫指出："如果说那些治人的人能够滥用的只有权力，那末当人民不再受理性或自

① 时和兴：《关系、限度、制度——政治发展过程中的国家与社会》，北京大学出版社 1996 年版，第 137 页。

② ［美］本杰明·巴伯：《强势民主》，彭斌、吴润洲译，吉林人民出版社 2006 年版，1990 年版序言第 8 页。

③ ［美］本杰明·巴伯：《强势民主》，彭斌、吴润洲译，吉林人民出版社 2006 年版，第 180 页。

己的真正利益支配的时候，他们能够滥用的就只有自由。"① 在公民政治参与过程中，公民们参与的都是公共事务。公共事务的公共性要求每个参与者不仅享有这种参与的权利，而且应当承担相应的义务——即不能违背公共伦理和道德。缺少公共理性，在公民政治参与的集体行动中就极容易导致集体非理性情况的出现。这恰似一个只有一个出口的大会议室里突然发生火灾，由于每个人都具有个体理性，都有逃生的欲望，因而拼命往出口拥挤，这从个体理性的角度来讲无可厚非。但这种个体的理性可能会带来集体的非理性，那就是因为个体理性而会带来混乱，甚至有许多人会因此而丧失生命。但如果大家具有公共理性精神，有秩序地快速离开，就可以最大限度地减少损失。公民的政治参与行为在很大程度上是群体性行为，在群体性政治参与行为中失去理性的事例举不胜举。小说《白鹿原》中的贫农鹿三，在一次农会组织的交农具运动中表现十分积极，以至于后来他自己都反省自己不知道当时何来那么大的勇气。这恰如熊彼特所说，典型的公民一旦进入政治领域，他的精神状态就跌落到较低水平上。在政治问题上往往会听任超理性或不合理的偏见和冲动的摆布。这种状况在某些关键时刻，可能证明对他的国家是致命的。②

其次，公民政治参与要求某些个体或群体具有一定程度的冷漠和回避。民主害怕政治冷漠，因为没有公民的政治参与，就无所谓民主。但并不是事无巨细地要求公民事事都参与，也不强迫人人都必须参与，否则民主就会变成一种公民的负担甚至是强迫。即使是古希腊城邦民主，也难以保证公民政治参与的高标准要求。按照集体行动的逻辑，大的集体行动要成为可能，要么存在内在的强制，要么就需提供外在的副产品。因此，要保证全体公民按时出席公民大会，要么依靠外在的强制即不出席就要受到相应的处罚，要么依靠提供额外的奖

① ［法］霍尔巴赫：《自然政治论》，陈太先、眭茂译，商务印书馆 1994 年版，第 242 页。

② ［美］约瑟夫·熊彼特：《资本主义、社会主义与民主》，吴良健译，商务印书馆 1999 年版，第 386～387 页。

赏即出席大会可以得到相应的补贴来保证。频繁的政治参与使雅典公民背上了沉重的负担，最终雅典城邦民主被自身的压力所击倒。对于现代民主而言，且不说其规模限制了人人事无巨细参与政治的可能性，即使是一两次大规模的民主运动，也使得民主体制苦不堪言。正如亨廷顿等人所说："在任何民主社会中，实际上都或多或少地存在着不能参与政治的下层公民，就某个集团而言，这种被排除在外本身，并不是非民主的因素，毋宁说，它是使民主主义有效运行的因素之一。"① 因此，使政治参与有序进行的一个前提恰好是在一定程度上限制政治参与。

再次，公民政治参与要求相应的政治精英的领导。如果说以上两点是对公民政治参与的内在限制，那么还有必要对公民政治参与实行外在的领导与控制。强势民主论者声称："我们的民主属于我们并且只属于我们：我们创造了它，并且使它成为我们自己的。如果我们不这样做，那么我们将毁掉它或者失去它，而且——在真正的民主精神中——除了我们自己外，没有任何其他人将会受到指责。"② 这种强烈的自我政治参与意识是一种值得钦佩的观念，也是一种非常高调的梦想。但在现代大众社会的背景下却只是荒谬的要求和不切实际的幻想而已。它没有意识到从规范意义上讲，民主也是一种乌托邦。人人都同等地参与政治将会导致政治淹没一切。民主作为一种价值，强势民主论者的主张并非不合适。民主作为一种在实际运行中的政治体制，精英民主论者的说法更合适。与其说民主是一种无法真正完全实现的价值理想，不如说"民主是一种政治方法，即，为达到政治——立法与行政的——决定而做出的某种形式的制度安排"③。如果将手段当作目的，往往会导致政治上的混乱。民主并不排斥政治精

① ［法］米歇尔·克罗齐，［美］塞缪尔·亨廷顿，［日］绵贯让治：《民主的危机》，马殿军等译，求实出版社1989年版，第57页。

② ［美］本杰明·巴伯：《强势民主》，彭斌、吴润洲译，吉林人民出版社2006年版，1990年版序言第8页。

③ ［美］约瑟夫·熊彼特：《资本主义、社会主义与民主》，吴良健译，商务印书馆1999年版，第359页。

英，公民政治参与更需要政治精英发挥关键性作用。有研究表明，尽管政治控制与政治参与这一矛盾在发展中国家难解难分，但并不是所有的改进选择都已经提前关闭。“如果在一个共同统治的成功的体制中仅有一小部分群体握有获取国家资源的通道，那些提供这些资源的人们就可以选择支持那些选择相互协商和制定政策引导经济发展和民族国家建设的精英。”① 可见，现代政治精英对于一个发展中社会的重要作用。政治精英对于政治参与，不在于政治精英代替了人民掌握公共权力，而在于政治精英对公民政治参与行为的引导与控制。否则，只会导致“大众的反叛”②。

总之，公民的政治参与行为不仅需要公民内在的理性限制，也需要有外在的政治精英的领导与控制，这样其政治参与行为才不至于走向其反面。尽管“大众的反叛”不如奥尔特加·加塞特那样悲观，但它的出现的确值得人们正视。

二、政治控制的限度

强调政治控制的限度，是基于这样两个事实：其一，作为政治控制的主体国家存在着自我膨胀的天然倾向；其二，社会有自我延展的生命力。③ 极权主义试图限制一切社会政治参与，威权主义寄希望于

① Percy C. Hintzen; Ralph R. Premadas, Guyana: Coercion and Control in Political Change, *Journal of Interamerican Studies and World Affairs*, Vol. 24, No. 3. (Aug., 1982), p. 352.

② 奥尔特加·加塞特认为，当代欧洲的公共生活凸现出这样一个极端重要的事实，那就是大众开始占据最高的社会权力。他认为就“大众”一词的含义而言，大众既不应该亦无能力把握他们自己的个人生活，更不用说统治整个社会了。因此，这一崭新的现象实际上就意味着欧洲正在面临着巨大的危机，这一危机将导致生灵涂炭，国运衰微，乃至文明没落。参见［西班牙］奥尔特加·加塞特：《大众的反叛》，刘训练、佟德志译，吉林人民出版社 2004 年版，第 3 页。

③ 谢岳、陈振群：《政治控制的限度：国家与社会关系研究新视角》，载《福建省委党校学报》2001 年第 7 期。

通过上层的共和来实现对社会的专制。事实证明这都是幻想而已。极权主义已经被历史所唾弃，威权主义正逐步让位于全球民主化浪潮，其根源就在于二者对社会的控制超出了其必要的限度。“每个国家的存在都有赖于从根本上认定这个国家的不可分割。然而，太多的压制限制了个体成员的完善。”① 因为过度的政治控制反而会伤及国家建设自身。

从政治发展来看，缺乏政治控制力的政治体系固然是不利于社会经济现代化的，但政治控制力的过度增长也同样会影响到现代化进程中的国家建设。时和兴在分析国家权力（当然包括政治控制权）无限增长的后果时指出，强大的国家权力抑制了社会内部的政治冲突，增强了制定政策的自主权，为市场经济发展所必需的资本积累创造了条件。但国家权力的无限增长也不可避免地带了一些不受制度制约的后果：其一是国家对社会的淹没，其二是国家对公共利益的偏离，其三是国家体制中腐败现象的滋生。② 还有研究者认为政治控制过度会加剧社会资源的稀缺程度、破坏公民的权利与自由、导致社会对国家的过度依赖。③ 实际上，当政治控制逐步强化时，其控制成本也在不断加大，而控制效果却并不一定持续增强。按下葫芦浮起瓢的情况在发展中国家比比皆是。并且，政治控制的过度增长除了这些后果之外，更为严重的后果是会导致政治冲突激进化，产生新一轮的专制统治的循环或陷入混乱之中。当政治控制系统关闭所有的体制内参与渠道时，政治参与主体就会设法从体制外颠覆该体制。控制过严的最终后果是伤及控制本身。因此，政治控制必须限制在一定的范围之内。

尽管抽象地规定政治控制的一般限度是一件困难的事情，但是随着现代化的发展，国家与社会逐步分离、国家与社会的界限渐趋明

---

① ［美］霍华德·威亚尔达主编：《民主与民主化比较研究》，榕远译，北京大学出版社 2004 年版，第 51 页。

② 参见时和兴：《关系、限度、制度——政治发展过程中的国家与社会》，北京大学出版社 1996 年版，第 136～142 页。

③ 谢岳、陈振群：《政治控制的限度：国家与社会关系研究新视角》，载《福建省委党校学报》2001 年第 7 期。

晰。政治控制的对象主要是社会，划定政治控制的限度也就主要以社会需求为边界。有学者分析指出，“政治控制的合理限度通常取决于以下几个基本变量：一是国家活动是否以社会需求为价值取向；二是政治控制的限度是否随着社会的变化而作出适时的调整；三是国家是否建立了调整政治控制限度的制度化结构。”① 笔者认为，政治控制的限度可以从消极和积极两个方面分析：从消极方面看，政治控制的关键在于政治控制为社会预留多少自由空间，也就是取决于社会相对自主空间；从积极方面看，政治控制的关键在于维护社会秩序、促进社会发展。

1. 政治控制不得侵犯社会的相对自主性

一般认为，国家的自主性是政治发展的关键，但国家的自主性也有其限度。缺乏自主性的国家固然不利于其政治发展，缺乏自主性的社会也同样不利于其政治发展。政治发展不能脱离社会发展，政治发展的动力只能到社会经济领域中去寻找。因此，保持社会的相对自主，就是保持政治发展的根本动力。

首先，政治控制不得违背社会发展的基本规律。人是社会关系的总和，而社会则是由生产关系的总和构成的。人类社会的发展受物质生产关系的制约，而不是神或社会契约的产物。因此，社会的发展有其自身的客观规律，不是人们主观随意选择的结果。人们不能随心所欲地决定社会的存在与发展，而应根据物质生产关系发展本身来把握社会。马克思主义认为，政治国家根源于市民社会，是市民社会决定政治国家而不是政治国家决定市民社会。人类社会的发展是生产力与生产关系矛盾运动的结果，生产力决定生产关系，经济基础决定上层建筑。政治控制作为政治国家对市民社会的反作用，不能随意运用政治权力改变社会发展的方向或基本进程。人类社会的发展受生产力发展水平的基本制约，通过政治控制手段集中社会资源提高生产力水平是十分有限的，甚至会导致社会资源的巨大浪费与破坏。所以，政治

① 谢岳、陈振群：《政治控制的限度：国家与社会关系研究新视角》，载《福建省委党校学报》2001 年第 7 期。

国家对市民社会的干预与控制不能违背社会自身发展的规律。

其次，政治控制不得滥用国家权力。强制性是政治控制的典型特征，而政治控制的强制性主要来自于其国家权力的有效性。社会的发展避免不了也需要有国家权力的有效介人，但反对国家权力的滥用。“尽管社会并非是一个无政府的领域，而是一个受国家制度调控、由国家权力保护的领域，但是，它又具有自己相对独立和相对自主的特征，反对国家权力的滥用，反对国家权力不适当地介人和侵害。”① 政治控制之所以需要限度，一个重要的原因就在于政治控制也有失灵的一面。社会的自生自发秩序有其根本的缺陷，但社会的根本缺陷并不是国家实施过度政治控制的充分理由。国家的过度政治控制也有根本的甚至更大的危害，尤其是在其政治控制主要依靠滥用国家权力的情况下。一旦国家淹没社会，最终还将危及国家自身的存在。

再次，政治控制不得损害公民最基本的生命、财产与自由。古典自由主义者洛克认为，生命、自由与财产权利是人们天赋的固有的权利，不仅是订约时不能让渡的，反而是人们订立契约、结成政治社会的主要目的。洛克认为，就自由而言，“这种不受绝对的、任意的权力约束的自由，对于一个人的自我保卫是如此必要和有密切联系，以致他不能丧失它，除非连他的自卫手段和生命都一起丧失”。对于生命，“谁都不能以协定的方式把自己所没有的东西，即支配自己的生命的权力，交给另一个人”。而财产权利，也“不必经过全体世人的明确协议”。② 一个社会当中的公民作为一个个体的存在，是与其自身的生命、财产与基本的自由联系在一起的，否则就很难称得上是一个现代公民而只是奴隶。而一个政权如果能够任意剥夺一个公民的生命或财产，这个社会的发展将会陷人长时期的萧条。约瑟夫·熊彼特在《税收国家的危机》中指出，在欧洲中世纪后期，随着战争开销

---

① 时和兴：《关系、限度、制度——政治发展过程中的国家与社会》，北京大学出版社 1996 年版，第 26 页。

② ［英］洛克著：《政府论》(下篇)，叶启芳等译，商务印书馆 1964 年版，第 16 ~ 18 页。

的增加，统治者为了提高收入，不得不放弃一些权力给议会来换取赋税。这样的变化导致了对国家经济健康的广泛关注，选民们开始要求自主地管理经济。英国是这种情况的典型代表，议会战胜了王权，保护私有财产，促进资本市场，后将这一模式带入北美。同时期的西班牙则走上了另一条道路，王权战胜了议会，国家权力可以任意没收财产，导致了长达三个世纪的萧条，后将这一政治经济规则带到拉美，其影响至今犹在。① 由此可见，要想促进社会经济发展及政治发展，政治控制不得侵犯最基本的生命、财产与自由。

总之，如同国家的相对自主一样，社会的相对自主对于政治发展也同样重要。权威主义者认为，经济的市场化可以而且只能在政治集权的条件下完成。且不说政治集权下的市场经济是否够得上资格称之为真正的市场经济，就连当时被称为权威主义代表人物的美国政治学家塞缪尔·亨廷顿也曾告诫人们："许多权威主义政权下的经济发展是可悲的。仅是很小部分的权威主义政权在经济发展方面获得成功。""权威主义只能是一个很短暂的现象。"② 政治上的过度控制会扭曲社会经济的发展，最终导致整个政治体系解体、政治失控。

2. 政治控制的范围主要在于维护社会秩序、促进政治发展

政治控制的目的不在于消灭一切社会政治冲突，而在于将冲突保持在一定的范围之内。因为"一定程度的冲突是群体形成和群体生活持续的基本要素"③，一个社会缺少必要的冲突，它将失去发展的动力。因此，从积极意义上讲，政治控制的主要范围就在于维护社会秩序、促进政治发展。

（1）制定公共规则，维护社会政治稳定。既然人天生就是一个合群的动物，那也就必须有一定的公共规则才能保持一定的社会政治

① 参见［美］斯蒂格利茨：《政府为什么干预经济》，中国物资出版社1998年版，第162～163页。

② 引自刘军等编：《新权威主义——对改革理论纲领的论争》，北京经济学院出版社1989年版，第313～314页。

③ ［美］L. 科塞：《社会冲突的功能》，孙立平译，华夏出版社1989年版，第16页。

秩序。正所谓没有规矩不成方圆，人类政治发展也正在由“权力政治”走向“规则政治”。现代的政治控制主要是通过制定公共规则规范人们的社会政治行为，而不是赤裸裸的暴力控制。所以，布坎南认为：“在其一般的意义上，政治的一个功能，是建立‘道路规则’，这个‘道路规则’使具有不同的利益的个人和团体能够追求极为不同的目标，而不至于出现公开的冲突。”① 弗里德曼甚至更进一步提出，政治不仅是规则的制定者，还是规则的裁判者。“自由市场的存在当然并不排除对政府的需要。相反地，政府的必要性在于：它是‘竞赛规则’的制定者，又是解释和强制执行这些已被决定的规则的裁判者。”② 社会政治稳定是政治发展的前提，但只有“规则政治”下的社会政治稳定才具有可预见性、可持续性，而政治发展所孜孜以求的目标之一也恰在于此。制定公共规则应成为现代政治控制的最主要方式。

（2）建立公共组织，提供公共产品。尽管“不诉诸政治行动而达到社会和谐一直是人们一直不想放弃的意境”，但“在复杂社会，只有政治行为才能造就共同体，也只有政治机构才能维系它”。③ 即使在洛克所设想的完美的自然状态里，也还存在着诸多的不便：缺少一种确定的、规定了的、众所周知的法律，为共同的同意接受和承认为是非的标准和裁判他们之间一切纠纷的共同尺度；缺少一个有权依照既定的法律来裁判一切争执的知名的和公正的裁判者；缺少权力来支持正确的判决，使它得到应有的执行。④ 因此，人类社会必须解决公共产品的有效供给问题。当代自由主义者普遍认为，市场所涉入的

① ［美］布坎南：《自由、市场与国家》，上海三联书店 1989 年版，第 69 页。

② ［美］米尔顿·弗里德曼：《资本主义与自由》，商务印书馆 1986 年版，第 16 页。

③ ［美］塞缪尔·亨廷顿：《变化社会中的政治秩序》，王冠华译，三联书店 1989 年版，第 10～11 页。

④ ［英］洛克著：《政府论》(下篇)，叶启芳等译，商务印书馆 1964 年版，第 77～78 页。

范围愈广，需要政治解决的问题就愈少。但市场具有其自身不可克服的局限：信息交流的限制（囚徒困境）、搭便车行为、外部性行为等。正是由于市场的这些根本缺陷，使得即使在完全充分竞争的条件下，交易成本为零的科斯定律成为不可能。因此，政治干预必不可少。然而，政治干预的主要职能在于提供个人和私人团体在现行法律范围内不足以提供的那些商品和服务，也就是说要建立公共组织，提供公共产品。公共交通、公共安全、保健、初等教育和国防等无法通过自由市场来供给，而只能由政府来提供。随着社会经济现代化水平的提高，人们对公共产品的要求也会不断增加，为社会供给有效的公共产品是一个政治体系发展的重要方面。并且，通过对公共产品的有效调控，也是其政治控制的有效手段。对公共住房的调控就是新加坡政府实施政治控制的有效手段之一。① 当然，政治控制的主要领域应局限在社会公共领域，而不能介入个人及社会团体的内部事务。

(3) 培育社会自我发展的能力。社会发展与政治发展紧密相连，没有社会发展作基础，也就谈不上真正的政治发展。广大发展中国家的政治落后是明显的，但其根源还在于社会落后。“二战”后，许多发展中国家继承了原殖民帝国所遗留的一整套相对而言比较现代的政治机器，但由于整个社会发展明显落后，现代民主政治缺少必要的社会基础而纷纷倒台。而专制主义、权威主义之所以能站住脚跟，很大程度上也在于整个社会缺乏自我发展的能力，严重依赖于政治体系。因此，在社会发展力量还很弱小的情形下，通过政治控制手段来推动社会的进步是必要的。日本的明治维新和中国的洋务运动几乎都致力于通过国家兴办实业来推动社会经济现代化。但日本不久便将大量的国有官办企业出售给私人团体，积极促进社会的自主发展，顺利实现了现代化。而中国的官办或官督商办此后普遍转向官僚资本主义，成为中国现代化的主要障碍之一。“二战”后，新兴工业化国家和地区所取得的骄人成绩往往被认为是权威主义的经典案例而被众多学者反

① 陈祖洲：《试论新加坡的政治控制系统》，载《南京大学学报》1999年第4期。

复提倡，但人们应该记住的是成功的发展还要依赖于正确的经济模式，恰当的制度设计以及强大的适于发展的政治文化。① 人们往往只看到了这些国家和地区在政治控制上的成功，却忘记了其促进社会自主发展的一面。这些国家和地区的民主化之所以能顺利转型，就在于其权威主义时期的政治控制没有阻碍社会的自主性发展，相反，在一定程度上通过各种措施促进了社会的自主性发展，为现代民主政治培育了社会基础。

总之，无论是从消极还是积极方面来看，政治控制的范围都应当限定在一定的范围之内。因此，政治控制本身不是目的，而是实现政治发展的手段。判断政治控制合理限度的标准只有一条，那就是政治控制是否有利于社会政治发展。正如时和兴在为国家行动设定限度时所说，政治控制的限度的标准也主要看其能否提供保证社会发展的正常秩序、规范和服务，并提供持续发展的可能性。②

三、组织调控与利益诱导的交互运用——参与与控制的动态平衡

每个国家都需要在普遍的参与和对政治参与的有效调控之间寻求平衡。“早期美国联邦党人在捍卫宪法的至高无上的同时，也制定了带有镇压性质的反煽动法律。”③ 阿瑟·列文斯顿在《统治阶级》一书的英译本前言中写道：“蕴含在统治阶级理论中的是这样的法则（我愿意称其为莫斯卡法则），即‘随着统治阶级的变化，文明类型和程度也在变化’。统治阶级将相对于他们控制、容忍或创造的社会力量的多少和等级的不同而变化。在统治阶级控制或调和即代表的社会力量的

① ［美］霍华德·威尔达：《新兴国家的政治发展——第三世界还存在吗?》，刘青、牛可译，北京大学出版社 2005 年版，第 93 页。

② 时和兴：《关系、限度、制度——政治发展过程中的国家与社会》，北京大学出版社 1996 年版，第 191 页。

③ ［美］霍华德·威亚尔达主编：《民主与民主化比较研究》，榕远译，北京大学出版社 2004 年版，第 51 页。

数量和势力，与它无法代表的或反对它的社会力量的数量和势力之间存在一种比例，一个政体的内在稳定性能够由此来衡量。"① 这也就是说，适度的控制是有利于政治发展的。可现今发展中国家的普遍情况却往往是既有的调控手段与模式不利于其政治发展，相反可能成为其阻碍。有学者指出，在广大发展中国家，"已有的控制模式提供了短期的稳定，但与此同时也鼓励精英利用和保持相互分裂，因为正是这种冲突证明了其专制统治的合法性。"② 可见，要维护政治控制与政治参与的动态平衡，促进政治发展，关键在于转变政治控制方式。

1. 传统的政治控制方式的局限性

社会政治参与是社会经济现代化发展或政治动员的产物，在一定程度上具有不可避免性。从整体上看，随着社会经济现代化水平的提升，人们的政治参与要求也会随之增加。亨廷顿认为："就社会—经济发展对政治参与的长期影响而言，社会—经济发展促进政治参与的扩大，造成参与基础的多样化，并导致自动参与代替动员参与。"③ 因此，政治参与是必然的，强行压制只会推迟参与爆炸或立即引起反弹，参与爆炸的出现不在于参与者，而在于动员者、组织者与调控者。然而，传统的政治控制手段在面对大众政治参与要求时往往无能为力。

首先，私人链条控制的脆弱性。第二次世界大战后，众多发展中国家建立起了现代的政治结构，但在其现代政治结构的背后却是传统的政治权力运作逻辑。在面对风起云涌的大众政治参与时，众多发展中国家的政治领导人往往求助于传统的政治控制手段——私人链条、家族关系、个人效忠等——来维系其政治统治。这样一种政治控制在其内部固然严密，但也非常脆弱。中国西汉初年为了抑制汉高祖当年

① ［意大利］加塔诺·莫斯卡：《统治阶级》贾鹤鹏译，译林出版社 2002 年版，第 12～13 页。

② Percy C. Hintzen; Ralph R. Premadas, *Guyana: Coercion and Control in Political Change*, Journal of Interamerican Studies and World Affairs, Vol. 24, No. 3. (Aug., 1982), p. 352.

③ ［美］塞缪尔·亨廷顿、琼·纳尔逊：《难以抉择》，汪晓寿等译，华夏出版社 1988 年版，第 69 页。

分封的异姓王的势力，就通过分封自己的同姓王来与之制衡，然而，随着异姓王势力的消失，同姓王的势力壮大仍然造成了汉室危机。更何况处于从传统向现代转化过程中的国家政局往往动荡不安，其政治人物最大的共性就在于其投机性，亲信背叛自己的首长在发展中国家比比皆是。2006 年泰国颂提将军发动针对他信总理的政变可谓最近的典型案例。

传统社会可以依靠私人链条来进行政治控制，因为传统政权的合法性建立在传统道德合法性及个人魅力型合法性基础之上。一切皆决于上，一切权力也皆来自于上。随着现代化的发展，商品经济的自由交换与平等竞争越来越趋向于打破传统的私人链条的关键性作用，在政治生活中，私人关系的地位也随之下降。广大发展中国家的领导人的困难在于，在形式上不得不标榜“政权民授”，在实质上又不得不行专制之实。如果说历史上英国的渐进式改革是“旧瓶装新酒”、“老树开新花”，那么，对于许多发展中国家而言往往是“新瓶装旧酒”、“换汤不换药”。一旦出现参与爆炸，往往求助于私人链条进行政治控制，然而，越是通过私人链条去进行政治控制，就越容易出现政局动荡、参与爆炸。因为建立在私人链条基础上的权力关系说到底是一种非制度化的个人权力关系，这种非制度化的权力关系最大的特点就在于随着人事的变动而变动不居，一旦重要亲信背叛，就可能造成整个政治体系全盘崩溃。

其次，意识形态控制的危险性。政治控制论者无不强调意识形态控制的基础性作用，因为任何政治行为都是在一定的思想意识的指导下产生的，没有无意识的政治行为。李普塞特指出：“在西方，仅仅是意识形态的阶级斗争正在终结。而在西方不同国家中，与经济发展和一定政治制度之所处水平和存在问题有关的意识形态冲突，仍将继续存在，其持续时间远不是我们的寿命可企及；信奉民主的人可以避开这些冲突，要参与，只能自己负责。”① 可见，西方学者所谓的

① ［美］西摩·马丁·李普塞特：《政治人——政治的社会基础》，张绍宗译，上海人民出版社 1997 年版，第 403 页。

“意识形态的终结”并不是指社会政治发展不再需要有意识形态的指导，而是想确立起西方意识形态的永久性地位。然而，意识形态控制往往具有很大的危险性。

其一，任何一种意识形态都是一把“双刃剑”，它既可以被用来进行政治控制，也可以被用来进行政治动员。通过一定的意识形态观念的灌输，可以规范其成员的行为，也可以动员其社会成员参加政治活动，尤其是革命性的激进运动。凡是在革命运动中获得成功的政党或政治势力，无不是在意识形态控制与动员上做得非常成功的政党或政治势力。但凡是过度动用意识形态控制的政党或政治势力其最终结局又往往是可悲的。

其二，意识形态本身的魔力在于它会使运用意识形态的政党或政治人物陷入“囚徒困境”。这就好比孙悟空头上的金箍咒，一旦戴上去，就难以自己再取下来。达尔指出：“领导人不能专断地制造和操纵一套统治的意识形态。因为，政治意识形态一旦在政治体系中被广泛接受，领导人本身也就成了它的囚徒。如果他违反其准则，就会冒毁坏自己的合法性的危险。”① 因此，在发展中国家我们普遍看到，在其民族独立运动时大多援引民族独立与自决的原则，高举民族主义的大旗，但在其取得国家独立后又往往因此而面临国内少数民族的独立问题。民族主义在被原民族主义英雄丢弃后又被其国内少数民族的代表捡起作为继续斗争的武器。

其三，任何一种意识形态都有一定的理想性，正是其理想性激发人们的信仰与参与，然而，当理想一旦不能立即付诸实践时，其意识形态就会失去其往日的魅力。发展中国家和地区的参与爆炸很大程度上直接来自于统治者散布了民主的承诺，却不能及时兑现。阿尔蒙德和维伯指出：“如果要保持最终的稳定，该系统就要有一种建立与对

---

① ［美］罗伯特·达尔：《现代政治分析》，王沪宁等译，上海译文出版社1987年版，第79～80页。

该政治系统更为普遍的依恋基础上的政治信仰形式。”① 然而，“对政治不满的一大来源，就是接受参与的规范时，却同时确信事实上不能参与”。②

另外，对意识形态控制的过度依赖会导致对意识形态主导权的激烈争夺，从而导致政治动荡。大凡一种意识形态，在其发展过程中总是会出现不同的派别。伴随着意识形态派别之争的往往是激烈的内部权力斗争。这种内部权力斗争有时是公开的，有时是隐蔽的，但对其政局的影响却总是显而易见的。

总之，意识形态控制是政治控制最关键性的组成部分，但由于意识形态本身的特点，其控制往往具有危险性，用不好就会搬起石头砸自己的脚。当然，强调意识形态控制的危险性并不是主张完全抛弃政治意识形态的控制，相反，一个政治体系的持续稳定必须求助于伊斯顿所说的“散布性支持”即意识形态支持。

再次，强制暴力控制的有限性。

政治控制最直接有效的方式就是暴力控制，但暴力控制的效果总是有限的。正所谓哪里有压迫，哪里就有反抗。暴力控制必须为自己寻找合法性基础。因为尽管合法性是“国家通过对诸如民族主义、平等和民主的意识形态象征的诉求所形成的产物”，这些诉求形式之间也存在着很大的差异，“但总体看来，这些诉求本身就是政治生命力的核心”。③ 亨廷顿曾强调参与危机是政治参与速度超过政治制度化速度的结果，事实上还直接与国家不能提供制度化机制反而利用暴力强行压制有关。因为，“在任何特定社会的特定时期，政治参与的

---

① ［美］阿尔蒙德、维伯著：《公民文化——五个国家的政治态度和民主制》，徐湘林译，华夏出版社 1989 年版，第 535 页。

② ［美］阿尔蒙德、维伯著：《公民文化——五个国家的政治态度和民主制》，徐湘林译，华夏出版社 1989 年版，第 204 页。

③ ［美］罗伯特·杰克曼：《不需暴力的权力——民族国家的政治能力》，欧阳景根译，天津人民出版社 2005 年版，第 125 页。

水平、基础和形式更大程度上是取决于政治而非其他因素。”① 在面临战争、革命频繁降临的社会中，统治者常常使用强制手段来应付挑战，而强制手段的成功运用则进一步加强了统治者对运用暴力解决危机的期望，结果就出现一些“军事国家”或“警察国家”。② 如果说这些军事国家和警察国家在传统社会还能长久生存的话，那么在现代社会则不会持续太长时间。李普塞特举出德国的例子说明这一问题：在德意志这样的国家，长时间内先是拒绝资产阶级参与，然后是拒绝工人参与，而且使用暴力限制参与，底层阶级疏远了这个制度，转而接受了极端主义思想。③ 暴力控制可以为混乱的政治局面提供短暂的宁静，但不可能持续下去，而且反复地使用暴力也会使暴力控制的成本加大，风险增加。民族国家政治能力的增长，更需要一种不需暴力的权力。

传统国家尽管也有一整套意识形态工具为其统治作合法性说明，但在其传统意识形态失去其统治魅力后，越来越多的独裁专制政权只能求助于赤裸裸的暴力恐怖统治。因为传统的意识形态已经被人们所抛弃，而新的意识形态又不能为其独裁统治提供合法性说明。艾森施塔德对“二战”后拉美独裁主义国家的研究表明，各独裁国家“一般都继续维持它们各自不同的生活方式，而几乎没有什么共同的现代象征或框架”，缺乏“有效的共同认同的象征”④。这也正是在当今世界独裁政权越来越少的原因，因为进入现代社会以来，它先天性地带有自我毁灭的基因：暴力控制不能反复自我证明。因此，“二战”以后越来越多的军事独裁政权向权威主义政权转变。众多发展中国家

① ［美］塞缪尔·亨廷顿，琼·纳尔逊：《难以抉择》，汪晓寿等译，华夏出版社 1988 年版，第 30 页。

② Ted Robert Gurr, War, Revolution, and the Growth of the Coercive State, in Comparative Political Studies, April, 1988.

③ ［美］西摩·马丁·李普塞特：《政治人——政治的社会基础》，张绍宗译，上海人民出版社 1997 年版，第 57 页。

④ ［以］艾森施塔德：《现代化：抗拒与变迁》，张旋平等译，中国人民大学出版社 1988 年版，第 99 页。

军人频繁政变，但越来越多的军人很少理直气壮地直接掌管国家政权。不是单个或某种军事独裁统治，而是作为短暂秩序的提供者身份出现，并逐步形成一个制度化的体系。不管其是否真心，它们大多有还政于民的承诺。威亚尔达指出，这类政权现在大多避免了权威主义模式最容易犯的5个重大错误：（1）它们是文官的，或者是文官和军人的联合政权，而不仅仅只是由军队统治；（2）它们在对待人权上通常要比军人独裁者好得多，没有成为受到唾弃的国际贱民（像智利的皮诺切特那样）；（3）因为这些体系已经形成制度而不是完全依靠一个人，所以它们比一人独裁能更好地解决继承人问题；（4）它们比那些僵化的独裁政体能更好地适应社会和政治变迁；（5）因为它们比封闭的、排斥性的军人政权更具有开放性和包容性，所以它们往往蕴含着民主的萌芽，或者有能力向民主制过渡。① 可见，传统的暴力强制作为政治控制的一种主要手段，其效力在现代社会在一定程度上是非常有限的。

总之，在现代社会，传统的政治控制方式存在着诸多的局限，它必须随着社会经济现代化的发展而不断变化。当然，意识形态控制与暴力控制也是现代政治控制中最主要的手段。但在现代社会，意识形态越来越“弹性化”，暴力也往往主要是作为一种潜在的威胁力量而越来越少地直接强加给普通百姓。而且，暴力的运用须有意识形态的合法性证明才会达到其最终目的。

2. 组织调控与利益诱导交互运用的必然性

现代政治发展需要一定程度的政治控制以保持政治稳定，而传统的政治控制方式与手段因为存在着诸多的局限而必须转变。那么，对于广大发展中国家而言，究竟采用什么样的控制方式才能既保持政治秩序，又能促进政治参与呢？本书认为，组织调控与利益诱导的这两种调控方式的交互运用是其最理想的选择。

（1）组织调控与利益诱导交互运用的基本原理。人们的政治参

① ［美］霍华德·威亚尔达：《新兴国家的政治发展——第三世界还存在吗?》，刘青、牛可译，北京大学出版社2005年版，第64页。

与行为既有个体性的，也有群体性的。由于个体性的政治参与行为如个人接触等对整个政治体系的运作一般不会产生重大影响，因而也就不是政治控制的重点。只有群体性的政治参与行为才有控制和引导的必要。那么，如何才能促使集体性的政治行为有序进行而不危害整个政治体系的健康发展呢？

首先，任何群体性的政治参与行为，我们都可以将其看做是一种集体行动。从集体行动的组织者和参与者来说，要使集体行动成为可能，就必须组织调控与利益诱导交互并用。奥尔森认为，每一个个人都是理性的“经济人”，而不是天生的“政治动物”。个人不仅在个体活动中，而且在集体活动中，其目的都只有一个，那就是追求个人利益最大化。正是由于这种个人的自利倾向，使得任何个人都不会轻而易举地加入集体的政治行动当中去，因为政治的集体行动的结果——公共物品的提供使集体中的每个人都能受益而不论其是否为其努力或做过贡献。因此，人人都想享受成果而不愿付出成本，这样，集体的政治行动将陷入困境，集体行动几乎不可能。因为，集团越大，就越难克服集体行动中的“搭便车”行为：人人都想享受集体行动的成果，而不愿分担集体行动的成本。要使大的集体行动成为可能，除非采取有效的强制如对不参加者的惩罚、或有选择性的激励如对参加者提供非集体或非公共物品。奥尔森认为：“除非一个集团中人数很少，或者除非存在强制或其他某些特殊手段以使个人按照他们的共同利益行事，有理性的、寻求自我利益的个人不会采取行动以实现他们共同的或集团的利益。”① 从现实政治生活中我们也可以看到，在广大发展中国家，人们加入工会并不是因为工会只是一种重要的政治力量，而是工会通过一系列强制措施和有选择性的激励手段刺激的结果。② 如果工会只是单纯的政治组织，则其存在就不可能采取强制

---

① ［美］奥尔森著：《集体行动的逻辑》，陈郁等译，上海三联书店、上海人民出版社 1995 年版，第 2 页。

② 这种情况不能适用于传统社会主义国家，社会主义国家的工会更主要的是作为党的外援性支持组织。

性手段，也不会发展到今天如此强大的地步。因此，对于任何集体行动而言，内在的强制即组织调控与外在的激励即提供特定副产品——利益诱导十分重要。

其次，从国家与政府的角度来看，要想使任何一种集体性政治参与行为保持在一定范围之内，也必须组织调控与利益诱导交互并用。奥尔森的理论前提是人是理性的“经济人”，如果按照以上奥尔森的这一集体行动的逻辑，人类的群体性政治参与行为就不需要任何外在的控制了，因为它的产生都是一件十分困难的事情。而如果产生了，则是其内在强制和激励的结果。可以说奥尔森的理论只看到了人类政治行动理性的一面，而没有看到其非理性的一面。沃拉斯在《政治中的人性》中认为，人类的政治行为大部分是非理性的。我们很难想象一个彻底的贫困者在诸多困境面前会保持理性。而且，在个体行动中是理性的，在集体行动中就可能是非理性的；在经济生活中是理性的，在政治生活中就可能是非理性的。个体行动的逻辑不同于集体行动的逻辑，经济生活的逻辑也不同于政治生活的逻辑。罗素曾告诫人们：“集体的兴奋是一种美妙的陶醉状态，身处其中，很容易忘却稳健、人情甚至自卫，而残暴的屠杀与英勇的殉道是同样可能发生的。”① 因此，并不是任何集体性政治行为都像奥尔森所看到的那样始终保持理性。那么，如何防止理性的集体行动变为非理性的集体狂欢呢？组织调控与利益诱导的交互并用是其有效的手段。亨廷顿等认为，达到更高水平的政治参与有两种不同的渠道：流动渠道和组织渠道（见下图）。

一般而言，只是在流动渠道被阻塞的情形下，人们才会转而求助于组织。② 一个农民如果可能通过迁往城市获得更好的教育、职位，就比采取集体行动更直接有效、更少风险和代价，因而会选择前者而

① ［英］伯特兰·罗素：《权力论：新社会分析》，吴友兰译，商务印书馆1991年版，第17页。

② ［美］塞缪尔·亨廷顿、琼·纳尔逊：《难以抉择》，汪晓寿等译，华夏出版社1988年版，第100～101页。

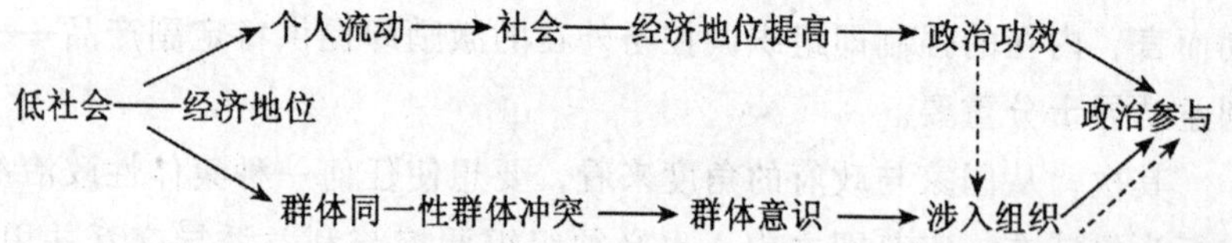

图　政治参与的渠道

不是后者。因此，对于国家或政府而言，要防止出现非理性的群体性政治行为，就必须提供更多的利益诱导，开放更多的流动渠道化解参与危机。

再次，一定数量的社会自治组织、半自主组织的存在，是实现控制与参与平衡的关键力量。民主既是一种政治价值，也是一种运行机制。要使民主有效地运转起来，离不开被称为“社会资本”的社会组织和市民社会的社会网络。它们对国家政体发挥外部效应，对于参与者本身发挥内部效应。① 有学者指出，投资社会资本可以成为政治发展的另一种视角。自治性的“中介”和“中介组织”对于推动政治发展、建设社会信用体系起到关键作用。② 这样一种自治、半自治的组织能够成为公民与国家之间有效沟通的桥梁，也能整合社会内部的力量，促使政治参与的理性化与政治控制的人性化。因此，与其让农民或工人等下层群众自发建立起与政府对抗的自主组织，还不如政府主动在他们中间建立起类似组织，作为政府与社会沟通的桥梁，以缓解参与危机。

总之，无论是对政治参与行为者本身还是对于政府而言，组织控制与利益诱导都是其调控的最有效手段。对于政治参与者而言，没有组织控制与利益诱导，其集体行为本身缺乏基本动力。对于国家或政

---

① See Robert D. Putnam, *Bowling alone: the Collapse and Revival of American Community*, Chapter 16. New York London Toronto Sydney Singopore: Simon & Schuster, 2000, p. 338.

② 燕继荣：《投资社会资本——政治发展的一种新维度》，北京大学出版社 2006 年版，第 183 页。

府而言，没有组织控制与利益诱导，其集体性政治参与就可能超出其调控范围而造成对整个政治体系发展的不利局面。

（2）组织调控与利益诱导交互运用的基本策略。通过组织调控与利益诱导达到政治控制与参与的动态平衡，并不意味着在政治发展的任何一个阶段都必须同时采用这两种策略。事实上，在政治发展的不同阶段，应采取不同的应对策略。亨廷顿等在分析个人在选择流动还是参加组织时指出，在拉美地区存在着一种流动与组织彼此交替的模式：首先，以向都市移民的形式移动；其次，成为占地者的移民为谋求住宅所有权和都市服务而以邻里社团形式组织起来；再次，以谋求更高技艺和更优厚报酬的职业的形式流动；最后，假如向中等阶级流动受阻，则可能以工会、取向于工人阶级的政党或大众运动形式组织起来。① 据此，发展中国家的政府就应选择相应的策略。

首先，在现代化发展初期，社会经济发展水平低下，人们的流动机会较少，政府就应设法发展经济，通过提供利益诱导促使农民及下层阶级通过流动的方式减轻组织反抗的压力。尽管十足的穷汉由于太穷而无法去过问政治，不会空着肚皮去大喊大叫，但如果他们缺乏改善自己生活水平的任何希望时，他们也会组织起来反抗。这在古代亚洲的农民起义中表现最为明显。正所谓“官逼民反”。因此，在政治发展初期，应注意多运用利益诱导来缓解参与危机。

其次，当社会经济水平发展到一定程度之后，随着社会流动人口不断增加，政府的组织控制也应不断增强。政府一方面应主动在各社会阶层中发展组织建立起沟通机制，也应允许社会各阶层建立起自己的组织，鼓励有组织的利益表达模式。另一方面也应加强自身的组织建设以应对群体性政治参与事件的压力。因为随着社会经济现代化的发展，公民政治参与在一定程度上是不可避免的。因为政治作为社会价值的权威性分配，具有第一次分配的功能，任何一个社会阶层都可能向国家政权提出要求改变现存的分配模式与体制，这是一个充满矛

① ［美］塞缪尔·亨廷顿、琼·纳尔逊：《难以抉择》，汪晓寿等译，华夏出版社 1988 年版，第 120 页。

盾与斗争的残酷进程。将政治参与保持在一定范围之内，目的就在于既使它对政治体系保持一定的压力以促进政治体系的发展，同时又不至于使整个政治体系全盘崩溃导致政治衰退。这事实上是政治行为平衡的一种策略问题。托克维尔认为，一个现代化中的社会既要避免潜在的革命，又要避免潜在的独裁，必须有一大批与中央政权相对独立的社会组织。“在一个大国，政府之不能只靠自己的力量去维持和改进人们的思想和感情的交流，正如它不能只靠自己的力量去管理一切实业部门一样。一个政府，只要它试图走出政治活动的范畴而步入这条新道路，它会不知不觉地要实行一种令人难以容忍的暴政。”① 李普塞特认为，这样的组织具有多重功能：可以阻止国家或任何单一民间权力中心垄断全部政治资源；可以成为新的意见来源；可以成为向大部分公民进行宣传，特别是宣传反对意见的工具；可以训练人们的政治技巧，从而有助于提高他们关心和参与政治的水平。② 因此，组织调控无论是对于政治参与者而言，还是对于国家与政府也好，都是控制其集体性政治参与行为的有效手段。

再次，当社会经济现代化发展到一定阶段开始向现代化中期水平过渡时，政府又应该对社会进行逐步放权，通过利益诱导让社会有更多的自主发展空间而减轻对政府的压力。因为对于广大发展中国家而言，在其现代化初期阶段一般都采取集权的方式对有限的社会资源进行集中管理与支配，社会自主空间相对狭小。而随着现代化水平的提高，社会组织化水平及自主发展能力也开始逐步提高，如果此时政府仍不开放一定的社会空间促进社会流动，那么，政府组织和社会自主组织都会走向自我强化并展开激烈斗争。如果能够及时开放社会空间，增加社会流动，就会为下一步社会组织与政府组织之间进行良性互动奠定良好基础。燕继荣在谈及社群组织和社区在政治发展中的地

---

① ［法］托克维尔：《论美国的民主》(下卷)，董果良译，商务印书馆1988年版，第638~639页。

② ［美］西摩·马丁·李普塞特：《政治人——政治的社会基础》，张绍宗译，上海人民出版社1997年版，第39页。

位和作用时认为：第一，作为人际关系的润滑剂，它们有利于政府政策的推广和实施；第二，作为公民社会的组织和网络资源，它为“官治”之外的不同程度的社会“自治”创造了条件；第三，作为社会黏合剂，为单个公民由“结社”而成为抗衡政府进而改善政府的有效力量奠定了基础。①

总之，在政治发展的每一个阶段，都会有组织调控与利益诱导的运用，只是在不同的阶段重点不同罢了。因为在政治发展的任何一个阶段的组织调控都缺少不了利益诱导这一手段的运用。亨廷顿等的研究表明：“对个人而言，一般的政治参与尤其是来自组织的参与，往往是达到目的的一种手段。他的目的通常是以某种形式提高自己的社会—经济地位。”② 因此，要达到政治控制与政治参与的动态平衡，就必须通过组织控制与利益诱导交互运用的手段来实现。当然，这种组织控制与利益诱导都要在上文所规定的政治控制的限度及政治参与的节制的范围之内进行，并不是一种无限度地运用。而且，这也并不否认意识形态控制、暴力控制等政治控制手段在现代政治发展过程中的作用，在运用组织控制与利益诱导时也可以综合运用意识形态控制甚至暴力控制，只是单纯地运用意识形态控制与暴力控制很难达到政治发展过程中的政治控制与政治参与的动态平衡而已。

---

① 燕继荣：《投资社会资本——政治发展的一种新维度》，北京大学出版社 2006 年版，第 183 页。

② ［美］塞缪尔·亨廷顿、琼·纳尔逊：《难以抉择》，汪晓寿等译，华夏出版社 1988 年版，第 120 页。

第五章　政治制度化
——政治发展进程中政治平衡的基本战略

政治发展最基本的目标就是政治民主与政治稳定。要实现政治民主，又保持政治稳定，这似乎是一个鱼和熊掌不可兼得的问题，但也并不是完全没有改进的余地。“综合价值最大化”、“集分平衡”及“利益诱导与组织调控的交互运用”都有助于解决政治发展进程中的价值性平衡、体制性平衡及行为性平衡，但这仅仅只是策略性的。既然是策略性的，就具有不稳定性、短暂性、阶段性。任何单一的策略都不可能求得满意的结果。许多发展中国家就经常出现以下状况：中央集权但效能不够，而地方分权却不民主；有控制无效能，有参与却缺少民主。因此，要确保政治民主与政治稳定的长期和平相处，就必须从战略的高度加以重视。社会学家罗斯称：“假如，两个猎人共同打死一只鹿，弱者为避免争斗就会被迫放弃猎物，这样，这里有的只是平静而不是秩序。但是，这场争执如果根据谁‘先击中’来决定猎物所有权的规则来解决，这就是一种有秩序的解决。”① 同理，无论是实现政治发展过程中的价值性平衡、体制性平衡还是行为性平衡，最基本的途径还在于政治制度化。

第一节　制度化与政治发展

亨廷顿认为，对于“二战”后广大发展中国家而言，其国内冲

① ［美］E. A. 罗斯：《社会控制》，秦志勇、毛永政译，华夏出版社 1989 年版，第 1 页。

突的根源在于社会动员与制度化之间的矛盾。为了解决这种矛盾，有必要采取一种平衡的政治发展观来看待亚非拉地区的政治，即更多地关注托克维尔所说的“结社的艺术”和其政治制度的成长。他主张将政治发展与政治现代化区分开来，并认为“政治发展就是政治组织与程序的制度化”。① 由此，他特别强调了组织的成长对于政治发展的重要性，尤其是强大的政党组织、国家组织的重要性。亨廷顿的观点成了众多实施权威主义的发展中国家用来反复证明其合法性的依据。事实上，要实现政治发展的两大基本目标，我们还有必要在亨廷顿的观点的基础上作进一步的改进。

一、制度化的基本涵义及其标准

自20世纪60年代以降，“制度化”成了比较政治学研究的核心概念之一。尤其是在政治发展的研究当中，“制度化”更是因为亨廷顿的反复强调而声名鹊起。而关于“制度化”这一概念的基本内涵，大多也以亨廷顿的界定为基准。当然，概念只是用以描述现实的某些相关的方面，并进而构成所研究的事物的定义的工具。概念既非真理亦非谬误；它只有贴切与不贴切、明确与含糊、有用与没有用处的区别。② 亨廷顿的“制度化”概念本身并非不合适，但从发展中国家的政治发展事实来看，有必要进一步明确其涵义。

1. 亨廷顿关于“制度化”涵义的局限

亨廷顿认为：“制度就是稳定的、受珍重的和周期性发生的行为模式。”“制度化是组织和程序获取价值观和稳定性的一种进程。”③ 对“制度化”的这种定义并非亨廷顿本人的首创，而是来自政治社

① Samuel P. Huntington, *Political Development and Political Decay*, World Politics, Vol. XvII, No. 3 (1965), p. 386.

② [美] L. 科塞：《社会冲突的功能》，孙立平译，华夏出版社 1989 年版，前言第 1 页。

③ [美] 塞缪尔·亨廷顿：《变化社会中的政治秩序》，王冠华等译，三联书店 1989 年版，第 12 页。

会学家艾森施塔德对社会制度变迁描述的启发。艾森施塔德在其《制度化与变迁》一文中明确指出："制度化过程就是在一个社会生活的主要领域中包含不同社会行为的系统走向对一致解决某些问题的组织化过程。"① 如果仅就"制度化"本身这一含义来看，艾森施塔德和亨廷顿的定义无可厚非。但如果联系亨廷顿本人在其《变化社会中的政治秩序》一书中的具体运用来考察，则不应顾此失彼。

首先，获得价值的组织与组织本身的稳定之间的联系并不是不证自明的。对于广大发展中国家而言，国家组织的成长是十分重要的。一个现代政治体系要持续下去，离不开人们的普遍认可与支持，但价值获得与组织本身的稳定之间的关系并不是自我证明的。Gabriel Ben-Dor 批评说："这一概念的逻辑论点（就好像结构—行为区分一样）既不合语义也价值不大。事实上，它存在重大的理论和方法上的失误。方法问题主要是这一定义暗示着如果某一既定的组织是稳定的（假如它经历了较长一段时间），那么它必定是获得价值证明的（假设其不仅被其自身组织成员认可，也被大部分其他相关人员认可），反之，亦然。""很明显，众多组织在没有获得必要的为自身目的的价值证明的情况下通过暴力的使用和威胁、权力的操纵及其他手段可以而且确实经历了较长时间的稳定。"② 理论上的问题是想象中的稳定与获得的价值可能产生矛盾与冲突。政治发展需要稳定的政治环境，但政治稳定并不是政治发展的终极目标。相反，政治发展过程是一个不断创新的过程，但创新不一定与稳定相关联。"然而，现代化的挑战是，为了使组织获得价值，它们可能需要引进重大的创新，包括大规模威胁组织稳定的创新。在此意义上，如果不断地创新是现代化的主要特征，获得现代价值的组织可能事实上是对其自身稳定的

---

① S. N. Eisenstadt, *Institutionalization and Change*, American Sociological Review, Vol. 29, No. 2. (APR., 1964), p. 234.

② Gabriel Ben-Dor, *Institutionalization and Political Development: A Conceptual and Theoretical Analysis*, Comparative Studies in Society and History, Vol. 17, No. 3. (Jul. . 1975), p. 312.

一种威胁。"① 因此，一个面临现代价值冲击的传统组织可能会变得更加不稳定。

其次，制度化不能简单地等同于组织成长。亨廷顿将制度化看做是组织和程序获得价值和稳定的过程，但它在《变化社会中的政治秩序》一书中单独强调组织成长的重要性，而忽视了"程序"的重要性。在他提出的衡量制度化的四个标准（适应性、复杂性、自主性与内部协调性）中，组织都占有绝对主导地位，而程序却置之度外。事实上"组织的稳定"是制度化的结构特征，而"程序的价值性获取"事关政治行为过程，这二者是一个结构——行为的统一体，不可分割。在海洋法系国家，惯例、习惯等也可以看做是制度化的。美国在建国之初宪法并没有规定总统的任期不得连续超过两届，但由于第一任总统华盛顿所开创的惯例直到第二次世界大战时罗斯福才打破。总统的任期之所以是制度化的，一方面是总统的任期是稳定的，另一方面是总统的任期是获得人们普遍价值认可的。但我们并不能因此将总统这一职位的创设本身看做是制度化。Edward Feit 指出："制度必须区别于组织。一个制度可以是组织化的，一个组织也可以是制度化的，但二者并不能等同。"② 组织从本质上来讲是有规则的集合体，而政治制度从本质上来讲是指规范人类政治活动的基本规则。组织是一种实体，制度是一种规则安排。而且，在人类政治发展过程中，组织的发展可能与整个政治体系的发展相矛盾，与人类政治发展的基本方向相违背。德、意、日法西斯组织不可谓不严密，自主性不可谓不强，内部协调性也达到相当高的水平，但从人类政治发展的视角来看，它并不符合人类政治发展的基本要求。

再次，公共机构的利益不能简单地等同于公共利益。亨廷顿认

---

① Gabriel Ben-Dor, *Institutionalization and Political Development: A Conceptual and Theoretical Analysis*, Comparative Studies in Society and History, Vol. 17, No. 3. (Jul., 1975), p. 313.

② Edward Feit, Pen, Sword and People: Military Regimes in the Formation of Political Institutions, World Politics, XXV (January., 1973), p. 251.

为："公共利益就是公共机构的利益。它是政府组织制度化创造和带来的东西。在一个复杂的政治体系中，政府的各种组织和程序代表着公共利益的不同侧面。"① 由于亨廷顿将制度化等同于组织化，尤其是国家组织机构的成长，所以他特别强调了这种组织化或制度化对于创造和维护公共利益的作用。他说："英国的公共利益的近似值就是英王、内阁和议会各机构的利益。在苏联，答案将涉及到苏共中央主席团、书记处和中央委员会等机构的特殊利益。""'对通用汽车公司有好处的对国家也有好处'，这句话至少包含部分真理。但是，'对总统有好处的对国家也有好处'，则包含更多的真理。"② 在此，亨廷顿夸大了组织化的政治机构创造公共利益的效果。在美国、英国等发达国家，公共机构的自主性较为强大，总统及任何一个公共机构都没有太多的机会为自身谋利益，因为往往受到其他部门的牵制。但对于许多发展中国家而言，则相反。许多公共机构本身没有受到宪法的约束，而是某一政治势力或伟大人物亲手缔造的产物，它的存在本身不是为了谋求公共利益而是为了更好地维护缔造者的永久统治这一最大的政治利益。Gabriel Ben-Dor 反驳说："尽管苏联的利益的确要求有能力和意愿去创建制度以处理国家政治问题，但这并不能证明其机构无论如何就必须是共产党、中央委员会或总书记；相反，在前苏联当它们无法有效处理其国内问题和事实上阻碍其发展时，总书记、中央委员会或事实上整个政党都在窒息其国内政治生活。在这个意义上，对总书记有益的可能对苏联是有害的。"③ 苏联后来的发展证明，Gabriel Ben-Dor 的反驳正中要害。

总之，制度化的本质是规则化、程序化，甚至可以包括惯例化。

---

① ［美］塞缪尔·亨廷顿：《变化社会中的政治秩序》，王冠华等译，三联书店 1989 年版，第 23 页。

② ［美］塞缪尔·亨廷顿：《变化社会中的政治秩序》，王冠华等译，三联书店 1989 年版，第 24 页。

③ Gabriel Ben-Dor, *Institutionalization and Political Development: A Conceptual and Theoretical Analysis*, Comparative Studies in Society and History, Vol. 17, No. 3. (Jul., 1975), pp. 313-314.

这正如 Edward P. Fuchs 等在对制度化作成本——利润分析时所认为的:“制度化就是某一行为被普遍接受或惯例化，此后通过规则化、结构化和系统化的方式来处理的过程。总统立法联络员是这种制度化的典型例子。尽管以前各任总统都设法通过各种途径影响议会活动，但艾森豪威尔是第一个创设总统立法办公室的总统。自那以后，所有的总统都在白宫设立此机构。总之，立法联络办公室已经成为可以预期及普遍接受的惯例，因此它被制度化了。”① 因此，制度化一旦成功，就意味着该制度是不会被轻易改变的。从一般意义上讲，亨廷顿关于“制度化”的涵义并非不合适，但如果将其带入政治发展研究领域，则必须进一步明确其涵义。

2. 政治发展视域下“制度化”的基本涵义

俗语说:“没有规矩不成方圆。”制度其实就是一种行为规则。无论是在政治生活、经济生活还是文化生活当中，如果没有规则，就会进入混乱的战争状态。为此，当代西方制度经济学特别强调制度供给在社会经济发展中的作用。正如诺斯所说:“制度是一系列被制定出来的规则、守法秩序和行为的道德伦理规范，它旨在约束追求主体福利或效用最大化利益的个人行为。”② “制度提供了人类相互影响的框架，它们建立了构成一个社会，或更确切地说一种经济秩序的合作与竞争关系。”③ 然而，人类社会中的任何一项制度都是人类意志的产物，它的有效运行也需要由具体的人来操作。尤其是在政治生活当中，一种政治制度框架下的人不是棋盘上的棋子，而是能动地无时不刻在思考的具体的人。因此，要使得一项制度能够确立下来并持续有效地发挥效力，就必须使其“制度化”，即该制度的约束力获得普

① Edward P. Fuchs; James E. Anderson, *The Institutionalization of Cost—Benefit Analysis*, Public Productivity Review, Vol. 10, No. 4. (Summer, 1978), p. 26.

② [美] 道格拉斯·C. 诺斯:《经济史中的结构与变迁》，陈郁等译，上海三联书店、上海人民出版社 1994 年版，第 225 ~ 226 页。

③ [美] 道格拉斯·C. 诺斯:《经济史中的结构与变迁》，陈郁等译，上海三联书店、上海人民出版社 1994 年版，第 225 页。

遍的（包括制定制度者本身）认可与遵守的过程，也即制度权威的确立过程。这恰如斯考特梅恩瓦德所说："制度化是一种做法或组织被明确下来并被广泛认识（即使没有被普遍接受）的过程。行为者根据这个做法或组织在可预期的未来的结果来建立自己的预期、调整自己的取向及行为。"① 如果将其放到具体的政治发展的视域当中来考察，则应明确以下几点：

首先，在政治发展视域下，政治制度化的前提是制度本身符合人类政治发展的基本趋势。在人类政治发展过程中，判断一项制度是否合理，不能单看其延续的时间长短。制度化是制度权威的确立过程，也就是亨廷顿所说的获得"价值"的过程。但在政治发展视域里，还必须确认这种制度所获得的"价值"本身，也即它获得的是什么样的"价值"。奥斯特罗姆认为："人类社会基本制度的建立是为了创造出动力和约束的结构，以引导人们采取可预测的因而是有秩序的行为。在人类的制度结构中包含着逻辑性或合理性。"② 在当今广大发展中国家和地区，这种逻辑性或合理性就是符合人类政治发展的基本方向——现代民主。因此，在政治发展视野中，政治制度化不是一般意义上的制度化，而是现代民主的政治制度化。

其次，在政治发展视域下，政治制度化应包括制度变更规则、程序的制度化。制度化意味着制度的长期稳定，但一种政治制度不可能一旦确立下来就永远不会变动。制度也应随着时代的发展而变更，否则就不可能有政治发展。艾森施塔德认为："任何社会系统——无论是政治的、经济的还是社会分层系统，无论是集体的还是个体的——制度化都会产生变化的可能性。"③ 制度的变迁既有革命式的推倒重建，也有点滴式的更化改制。政治发展并不否认革命式的制度变更，

① 斯考特·梅恩瓦德：《在第三波中重新检视政党理论》，载荣敬本、高新军主编：《政党比较研究资料》，中央编译出版社 2002 年版，第 258 页。

② ［美］V. 奥斯特罗姆等编：《制度分析与发展的反思——问题与抉择》，王诚等译，商务印书馆 1992 年版，第 45 页。

③ S. N. Eisenstadt, *Institutionalization and Change*, American Sociological Review, Vol. 29, No. 2. (APR., 1964), p. 234.

但政治发展所强调的政治制度化更主要的是指革命后新制度的建设。它更期望点滴式的更化改良，而极力避免被重新推倒重建。因此，一项制度想要获得持续的稳定，就必须包含其制度变更的程序、规则的制度化。只有当制度变更的规则、程序等也同时被人们普遍认可时，该制度化才是成功的。否则，当时局已经发生变化要求制度变更而对制度变更的规则、程序看法的又不一致时，就会延误制度变更，最终导致制度僵化，只能推倒重建。J. Richard Sisson 在定义政治制度化时就指出："政治制度化意味着在既定的制度框架内，允许成功吸纳政治索偿者及要求者的新安排的规则、程序和行为方式的广为接受和惯例化发展。"①

再次，在政治发展视域下，政治制度化应包括国家权力制度化和公民权利制度化两个方面。亨廷顿将制度化的内容看做是组织和程序两个方面：一方面强调组织的稳定，另一方面强调程序所获得的价值。事实上，他在其《变化社会中的政治秩序》一书中完全将组织等同于国家机构和政党组织，遵循的逻辑是国家权力的集中——扩大——分散这一理论逻辑，以至于完全忽视了公民权利的发展。政治发展不仅仅包括国家发展，更重要的还包括社会发展。正如托克维尔所说："永远记住一个国家当它的每个居民都是软弱的个人的时候，不会长久强大下去，而且决不会找到能使由一群胆怯和萎靡不振的公民组成的国家变成精力充沛的国家的社会形式和政治组织。"② 一个国家的政治发展应该是国家发展与社会发展的良性互动。在政治发展的过程中，一方面是促进国家发展，但又防止以国家发展为借口，过多地阻碍社会发展，导致极权主义；另一方面是促进社会发展，但又要防止公民以参与国家事务为由提出过多要求，从而阻碍国家发展。如何使得这二者协调，最主要的就是依赖于政治制度化。因此，政治

① J. Richard Sisson, Institutionalization and Style in Rajasthan Politics, Asian Survey, Vol. 6, No. 11 (Nov., 1966), p. 605.

② ［法］托克维尔：《论美国的民主》，董果良译，商务印书馆 1988 年版，第 880 页。

制度化显然就应该包括两个方面的含义，一方面是国家权力制度化，另一方面是公民政治权利制度化。国家权力制度化是保障国家能有足够的行动能力，而公民权利制度化则是保障公民权利在国家行动过程中不至于受到侵犯。

总之，亨廷顿关于“制度化”的含义过度强调了组织成长的重要性，过高估计了发展中国家公共组织机构创设公共利益的动机与能力。作为政治发展研究的核心概念之一，“制度化”并不是指简单地创立起稳定的政治机构和组织，而是指国家政治制度的运行及变更的基本原则与规定获得普遍认可的过程。也就是说，一种制度一旦确立有效，任何人都必须在其范围内活动而不得逾越。即使要作必要的制度变迁，也必须经过严格的程序。这种规则和程序的制度化，本身就是社会生产的保障，也是一种社会资本。这正如哈罗德·伯尔曼在《法律与革命》一书中强调法律作为一种社会资本时所指出：“法律与土地、机器一样，也是社会生产方式的一部分，如果不运行，土地和机器就一文不值，而法律则是其运行的有机组成部分。没有耕作和交换的责任和权利，农作物就得不到播种和收获。没有生产、交换和分配的某种法律秩序，机器就得不到生产，不能从生产者手中转移到使用者手中，不能被使用，其使用成本和收益也得不到价值。这种法律秩序本身就是一种资本形式。”① 因此，“政治的发展并不是如过去20年来的社会科学文献作出相当系统性的论述那样，产生于经济条件，而是产生于支配集体行动的宪法规则的性质”。②

3. 政治制度化的标准

亨廷顿认为，所谓政治发展就是指政治组织和程序的制度化③。而衡量制度化有四个标准：第一，适应性。组织和程序的适应性越

① ［美］V. 奥斯特罗姆等编：《制度分析与发展的反思——问题与抉择》，王诚等译，商务印书馆1992年版，第334页。

② ［美］V. 奥斯特罗姆等编：《制度分析与发展的反思——问题与抉择》，王诚等译，商务印书馆1992年版，第15页。

③ Samuel P. Huntington, *Political Development and Political Decay*, World Politics, Vol. XvII, No. 3 (1965), p. 386.

强，其制度化程度就越高：（1）简单地算年龄，一个组织或程序存在的年代越久，其制度化程序就越高；（2）以组织领导人换代的次数来衡量，一个组织越是能够不时地克服和平接班的问题、领导层越是能不断更新，其制度化的程度就越高；（3）从职能方面来衡量，衡量高度发达的组织的真正尺度是其职能的适应性而非职能的特定性。第二，复杂性：（1）一个组织必须具有数量庞大的下属组织，从上到下，隶属明确，职责不同；（2）这个组织不同类型的下属组织各具专门化水平。第三，自主性：（1）政治组织和程序与其他社会团体和行为方式之间有何区别；（2）其管辖的专业程度如何。第四，内聚力：（1）是否具有共同意识；（2）内部是否统一。① 由此可见，亨廷顿完全以组织的成长尤其是国家正式组织的成长作为政治制度化的主要标准。

在美国的政治实践过程中，也不乏与亨廷顿所说的制度化的四个标准相符合的例子。有学者研究认为，美国总统职位（presidency）的制度化就是典型的案例。“总统职位的制度化包括其作为一个组织获得稳定性和作为其自身获得价值这样一个过程。稳定表明总统这一独立的政治实体不能被轻易地变更或废除，而价值包含总统这一独立的政治实体获得明晰的认可。更具体说来，当它达到以下四个标准时总统这一职位变得制度化：自主性（总统职位独立于其他政治机构），适应性（总统职位的长时期存在），复杂性（总统办公机构及人员的不断分化），一致性（总统事务管理的一致）。制度化根源于组织内部个人利益与其环境之间的互动。”② 然而，在发展中国家我们很难找到同时符合这四项标准的案例。在比较研究中，这四项标准只能作为单独的变量，而不能作为整体的变量来进行比较。原因在

① ［美］塞缪尔·亨廷顿：《变化社会中的政治秩序》，王冠华等译，三联书店 1989 年版，第 11～22 页。

② Lyn Ragsdale; John J. Theis, III, The Institutionalization of the American Presidency, 1924-92, American Journal of Political Science, Vol. 41, No. 4. (Oct., 1997), p. 1280.

于,“一些国家的组织可能缺少适应性但同时却增强了其自主性,它们可能缺少自主性但同时却大大增加了其复杂性。很明显,这些标准有时结合在一起,有时却并不是这样”。① 哈德森通过运用亨廷顿的这四个标准对63个国家的稳定、暴力和制度化进行量化分析后发现,在制度化与政治稳定及其暴力使用之间并不存在明显的关联。而且,由于关键性的理论概念模糊不清,人们选取正确的标准来判断制度化十分困难。对此他深表遗憾。② 可见,亨廷顿的制度化标准需要进一步改进。

就目前的研究来看,大部分学者只是对亨廷顿的制度化标准提出了质疑,但并未提出进一步改进的标准。陈鸿瑜在研究菲律宾的政治发展时,曾根据亨廷顿的政治制度化标准作了进一步的修正,另择取合法地位、层级分工和执行能力三项标准来衡量政治制度化。所谓合法地位,指政治组织与程序具有合法性,为人民所认同接受;合法性之程度亦可从叛乱之频数而测度。层级分工指政治组织具有分层负责、职能区划的特性,而非仅是叠床架屋的一堆制度组合;层级组织依成就和功绩甄选人员。执行能力指政治组织执行其明定的(或依法的)功能。可将上述标准列表如下:

陈鸿瑜的这三大标准事实上是大部分结构功能主义政治发展学者所称的政治现代化标准,即政治结构功能分化及政治体系能力的增强。尽管这三项标准比亨廷顿的标准更清晰、更兼容,但仅有此三项标准还是不够的。从政治发展的视域来看,政治制度化不仅包括国家权力的制度化,更重要的还包括公民权利的制度化。因此,政治制度化的另一重要标准应该是公民权利的制度化保障,即当公民权利遭到侵犯时能获得公平公正的司法救济。

① Ben-Dor, Corruption, Institutionalization and Political Development: The Revisionist Theses Revisited, Comparative Political Studies, VII (April 1974).

② See Michael C. Hudson, Conditions of Political Violence and Instability: A Preliminary Text of Three Hypotheses, Sage Professional Papers in Comparative Politics, I, 5 (1970), pp. 282-283.

政治制度化之衡量标准

指标 程度	合法地位	层级分工	执行能力
政治制度化高	合法性； 认同支持； 依法转移政权。	理性的； 成就取向之甄选基础； 官僚责任明确。	平等、普遍分配价值、福利和义务； 命令贯彻。
政治制度化低	非法性； 疏离、逃避； 冷漠；以革命叛乱（或宫廷政变）取得政权	非理性的； 身份归属取向之甄选基础； 官僚责任不清。	少数特权； 少数人利益； 贪污腐化； 命令不能贯彻； 效率低。

（资料来源：陈鸿瑜：《菲律宾的政治发展》，台湾商务印书馆 1980 年版，第 22 页。）

总之，衡量一个国家的政治制度化水平，不能仅看其国家组织的成长即其国家权力总量的增加，还要看其公民权利的保护程度。只有当国家权力与公民权利都得到同等程序的制度化保障时，其政治发展目标才较容易实现。

二、制度化的限度与政治发展

在广大发展中国家和地区，传统的政治制度在现代化的冲击面前分崩离析，而现代政治制度又迟迟建立不起来，因而人们往往深深地被亨廷顿的政治制度化理论所折服。亨廷顿所说不无道理："如果一个社会要想维系高水平的共同体，政治参与的扩大必须伴随着更强大的、更复杂的和更自治的政治制度的成长。""绝大多数社会，甚至那些有相当复杂和灵活的传统政治制度的社会，在现代化最激烈的阶段都会蒙受政治共同体的损失，形成政治制度的衰朽。”① 但我们只能由些推论出制度化水平应高于政治参与水平，而不能由此推论出制度化水平越高越好（the more the better）。政治制度化也存在一个限度问题。

1. 政治制度化的价值限度

由于政治发展本身不是价值无涉的，它旨在推进民主政治的发展和人类政治文明的进步，因而，政治发展进程中的政治制度化也不可能是价值中立的。亨廷顿本人也认为：“政治制度具有道德和结构两个范畴。”② 研究政治制度化，不可能不先探讨该政治制度所包含的制度精神或政治价值，因为“制度精神所产生的效果比制度的任何直接规定要大”③。对于广大发展中国家和地区而言，政治制度化主要是民主制度的制度化，而不是权威制度或专制制度的制度化。广大发展中国家和地区并不缺少权力，而是普遍缺少民主制度的权威。政治制度化的首要任务在于规范和限制专制权力的发展，而不是以制度的形式将专制权力永久化、合法化。

首先，缺少民主价值取向的政治制度化可能导致整个社会道德水平的低下，并且阻碍社会发展。

一种制度要获得稳定与社会的认可，它需要获得社会价值的支撑，这显然离不开一定的强制手段和长期的政治社会化努力。然而，如果一种制度它本身就是不道德的或非人性的，那么它的制度化将会导致整个社会道德水平的低下。对此，密尔指出：“政治制度在道德上最为有害——通过它们的精神产生最大害恶——的方式，是把政治职能看作一种恩赐，受委托人必须作为自己所想望的东西去寻求这种

---

① ［美］塞缪尔·亨廷顿：《变化社会中的政治秩序》，王冠华等译，三联书店1989年版，第80页。

② ［美］塞缪尔·亨廷顿：《变化社会中的政治秩序》，王冠华等译，三联书店1989年版，第22页。

③ ［英］J. S. 密尔：《代议制政府》，汪瑄译，商务印书馆1982年版，第139页。

职能，甚至为之付出代价，好像是有利于他的金钱利益的东西。”①因为政治制度作为一种上层建筑，对其社会基础具有具大的反作用。埃尔金指出：“政治制度创造了人们特有的组织、思想习惯和风俗。人民的素质大部分是由他们怎样解决问题，怎样应付随之而来的冲突以及怎样引导利用政治制度谋求优势和统治的诱惑来界定的。政治体制作为一组正在从事的实际的和热衷参与的活动，界定了人民的政治生活方式。正如苏格兰启蒙思想家达格代尔·斯图尔特1829年所说的，‘形成各民族的面貌的那些意见的习惯，主要是由它们政治制度的特殊形式决定的’。”② 在传统专制制度非常强大的国家之所以在政治现代化的道路上步履艰难，与其专制制度对社会习惯与公民特性的塑造也不无关系。专制制度塑造了懦弱的国民，自然难以发展出现代的公民。

另外，缺少民主价值取向的制度化不仅难以培养出现代公民，相反，还会窒息社会活力，阻碍社会发展。20世纪60年代，发展中国家普遍由战后初期各殖民帝国所强加的多元民主政体走向专制政体或权威政体。依亨廷顿的标准看，其制度化程度大大增强，正如恩克鲁玛所说：“为了迅速有效地纠正帝国主义和殖民主义在非洲造成的错误，新兴的非洲国家需要建立一个能够行使中央权力的强大国家，以便动员全国力量，一道建设和发展。”③ 然而，这种新建立起来的“强大国家”往往并不具有现代理性国家所具有的强大的施政能力，往往是由种族、部族、地域和宗教精英把持的国家机器的专横强暴。④ 这种将国家机器视为利己工具的“强大国家”不但不会平衡

---

① ［英］J. S. 密尔：《代议制政府》，汪瑄译，商务印书馆1982年版，第139页。

② ［美］斯蒂芬·L. 埃尔金：《新宪政论》，周叶谦译，三联书店1997年版，第152～153页。

③ 张宏明：《多维视野中的非洲政治发展》，社会科学文献出版社1999年版，第24页。

④ 陈明明：《所有的子弹都有归宿——发展中国家军人政治研究》，天津人民出版社2003年版，第174页。

其内部的矛盾与冲突，反而往往加剧其内部的种族、部族矛盾及教派冲突，造成贫富严重分化及贪污腐败横行，社会政治动荡也就接踵而至。

其次，缺少民主价值取向的政治制度化可能被专制者当作加强自己权力的工具。民主政治制度化意味着民主制度权威的确立，而民主制度权威本身意味着非经法定民主程序不得变更。然而，如果制度本身授予政府或国家及其领导人以无限权力，则任何制度化的努力都可能只是其加强自身权力的工具而已。在传统的东方专制国家，有的制度延续了上千年的历史，如帝制中国的盐铁专卖制度、赋税制度、科举制度等。它们都是高度制度化的，但从本质上讲都只是加强皇权专制的工具。作为中国官僚政治的支柱之一的科举制度，经过几个朝代的发展不可谓不严密，也获得了广大读书之士及整个传统中国社会的认同，但它的功能于政治发展而言，却是有害的。王亚南在《中国官僚政治研究》中明确指出："我们不否认科举制也希望达到选贤任能的目的，但它的更大目的，却在于把人的思想拘囚于一定范式中，在于使人的意志集中到一定目标上；在于以形式平等的文化手段，模糊知识水准逐渐提高了的一般人士的种族或阶级意识。"① "二战"后，在有些发展中国家和地区，权威主义或专制独裁政权为了加强自身权力而建立起严格的书报检查制度、新闻审查制度等比比皆是。1964年，巴西发生军事政变，军人接管国家政权。军政权发布第一号制度法明确提出了"制度化"的任务。但其"制度化"的核心是建立起军事专制制度。"军政权存在本身就是以违背宪法为前提的，而所谓'制度化'实质上是使军政权能以宪法的名义，根据法定程序，通过一整套合乎法律规范的机构进行统治，使军事独裁合法化。军政权一建立便以尊重宪法的姿态宣布保留1964年宪法，随后根据统治的需要，于1967年和1969年先后颁布了两部新宪法。为了保证军政府的行动既不受法律约束，又合乎法律规范，军政权制定制度法

---

① 王亚南：《中国官僚政治研究》，中国社会科学出版社1981年版，第111页。

和补充法，变更和限制宪法的适用范围。据统计，仅在1964年到1969年就公布了十七个制度法和七十七个补充法。根据这些法令，军队对工会、学生团体等群众组织进行残酷镇压，对政界人士实行大规模的迫害和清洗。"① 这正如布莱克所指出："事实上，在一个非有限政府的制度里，法制化、制度化可能是加强政府无限权力的工具。"②

再次，缺少民主价值取向的政治制度化的改革成本更大。任何一项政治制度都不是一劳永逸的，它既会随着社会环境的变化而变化，也会根据运用制度的政治领导人的变更而经常发生改变。民主制度的制度化并不否认制度变迁的重要性，而是认为制度的改变需经法定的民主程序。这就既保证了一项制度的大体稳定，又由于经过了民主的法定程序而保证了其不断获得新的价值认同。专制制度的制度化以强化自身权力为目的，因而任何要求改变其现存权力结构或削弱其权力的改革要求都会受到该制度的抵制。专制制度的制度化事实上就是不断自我强化，其最终的结果就是制度僵化。因为任何制度的改革的最大阻力都来自于该制度的既得利益者阶层，制度越僵化，既得利益者就越保守，改革它所要付出的成本就越大。这从英国的渐进式改革与法国疾风暴雨式的革命的比较就可以知道。如果仅以一项制度的延续时间长短及其是否获得人们的认同来看，中国古代以皇权专制制度为核心的一系列制度的制度化程度是十分高的，但这样一种高度制度化的专制制度不但没有成为中国现代化发展的制度资源，反而成了其阻碍。具有讽刺意味的是，制度的自主性、复杂性、一致性都非常高的中央集权式的法国，与那些多元化的封建制国家如英国、日本相比较而言，看起来更加现代化，但在步入现代化的道路上却更加困难，付

① 李培华编：《发展中国家的政治》，光明日报出版社1988年版，第178页。

② ［美］西里尔·E. 布莱克主编：《比较现代化》，杨豫等译，上海译文出版社1996年版，第253页。

出了更大的代价。① 这种情况不仅存在于国家政权的宏观层面，在其微观层面也同样存在。印度被誉为是发展中国家中民主的成功典型，但“印度是腐败制度被明确界定的最突出的例子，这里，不同的交易与不同的排他性腐败权力相联系。腐败的权力一经被制度化，改革这种制度的交易成本就极其巨大。印度几十年停滞不前并不是偶然”②。从宏面层面上看，印度的确是典型的民主国家，但从微观层面上看，它的种姓制度的制度化、权力腐败的制度化使得印度经济长期受滞，也使其成为世界上贫富差距最大的民主国家。

总之，亨廷顿对于“组织”尤其是政党组织的强调并不意味着他摒弃了制度化的价值取向，而是他特别突出了政治发展的“效能”与“稳定”。殊不知，以效能和稳定为主的政治制度化可能会扼杀政治民主。霍尔巴赫曾告诫人们：“人们可能会问，什么样的政府才是最安定和稳固的政府呢？人们凭经验设想，安定和稳固这两个特征也许能够判断政府的贤明和政府的向善吧？这是误解。政府保持长久决不能证明它是有益的。”

2. 政治制度化的强度限度

正如亨廷顿所看到的，在广大发展中国家所普遍存在的是低度的政治制度化与高度的政治参与所造成的动乱不安。但如果我们仔细考察便可得知，这种情况最主要地发生在拉美及非洲地区，而对于亚洲尤其是有着长期专制传统的东方世界而言，情况似乎正好相反。在许多有专制传统的东方国家：最缺少的不是自主的国家，而是自主的社会。不是国家摆脱社会的控制从而凌驾于社会之上，而是社会如何从国家的桎梏中解脱出来以获得自主的发展。因而在政治发展过程中，政治制度化还有另一个限度——防止非平衡性政治制度化的出现——政治制度化水平既不能过度落后于政治参与也不能过度超前于政治参与。

① See Robert T. Holt and John E. Ture, The Political Basis of Economic Development, Princeton press, Van Nostrand, 1966.

② 参见张五常：《经济解释》，商务印书馆 2000 年版，第 453 页。

从理论上讲，有非制度化情况的出现，也就会有过度制度化情况的出现。过度制度化所带来的问题可能与非制度化的一样多。亨廷顿将政体主要分成以下三大类别：低度政治参与和低度政治制度化（传统型政体），高度政治参与和低度政治制度化（过渡型政体或普力夺政体），高度政治参与和高度政治制度化（现代型政体）。然而，从逻辑上讲，亨廷顿还忽视了另一种情况，即高度政治制度化和低度政治参与。Kesselman 批评指出："除了亨廷顿所说的这三种情况外，从逻辑上讲可能在动员与发展之间还有第四种可能并且会产生十分明显的政治结果。这第四种可能性常常发生在已经高度发达的政治体中，制度化水平超过动员……政治制度是自主的但没有适应性。相比亨廷顿所说的其他可能性，政治参与被制度发展所窒息。这一过程我们可以将其称为过度制度化，其结果为政治强制。"① Ben-Dor 也认为，"过度制度化（尤其是根源于过度的自主性）可能成为经常出现制度化不当现象的原因，就像腐败来源于当对制度自主性的容忍下降所引起的憎恨一样。同样，过度制度化也可能来源于制度已经先于社会经济现代化建立起来（或已经被强化），然后再一次带来一种特别的政治体制。在这种情况下，制度可能是稳定的但没有获得'价值'，而且这也再一次表明制度并没有衰弱。实际上，过度制度化可能带来一种特别的非平衡性：政治体制大大强于社会体制，即使后者可能是更加高度价值化的。"②

亨廷顿曾将苏联看做是发达政体的典型例子，它具有高度的制度化水平，因而不属于衰微的政治体制。可苏东剧变至少证明他当时对苏联的政治体制存在误判。由列宁一手创立的苏联共产党组织是坚强有力的，它的确能够提供权威，建立起有效统治的政府，提供某些保

---

① Mark Kesselman, *Overinstitutionalization and Political Constraint: The Case of France*, Comparative PoliticsII/1 (Oct 1970), p. 24.

② Gabriel Ben-Dor, *Institutionalization and Political Development: A Conceptual and Theoretical Analysis*, Comparative Studies in Society and History, Vol. 17, No. 3. (Jul., 1975), pp. 318-319.

持政治秩序的定心丸。但这种高度制度化的体制所带来的问题也非常多。"那些处于现代化之中的国家里，恰恰缺少了权威，那里的政府不得不听任离心离德的知识分子、刚愎自用的军官和闹事的学生的摆布。"① 反观苏联七十多年的历史，没有知识分子和学生的闹事，但其内部斗争一刻也不曾停止过。前苏联的体制可以看做是过度政治制度化的典型而不是发达政体的典型。它提供了高度的政治制度化，却将政治参与限定在最低范围之内。在某种程度上，苏联的分裂与苏共的倒台并不是源于缺少统一的权威，而是体制的过度制度化导致了制度的僵化。

政治发展需要国家权力的制度化，也需要公民权利的制度化。如果说国家权力的制度化主要表现为国家组织和机构的成长，那么，该注意的是这种国家组织和机构的发展也应保持在一定范围之内。对于任何一个发展中国家而言，其现代民族国家的历史都不长。但这并不表明所有的发展中国家在进入现代民族国家之前都是一张白纸。更何况，现代西方民族国家的产生是其资本主义商品经济发展的必然产物，也就是说社会经济的发展先于国家的组织和机构的发展。因而国家总是受制于市民社会，人们不必担心国家组织的发展会反过来吞灭社会。与西方发达国家不同的是，广大发展中国家建立起来的强大的国家组织与机构往往不受社会的制约，社会也没有能力制约。"因为种族和宗教的对立分割遍于国家中，无处不在，非洲和中东的市民社会常常是脆弱的，从而消解了其抗衡国家强权的能力……市民社会的软弱通常必伴随着国家的强大，虽然二者因果关系并非总是那么一目了然。"② 国家组织与机构的发展大大超前于社会与公民的发展，国家权力的组织化与制度化导致社会发展的长期停滞不前。在众多权威主义国家，公民和社会组织被严格限定在国家所规定的范围之内。国

① ［美］塞缪尔·亨廷顿：《变化社会中的政治秩序》，王冠华等译，三联书店 1989 年版，第 7 页。

② Jeff Haynes, *Third world Politics: A Concise Introduction*, Blackwell Publishers, 1996, p. 32.

家的自主性增强了，但社会及公民个人的自主性却被国家所吞灭了。有学者认为，中国的改革是以制度化程度非常低为起点的，而前苏联进行改革时其制度化程度已经相当高，结果是中国的改革始终保持了稳定性和阶段上的可预测性，而前苏联的改革则以政治上的崩溃和随后经济上的大倒退而告终。正是因为中国政治运行体制比前苏联的体制的制度化程度低，反而使中国的政治体制具有了相当的灵活性，这种灵活性进而为中国改革领导人提供了推行渐进改革的可能性。① 事实上，前苏联的政治制度化是一种典型的过度政治制度化，其最终的结果就是一种制度僵化。因此，政治制度化应与社会发展同步。这正如巴特尔所说："无论人类如何相处，他们得继续在暴力或一致同意的基础上组织他们的关系。当共同利益的范围扩大时，规范共同生活的组织也会随之扩大，在单一政府控制下的领域也会相应增加。但共同体所面临的困难在于它所拥有和关注的自治组织的扩大超出了一定的范围就会丧失其自治性。"② 因此，过度政治制度化的另一个危害就在于国家组织的过度发展窒息了整个社会的活力。

当然，除了政治制度化过度超前于社会政治参与水平这种"过度政治制度化"之外，还存在另外的非平衡性政治制度化的情况。一个国家的政治制度往往是一个复杂的复合体，既有横向层面的政党制度、议会制度、行政制度、司法制度等，也包括纵向层面的国家结构形式、政府间的关系，还包括一些具体的如公务员制度等。而这些制度的制度化不可能在同一时间内完成。因此，就会出现多种非平衡性政治制度化。Gabrel Ben-Dor 研究指出："制度化可能在宏观上比较强而在微观上比较弱，反之亦然。制度化可能在四个标准中的某一两个方面比较强而其他方面比较弱，反之也是如此。某些制度可能比较强而其他比较弱，这可能导致一种错误的制度化倾向。半制度化可

① 徐湘林：《以政治稳定为基础的中国渐进政治改革》，载《战略与管理》2000 年第 5 期。

② J. M. Butler, *The League in the Development of Political Institutions*, International Journal of Ethics, Vol. 34, No. 2. (Jan., 1924), p. 121.

能产生于组织比较强但程序比较弱或程序比较强而组织比较弱的情况。"① 这些非平衡性制度化的影响尽管比低度制度化和过度制度化的影响相对而言要小得多，但对于一个国家的政治发展而言也不可小视。亨廷顿在比较墨西哥和玻利维亚所走过的两种截然不同的道路时认为，正是因为墨西哥革命最根本的一条约法——不许连任——得到了有效的贯彻，从而为墨西哥提供了比玻利维亚更多的政治秩序与政治稳定。② 这也就是说政治制度化顺序的差异会导致不同的国家走上完全不同的政治发展道路。许多发展中国家在建国之后往往最先制度化的是行政体制，而国家领导人的更替制度等则由于涉及当时领导人的个人利益或其个人的巨大魅力而没有确立起基本的制度，更谈不上制度化。

总之，应该意识到制度化也会带来不同的政治结果。政治参与水平过低与政治制度化水平过低一样，也会为其政治发展制造障碍。"亨廷顿通常将社会的弊病归结为制度的孱弱，从而忽视了制度本身过于强大所带来的社会弊端。在他看来，这根本不可能发生。尤其是在被称之为'相对发展'的国家，在那里，社会仍在变迁之中，而它们的制度结构却十分强大。事实上，制度可能异常强大，阻止甚至颠覆社会变革，产生亨廷顿所认为的制度孱弱所带来的同样的社会弊病——腐败与暴乱。……因此，过度制度化可能产生的问题与低度制度化所产生的问题一样多。"③

3. 政治制度化的社会基础

制度化是制度权威的确立过程，也即该制度获得合法性的过程。

---

① Gabriel Ben-Dor, *Institutionalization and Political Development: A Conceptual and Theoretical Analysis*, Comparative Studies in Society and History, Vol. 17, No. 3. (Jul., 1975), p. 319.

② 参见［美］塞缪尔·亨廷顿：《变化社会中的政治秩序》，王冠华等译，三联书店 1989 年版，第 301 页。

③ Gabriel Ben-Dor, *Institutionalization and Political Development: A Conceptual and Theoretical Analysis*, Comparative Studies in Society and History, Vol. 17, No. 3. (Jul., 1975), pp. 319-320.

亨廷顿在称赞英、美、苏的政治体制的有效性时就说："美国、英国和苏联各具有不同的政府形式，但这三种体制的政府皆能安邦定国；每个国家自成一个政治共同体，人民对其政治制度的合法性有举国一致的共识。"① 一种政治制度要获得"价值"认可，就必须有一定的社会基础作为支撑，否则就难以稳定。要反对过度的政治制度化，但同时也还是要警惕亨廷顿所告诫的低度的政治制度化所带来的后果。

制度的生命力深藏于社会环境之中，"重要的制度并非单凭一纸法律就能形成，它其实是传统、成规和惯例的结晶。这些传统、成规和惯例，虽不见于法律，却具有不亚于法律的影响力。"② "二战"以后，几乎所有的取得独立的非洲国家都承袭了原来西方殖民统治的一套文官制度，并以此为蓝本，组织政党政府，但到20世纪60年代中期，军队干涉政治的情况愈演愈烈，随之出现了一大批军人政权。③ 因为对于非洲而言，许多国家根本就没有政党政治的社会基础。同样，"二战"后的拉美普遍学习美国建立起了总统制，但没有一个国家真正实现了美国式的总统制。20世纪60年代末70年代初，这一地区先后有十二个国家相继发生了军人政变，建立了军人政权，特别是美洲南端国家出现了清一色军人执政的局面。④ 亨廷顿将这种状况的产生归结为政治参与扩大化超过政治制度化的水平。然而，亨廷顿没有深入探讨政治体制为何步伐缓慢的原因。事实上，奥斯特罗姆曾就此指出："没有一个充分的社会基础（没有条件的平等性），自上而下推行的政治制度和民主仪式只能变成使统治阶级（传统的土地所有者、世袭财产的支配者、宗教等级制度中的上层成员以及军

---

① ［美］塞缪尔·亨廷顿：《变化社会中的政治秩序》，王冠华等译，三联书店1989年版，第1页。

② 转引自［日］佐滕功：《比较政治制度》，刘庆林、张光博译，法律出版社1984年版，第2页。

③ 李培华编：《发展中国家的政治》，光明日报出版社1988年版，第61页。

④ 李培华编：《发展中国家的政治》，光明日报出版社1988年版，第131页。

界和政界的官僚）的权力合法化的工具。即使是被看做为民主统治的一个必不可少方面的自由和公众的选举，在实际上也常常意味着以向参加者行贿的方式来对政治过程进行操纵。大多数获得迅速壮大的政党，其所具有的更多是个人基础而不是意识形态基础。政党的功能主要是控制群众以及使个人的统治永久化。在典型的情况下，财富是通过选举过程雇赢得权力的可靠手段。"① 这种没有社会基础的政治制度，就像建立在沙滩上的房子，一遇风吹雨打就会全盘倒塌。

"二战"后一些发展中国家由于其领导人的个人魅力或单一强大政党的存在而维持了一段相当长时间的政局稳定，但由于没有通过制度化的手段弥补社会本身存在的鸿沟，因此仍然命运卜测。这种情况大多发生在有着专制权威主义传统的亚洲。在东南亚的柬埔寨，"尽管时有中断，柬埔寨国王西哈努克通过利用其自身的资源促进了一种表面的稳定，但他没有有效地促进政治体系的制度化以致在他下台后能够使整个政治体系不至于分裂。"② 到现在为止，"通过西哈努克本人的干预有效地阻止了派系反对的失控。然而，并没有迹象表明他根除了派系分裂对其政治稳定的长期威胁"。"柬埔寨政治体系中的那些派系因素显示其精英共存是不可能的。西哈努克本人也不是各派系之间的桥梁，而仅仅是一个有权谴责、惩罚及训诫极端捣蛋的孩子们父亲的角色。在柬埔寨，人们总是期望通过外来干预促成政治体系的转变，但随着其父亲角色的逝去，无论是自然地还是其他因素所致，它将一定导致基本性的政治变迁。因此，西哈努克所拥有的个人魅力，并没有为自1955年以来建立的政治体制的自我维持和制度化提供足够的基础。"③ 在印尼，苏哈托长达三十余年的统治提供了政治秩序与稳定，在一定程序上促进了印尼的社会经济现代化，但并没

① ［美］V. 奥斯特罗姆等编：《制度分析与发展的反思——问题与抉择》，王诚等译，商务印书馆1992年版，第61页。

② Michael Leifer, *The Failure of Political Institutionalization in Cambodia*, Modern Asian Studies, Vol. 2, No. 2. (1968), p. 138.

③ Michael Leifer, *The Failure of Political Institutionalization in Cambodia*, Modern Asian Studies, Vol. 2, No. 2. (1968), pp. 139-140.

有提供真正制度化的制度路径。在1997年东南亚金融危机的冲击下，政治动荡重返印尼。

从逻辑上讲，政治制度化落后于政治参与速度可能通过两种方法加以解决：一是亨廷顿所说的暂时压制政治参与，建立起强大的政府及政党组织。二是调整政治制度，以使其适应社会经济发展所带来的公民政治参与的要求。亨廷顿认为："现代性孕育着稳定，而现代化过程却滋生着动乱。"① 事实上，贫穷为什么本身是动乱的障碍是在于贫穷是普遍的。而现代化过程之所以滋生动乱最为关键的还在于现代化过程加剧了社会的不平等，是缺少公正制度性分配条件下的现代化的结果——不平等——加剧了各个阶层参与政治、推翻现存政权的欲望。正所谓不患寡而患不均。亚里士多德在评析希腊的政治变革时也指出："所有这些内讧，都常常以'不平等'为发难的原因。""内讧总是由要求'平等'的愿望这一根苗生长起来的。"② 因此，要抑制公民过度的政治参与，主要在于建立起公平公正的政府。这种公平公正的政治制度或政府之所以建立不起来，最根本的原因还在于其缺乏最基本的社会力量的支持。因此，对一个已经建立起民主的基本结构的发展中国家而言，要想提高其民主政治制度的政治能力，就必须努力培育其社会基础。政治制度化的发展不宜过度超前于社会的发展，也不宜过度落后于社会的发展。正如亨廷顿自己所说："一个发展的政治体系，其政治制度化与政治参与的程度必高，且能达致平衡状态；反之，未发展的政治体系，其政治制度化与政治参与的程度必低，结果必会导致政治衰退。"③

---

① ［美］塞缪尔·亨廷顿：《变化社会中的政治秩序》，王冠华等译，三联书店1989年版，第38页。

② ［古希腊］亚里士多德：《政治学》，吴寿彭译，商务印书馆1965年版，第234页。

③ Samuel P. Huntington, *Political Development and Political Decay*, World Politics, Vol. XvII, No. 3 (1965), pp. 386-430.

第二节 平衡性政治制度化

——实现政治发展进程中的政治平衡

人类政治发展的进程是漫长而曲折的。要在政治发展过程中求得民主与效能、集权与分权、控制与参与之间的动态平衡，不仅需要以上各章本身所提到的平衡性的策略，更重要的是需要一种平衡性的政治发展战略——政治制度化。它既包括国家权力相互制衡的制度化，也包括公民权利相互平衡的制度化，并且只有当公民权利制度化与国家权力制度化平衡发展时，才能真正实现政治发展过程中的效能与民主、集权与分权、控制与参与的动态平衡。这正如奥斯特罗姆在总结美国的立宪原则时所说："契约，如果没有刀剑，就只是一纸空文。""且刀剑，如果没有契约，就只是暴政的工具。"①

一、国家权力的制度化

尽管我们不能单纯地将政治看成是一种权术，但"政治所涉及的主体都是直接或间接地和国家的权力相联系的"②。现代政体较之传统政体有更多的社会力量更深地卷入权力关系之中，现代政体比传统政体拥有更多的权力。因此，政治发展自然包含了国家权力总量的增长及其分配规则的变化。现代政体比传统政体的确拥有更多的权力，但现代政体也比传统政体更注重对权力的制约。而且，每增长或分配一份权力，就应相应增长或分配一份责任。国家权力制度化不仅意味着现代国家机构或组织享有更多的制度化的权力，同时意味着其承担传统政体所不具有的更多的责任。因此，国家权力的制度化，既在于权力与权力之间的平衡，还在于权力与责任之间的平衡。

---

① ［美］文森特·奥斯特罗姆：《复合共和制的政治理论》，毛寿龙译，上海三联书店 1999 年版，第 64 页。

② 李景鹏：《权力政治学》，黑龙江教育出版社 1995 年版，第 13 页。

1. 以权力制约权力

随着商品经济的发展及资产阶级力量的强大，近代众多思想家、理论家开始思考人类社会的发展前途，为其后的发展提供种种蓝图。在总结中世纪神权政治的经验教训时，他们发现："在这个时代，一切政治的、社会的、精神的现象和概念，都毫不例外地包含在绝对权力——上天的神灵或地上的君主——这个僵死的观念之中。"① 于是，对绝对权力的警示成了众多思想家的焦点。英国阿克顿勋爵说："权力导致腐败，绝对权力导致绝对腐败。""绝对权力会败坏社会道德。"② 孟德斯鸠说道："一切有权力的人都容易滥用权力，这是万古不易的一条经验。有权力的人们使用权力一直到遇有界限的地方才休止。"③"要防止滥用权力，就必须以权力约束权力。"④ 由此，洛克的分权理论，孟德斯鸠的三权分立制衡思想及美国的分权制衡实践被世界所称誉。由于西方国家当初大多采取"三权分立制衡"的政治体制，因而，出于宣传的需要，众多西方发达国家从理论界到政府都将其视为西方民主的象征：只要实行三权分立，就是民主，否则就不是民主。受此影响，许多趋向于实行民主的发展中国家也就盲目地照搬"三权分立制衡"的民主形式。实际上，不管国家权力分为几权，制度化的制衡才是最重要的。权力分立并不是"三权分立"的目的，权力制衡才是其目的所在。⑤"以权力制约权力"的精髓就在于通过不同性质的国家权力之间的"制约"来实现整个政治体系的"平衡"。只要能够充分实现制约平衡，就是进步。在实行议会内阁制的国家，由于内阁是议会选举中获胜的党派组织的，所以内阁与议

① 朱光磊：《以权力制约权力》，四川人民出版社 1987 年版，第 35 页。

② [英] 阿克顿：《自由与权力》，侯建、范亚峰译，商务印书馆 2001 年版，第 342 页。

③ [法] 孟德斯鸠：《论法的精神》(上册)，张雁深译，商务印书馆 1961 年版，第 154 页。

④ [法] 孟德斯鸠：《论法的精神》(上册)，张雁深译，商务印书馆 1961 年版，第 154 页。

⑤ 朱光磊：《以权力制约权力》，四川人民出版社 1987 年版，第 130 页。

会之间存在“连带关系”。在英国，前坐议员都同时是内阁要员，内阁的行为肯定与议会多数党有直接联系，就是说行政权与立法权的分立并不彻底。① 但是，由于“不信任案”和“解散议会”等制度的存在，又使行政权与立法权之间能够形成真正的制约。

当然，没有权力的分立，就无所谓平衡。而“平衡则是通过允许各个部门拥有为防止任何一个部门侵蚀其他部门的职能而干预其他部门职能的有限权利来实现的”，② 也就是说，为了“防止把某些权力逐渐集中于同一部门的最可靠办法，就是给予各部门的主管人抵制其他部门侵犯的必要法定手段和个人的主动。再方面，如同其他各方面一样，防御规定必须与攻击的危险相称。野心必须用野心来对抗”。③ 因此，我们所说的国家权力的制度化，是指将建立起制度化的权力制约体系。只要存在国家权力，就有滥用的可能，也就有必要对其进行制约。亨廷顿认为，一些发展中国家之所以出现动乱，其原因在于其政治制度化水平落后于其政治参与扩大化水平。事实上，广大发展中国家并不缺乏政治制度，而是往往缺少有公信力的政治制度。制度化水平不仅有赖于其组织机构的成长，而且有赖于制度本身的道德价值。如果单纯强调国家组织的成长，其制度化难免会失败。罗素曾说：“组织规模的每一次扩大，都在削减一般成员独立性的同时，扩展管理机构的创制权，从而增大权力的不平等。一般人之所以服从，是因为合作能比单干的成就大；格外爱好权力的人也感到高兴，因为他借此有了获得权力的机会——除非政府是世袭的，或者爱好权力的人属于不许获得生要地位的某种集团（例如某些国家中的

① 施雪华教授将其称为“议行联动”模式。参见施雪华《政府权能理论》，浙江人民出版社 1998 年版。

② ［英］M. J. C. 维尔：《宪政与分权》，苏力译，三联书店 1997 年版，第 91 页。

③ ［美］汉密尔顿、杰伊、麦迪逊：《联邦党人文集》，程逢如等译，商务印书馆 1980 年版，第 264 页。

犹太人)。"① 如果随着国家权力的增长而没有相应地对国家权力进行制约，就不可能有真正的政治发展，反而可能导致政治腐败。

总之，创建一项具体的政治制度并不难，但要使之制度化却并非易事。"权力的行使，如果要比乱施刑罚好的话，就必须受法律和习惯的制约，必须经过慎重的考虑，而且必须付托给那些为了人民利益而受到严密监督的人。"② 在现代社会，只有能有效防止权力异化的政治体制，才可能长久地维持下去，才可能真正地制度化。而根据国家性质将国家权力分立开来，以权力制约权力，这完全是在国家政治生活领域内运作的，其考虑的重点也是在国家政治生活领域本身，这与政治发展的逻辑是相符的，也是最为方便有效的方式。这恰如奥尔森所说："权力平衡可以阻止领导者自身成为专制者。一旦存在权力平衡，每个领导者都有动机去降低任何可能的专制者成为真正专制者的可能性。这不仅是因为他们看到，窃取更多权力的政治竞争对手可能会利用权力去击垮他的主要竞争对手，也因为他们本身不想成为专制统治迫害的牺牲品。"③

2. 权力与责任的平衡

有权力就必然有责任，责任与权力是同一事物的两面，任何权力都不能脱离责任而单独存在。要实现权力的清正廉洁，就必须建立起科学、完备的责任制度。实现权责的统一平衡是政治发展的重要指标。

首先，从政府的整体权力来看，现代政府是责任政府。在传统政治体制下，掌权者有权却并不一定承担相应的责任。因为既然君权"授命于天"或"君权神授"，那么君主就只需要对"上天"或"神"负责。在现实的政治实践中，君主往往只是通过一定的政治仪

① ［英］伯特兰·罗素：《权力论：新社会分析》，吴友三译，商务印书馆1991年版，第113页。

② ［英］伯特兰·罗素：《权力论：新社会分析》，吴友三译，商务印书馆1991年版，第74页。

③ ［美］曼瑟·奥尔森：《权力与繁荣》，上海世纪出版集团2005年版，第29页。

式来完成，并不需要真正承担任何政治责任。汉武帝为了实现天下一统，接受了儒生董仲舒的“罢黜百家，独尊儒术”，但却拒绝其“天人感应”学说。君主从整体上并不对民众负责。现代政治则不同，“君权神授”让位于“政权民授”，权力的合法性来源发生了转移，掌权者必须对人民负责。那种霍布斯式的国家主权者——只享有权力而不承担任何责任——用集体的人格淹没个体人格，是不可能构建起现代责任政府的。据 Birch 考证，责任（制）概念主要有以下三个用法：一是责任制这个概念通常用来指行政机关回应公众要求和公意变化的政府制度。二是它讲的是义务和道德责任。第三个用法主要体现在英国，大臣个人就各自部门的工作对议会负责，内阁集体就政府的政策负责。原则上，这意味着一旦政府部门的严重错误被揭露，那么领导该部门的大臣就应该辞职，或当议会不再信任政府的时候政府就应该辞职。① 因而现代政府作为责任政府必须在三个意义上实行责任制：政府应回应公意，采纳谨慎并且相互一致的政策，而且还对选民负责。

其次，就每一项具体的国家权力而言，也必须做到权责统一。每握有一份权力就应承担一份责任。近代思想家洛克主张立法权高于执行权与对外权，但他同时又为立法权制定了最基本的规则，如果违反这些规则，人民有最终推翻政府的权力。柏克在分析当时英国国王的权力时指出：“国王不得享有违反法律的权能。……有必要授予君主的种种裁判权，无论是执行法律，提名司法官、部长、指挥战争与处理和平事务，还是发布税收命令，都必须根据公共原则和国家理由，而不是根据宫廷的爱好或偏见、阴谋或政策来行使。”② 在当今诸多发展中国家，往往缺乏一套政府官员承担政治责任的完备的制度。缺

① A. H. Birch, *Representative and Responsible Government—An Essay on the British Constitution*. University of Toronto Press, 1964, pp. 18-20. 转引自蒋劲松：《责任政府新论》，社会科学文献出版社 2005 年版，第 4 页。

② ［英］埃德蒙·柏克：《自由与传统》，蒋庆等译，商务印书馆 2001 年版，第 10 页。

乏明确的责任机制，往往还造成严重的官僚主义现象。邓小平同志在分析中国的官僚主义时指出：“官僚主义的另一病根是，我们的党政机构以及各种企业、事业领导机构中，长期缺少严格的自上而下的行政法规和个人负责制，缺少对于每个机关乃至每个人的职责权限的严格明确的规定，以至事无大小，往往无章可循，绝大多数人往往不能独立负责地处理他所应当处理的问题，只好成天忙于请示报告，批转文件。”① 有研究者分析指出，从各国宪政实践来看，责任与权力的平衡主要应通过以下方式实现：第一，法律赋予一项权力，必然同时设定相应的责任，确立责任法定原则。第二，责任的轻重与权力的大小相适应，有多大的权力就须承担多大的责任，确保权责一致。第三，规定严格、高效的程序及时追究违法行使权力的责任，做到责任必究。② 在传统政治下也对一些犯错误的官员追究责任，有时甚至十分严厉。但传统专制政治下的责任追究具有随意性，而现代民主政治下的责任追求必须依据一套行之有效、公平公正的责任追究制度来进行。因此，建立起一套符合现代民主政治的责任追究制度是实现权力与责任平衡的根本途径。

总之，无论是从整体上讲政府的整体权力，还是每一项单独的国家权力，都必须做到权责统一。而要真正做到权责统一，就必须以权力制约权力。麦迪逊说：“如果在纸面上对各部门作出政制区分就足以安全地保证它们互不侵蚀权力的话，那么所有其他进一步的规定就确实多余了。但经验告诉我们不要相信这种安全保证；它告诉我们必须引入各种权力和各种利益的平衡，才能保证纸面上的规定。”③ 因此，国家权力的制度化并不仅是以制度的形式将国家权力确立下来，而且是建立起公平公正的权力分配体系对国家权力进行合理配置，以

① 《邓小平文选》第二卷，人民出版社 1994 年版，第 327 页。

② 王宗文：《权力制约与监督研究》，辽宁人民出版社 2005 年版，第 71 页。

③ ［英］M. J. C 维尔：《宪政与分权》，苏力译，三联书店 1997 年版，第 143 页。

符合政治发展的基本要求。

二、公民权利的制度化

衡量一个国家或地区的政治发展，不能仅看国家的发展或国家组织机构的制度化，还应包括公民权利的发展及其保护程度。阿尔蒙德曾提出："政府的权力和效能，和公众对政府影响的程度，是两个衡量政治发展的标准。政治发展是指国家的发展和国家的民主化。"① 换言之，政治发展既包括国家发展，也包括社会发展。国家发展主要体现在国家权力总量及其配置的变化，而社会发展主要体现为公民权利的增加及其受保护程度。如果说国家权力的制度化有助于其实现效能、集权与控制，那么公民权利的制度化则有利于其实现民主、分权与参与。奥尔森还指出："在市场经济中，只有当个人和厂商拥有一套广泛而牢固的个人权利之时，源于贸易的大量重要的收益才会形成，许多重要类型的生产活动才会发生。"② 在奥尔森的眼里，个人权利是社会繁荣的基本动因。然而，如何促进公民权利的制度化，切实保障公民的基本权利？由于任何权利都是相对的，在公民权利制度化的时候我们也应注意以权利平衡权利，并确保权利与义务的平衡。

1. 以权利平衡权利

公民权利是当今西方最引人注目的政治词语之一。一个保护公民权利的制度就是好制度，而一个侵犯人权甚至压根就不承认公民权利的制度必然遭到全球舆论的谴责，严重时甚至遭到国际社会的一致制裁。20 世纪的人权理论家们声称："享有权利是任何形式的人类社会生活的一部分，所以，如果要有人类社会生活，就必须有权利。"③

---

① ［美］阿尔蒙德：《发展中的政治经济》，载罗荣渠主编《现代化：理论与历史经验的再探讨》，上海译文出版社 1993 年版，第 362 页。

② ［美］曼瑟·奥尔森：《权力与繁荣》，上海世纪出版集团 2005 年版，第 145 页。

③ ［英］A. J. M. 米尔恩：《人的权利与人的多样性——人权哲学》，夏勇、张志铭译，中国大百科全书出版社 1995 年版，第 143 页。

然而，每个公民享有平等的公民权利的历史却并不长，这仅是近代资产阶级革命以来的事物。自资产阶级革命以来，“天赋人权”观念深入人心。仅仅因为你是一个人，你就自然地享有某些无论被承认与否都在一切时间和场合属于全体人类的权利。“人们仅凭其作为人就享有这些权利，而不论其在国籍、宗教、性别、社会身份、职业、财富、财产或其他任何种族、文化或社会特性方面的差异。”① 因此，无论国家权力如何增长与配置，都不可忽视这些作为人的最基本的权利。

作为人的最基本的权利的最大特征就在于它的“平等性”。奥肯认为，权利主要有以下几个方面的特征：第一，权利的显著特征是它们的获得与行使无需任何货币费用。第二，权利是广泛分配的，它便无法遵守经济学家的比较利益原则。第三，它们的分配与各种刺激或奖励、处罚不同。第四，权利分配强调平等，甚至不惜以公正和自由为代价。第五，权利不能买卖。我们的权利可以看做是非效率的。② 因此，公民权利的发展不是为了提升国家政治体系的效率，相反，可能会降低其效能。如果说公民权利的扩展超前于国家政治体系能力的增长可能会引起政治动乱甚至衰败，那么，公民权利的不平等也会成为动乱的根源。古希腊时期亚里士多德曾说：“在所有情况下，我们总是在不平等中找到叛乱的起因。”③ 尽管从各发达国家的公民权利发展的实践过程来看，各国公民权利的扩展都经历了一个漫长的渐进的历史过程，也就是先将一些政治权利限定在一定范围之内然后逐步向大众扩展。但对于广大发展中国家而言，它们国内的民众所面临的是一个主张人人权利平等的世界。如果将一些权利授予一些人而不授予另一些人，同样会引起社会的动荡不安。因此，公民权利制度化的

---

① ［英］A. J. M. 米尔恩：《人的权利与人的多样性——人权哲学》，夏勇、张志铭译，中国大百科全书出版社 1995 年版，第 2 页。

② ［美］阿瑟·奥肯：《平等与效率——重大的抉择》，王奔洲译，华夏出版社 1987 年版，第 5 ~ 8 页。

③ ［古希腊］亚里士多德：《政治学》，吴寿彭译，商务印书馆 1965 年版，第 205 页。

第一个前提就是权利平等。

这种权利平等，事实上也是以权利制约权利，实现权利主体之间的平衡。有研究表明，实现权利与权利之间的平衡，主要通过如下方式：第一，确立法律面前人人平等的原则。第二，对权利行使的理性约束。第三，对弱势群体的特别保护。① 法律面前人人平等是权利平等的根本，因为任何权利都必然受到法律的平等保护。而对权利行使的理性约束，主要是为了防止滥用权利。掌权者容易滥用权力，事实上公民大众有时也容易滥用自己手中的权利。“为了制止情欲过多地把我们引入滥用自由的罪恶而危险的境地，我们每个人都应当诚实、正派、合群，并且具有合理的和洞察入微的正义感和人道感。”② 而对弱势群体的特别保护，表面上违反了平等原则，事实上正是平等原则的体现，符合人类最基本的正义观。这正如罗尔斯正义原则的第二原则一样，在不违反人类最基本的自由原则的前提下，给最小受惠者以优先保护。

总之，不管出于什么理由，权利的平等性要求一个社会中的所有人都必须得到同等的关心和对待，所有的人都必须成为政治社会的真正平等的成员。倡导自由竞争的人认为，许多权利保护了公民不受国家对他们的侵犯，由此获得的利益远远超过任何由此付出的经济上的非效率代价。其次，权利范围的另一个根基强调多元主义和多样化，权利可被视为一种抗衡于市场支配的保护力量，它用来保护金钱无法标明的某些价值。再次，对权利的第三种解释是强调承认所有公民的人的尊严。尊严和饥饿无法友好相处，不应该由市场来裁决人的生与死。③ 不论权利的普及给人类社会带来多少好处或制造多少麻烦，权利平等应成为公民权利制度化的首要前提。这诚如奥斯特罗姆所说：

---

① 王宗文：《权力制约与监督研究》，辽宁人民出版社 2005 年版，第 71 页。

② ［法］霍尔巴赫：《自然政治论》，陈太先、眭茂译，商务印书馆 1994 年版，第 244 页。

③ ［美］阿瑟·奥肯：《平等与效率——重大的抉择》，王奔洲译，华夏出版社 1987 年版，第 8～11 页。

"一个自由世界依赖于人类社会中复杂得多的制度安排的结构。如果我们人类足够自由地成为我们自己的首要的统治者，那么，我们必须准备承认基本的人类权利和相应的义务，并且将这些相同的权利和义务赋予其他人。言论、信仰和集会自由的权利；获得信息和知识的权利；加入自愿交流性组织的权利；拥有财产的权利以及与他人结社的权利；通过立宪选择程序规定统治的条件和要求以及适当的法律程序的权利。如果人类社会要形成为盛行自由的、人民能够参与社会治理和确定自身的发展进程的社会，那么所有这些权利从根本上说都具有重要性。"①

2. 权利与义务的平衡

权利和义务是紧密相连的。权利的存在以义务的同时存在为前提。社会若忽视义务，许多权利就绝不会实现。事实上，"关于权利的观念同时也是关于义务的观念。"② 说某人享有或拥有某种利益、主张、资格、权力或自由，是说别人对其享有或拥有之物负有不得侵夺、不得妨碍的义务。若无人承担和履行相应的义务，权利便没有意义。故一项权利的存在，意味着一种让别人承担和履行相应义务的观念和制度的存在。如果说权利表示的是以"要求"、"获取"、或"做"为表现形式的"得"，那么，义务所表示的就是相应的以"提供"、"让与"或"不做"为表现形式的"予"。③ 因而，只要存在权利问题，权利与义务的平衡问题便随之产生。实现权利与义务的平衡，理应成为政治发展过程中制度化制衡的核心目标之一。

自从人类打破传统封建专制统治以来，公民权利义务问题便成为焦点之一。据《布莱克维尔政治学百科全书》称："现代（16 世纪以后）政治哲学的历史在很大程度上是以政治义务的问题为中心的。

① ［美］V. 奥斯特罗姆等编：《制度分析与发展的反思——问题与抉择》，王诚等译，商务印书馆 1992 年版，第 50 页。

② 夏勇：《走向权利的时代》，中国政法大学出版社 1999 年版，第 165 页。

③ 姜勇：《论公民责任与公民义务》，载《中国海洋大学学报》(社会科学版) 2005 年第 5 期。

该问题包括三个主要方面:(1)我对谁或对什么负有政治义务?——政治权威的识别;(2)我对政治权力的服从究竟有多大程度或者是在什么方面?——政治义务的范围;(3)我是怎样负有政治义务的,或者更一步说,我真正负有政治义务吗?政治权威的起源。"①因此,公民政治义务作为现代政治哲学的中心问题是十分复杂的。但可以肯定的是,公民政治义务的履行是实现公民政治权利不可或缺的组成部分。英国学者米尔恩在谈到公民权利时指出,公民必须承担"在必要的范围内使其行为组织化、规范化的义务",以承担为共同体利益所必需的负担和牺牲,这就需要以社会责任来限制公民的自由权,公民负有满足这一要求的义务。②就目前世界各国的具体情况来看,尽管各国宪法中对公民义务的规定各不相同,但没有一个国家的宪法中在赋予公民政治权利的同时没有规定相应的义务。现代国家每个公民都有法定的选举权和被选举权,但每个公民都有依法纳税的义务。早期英国的"无代表不纳税"的传统事实上体现的是一种权利与义务的平衡。雅诺斯基指出,公民的权利是按照一定的顺序发展增进的,相应地,作为有限交换和总体交换系统的权利与义务平衡问题也随之产生,所以公民的义务即包括法律义务、政治义务、社会义务和参与义务。公民的政治义务则具体可以分解为三大部分:一是人际义务,即公民投票和参与政治的义务;二是组织责任,公民在政治生活中与其他群体合作的义务和遵守政治方面的法规的义务;三是强制及实施方面的义务,分为公民为民主制度的保护及运作出力的义务、公民服兵役保卫祖国的义务、公民对破坏公民权利的政府提出抗议或将其推翻的权利。③因此,不论世界各国如何具体界定公民的基本义务的内容,权利总是与义务紧密相联的。

---

① 戴维·米勒等主编:《布莱克维尔政治学百科全书》,中国政法大学出版社2002年版,第605页。

② [英]A. J. M. 米尔恩:《人的权利与人的多样性——人权哲学》,夏勇、张志铭译,中国大百科全书出版社1995年版,第163页。

③ [美]托马斯·雅诺斯基:《公民与文明社会》,柯雄译,辽宁人民出版社2000年版,第40页。

然而，如何实现权利与义务的平衡？有研究者称，大体上可以通过以下方式实现：第一，法律设定权力的同时创设相应的义务。这是具体的权利和义务在微观上的平衡。第二，确立真正意义上的公民身份，实现权利、义务的普遍化。第三，通过制定公正、有效的程序追究违背法定义务的法律责任，使相应权利得到补偿。① 从各国的具体实践来看，主要是通过宪法来保障的。列宁说："什么是宪法？宪法就是一张写着人民权利的纸。"② 宪法作为一国的根本大法一般既规定公民的基本权利，也写明公民的基本义务。当然，有宪法并不一定就能保证公民权利的基本实现，关键还是要实行宪政。埃森斯塔特在谈到亚洲地区的政治发展时指出："特别重要的是建立政治活动的某些规则并且使之制度化——无论是正式的还是非正式的——例如选举制度或不大正式的不同类型的决策制度，使之能在社会中建立某种程序方面的一致意见。""同样，这种成功的制度化往往在很大程度上取决于比较灵活的和有区别的法律制度的发展，并与这样的发展有关。这种法律制度，不管它的社会基础或政治基础如何，都能保证个人的某些基本合法权利，保证对某些长期承诺和活动提供保护，以及获得起码的公民权。"③ 因此，只有当公民权利受到侵犯时能得到宪法的有效保护的国家，公民权利与义务的平衡才可能真正实现。

总之，通观当今世界各宪政国家，我们不难发现它们不仅包括有关国家权力的配置的设定，还包括公民的基本权利和义务，而且有关公民权利与义务的章节一般都置于国家机构设置之前。尽管有的国家在宪法中没有明确标明公民的基本权利与义务，但往往另外单独以《权利宣言》或其他形式出现，更加凸显其重要性。而违宪审查制度的建立，有效地确保了公民基本权利不受侵犯。因此，公民权利制度

---

① 王宗文：《权力制约与监督研究》，辽宁人民出版社 2005 年版，第 71 ~ 72 页。

② 《列宁全集》第 9 卷，人民出版社 1987 年版，第 448 页。

③ ［以］S. N. 埃森斯塔特：《殖民地和传统政治制度对后传统社会和政治秩序发展的影响》，载西里尔 · E. 布莱克主编：《比较现代化》，杨豫等译，上海译文出版社 1996 版，第 210 页。

化与国家权力制度化一样，也是其政治发展不可缺少的组成部分。

三、国家权力与公民权利关系的制度化

在人类政治发展过程中，国家权力的增长是十分必要的。它有助于促进国家政治体系效能的提高，有助于促进整个政治体系的稳定。由于国家权力于政治发展不仅有此必要性，还具有对公民权利侵犯的可能性，因而在国家权利面前，公民权利总是处于被动地位。权力来源于权利，还是权利来源于权力，这是一个两难问题。一方面，权利需要权力的承认和支持以取得力量；另一方面，权力不是通过剥夺和任意限制权利，而是通过广泛地承认并充分保障权利才能实现社会的秩序与安全。① 因此，在国家权力与公民权利之间，不管何者为因，何者为果，最重要的是保持二者之间的制度化制衡。

1. 以权力保护权利

自然法和社会契约论者认为权利是权力的来源，权利是自然的，权力则是人们为了某种秩序而让渡部分权利形成的，因此权力应该服从权利。近代自然权利论者洛克认为，政府的权力源于人民的“委托”，仅仅只是一种受委托的权力。他指出，立法权虽然是一国之内的最高权力，“但是立法权既然只是为了某种目的而行使的一种受委托的权力，当人民发现立法行为与他们的委托相抵触时，人民仍然享有最高权力来罢免或更换立法机关；这是因为，受委托来达到一种目的的权力既然为那个目的所限制，当这一目的显然被忽略或遭受打击时，委托必然被取消，权力又回到当初授权的人们手中，他们可以重新把它授予他们认为最有利于他们的安全和保障的人”。② 人们为何需要组织政府并赋予其公共权力，其根本的目的就在于保障公民的基

① 程燎原等：《赢得神圣——权利及其救济通论》，山东人民出版社 1998 年版，第 34 页。

② ［英］洛克著：《政府论》(下篇)，叶启芳等译，商务印书馆 1964 年版，第 91 ~ 92 页。

本权利。没有国家权力的有效保护，公民的生命、自由、财产便得不到有效的保障。因此，权利的实现需要各种保障，离开了权力的认同与支持，权利的实现必然会受到影响。一个简单的事实是，当所谓“自然”的权利遭到侵犯时，如果权力支持这种权利，它就可能采取强制性的措施保护这种权利；如果权力不支持这种权利，就没有另一种力量可以承担维护权利的责任。①

2. 以权利制约权力

在现实政治生活中，国家权力并不会自动地保护公民权利，反而可能会侵害公民权利。在从传统专制政治走向现代民主政治的政治发展过程中，国家权力的增长不仅是为了提高政治体系的能力，维护政治稳定，还不应脱离保护公民权利这一根本目标。如何保证国家权力的行使以保护公民权利为目标呢？一方面，需要以上我们所说的以权力制约权力。另一方面，需要在权力与权利之间建立起平衡的制约关系。由于在权力面前，权利总是处于被动的地位。因此，国家权力与公民权利之间的平衡主要是以权利制约权力。平衡宪政论者认为，“限制权力、保障权利不是宪政的全部内容。因为，权力对于国家的必要性和侵害权利的可能性使得宪政对待权力的态度具有二重性。因此，宪政的根本目标应是实现公民权利与国家权力的平衡”。② 公民权利与国家权力的平衡是宪政平衡性的根本实现形式。

权利与权力平衡的方式包括：一是通过宪法或基本法规定公民享有的基本权利，限制权力行使的范围，实现权利与权力的最低限度的平衡。二是通过确立不同的行使原则实现权利与权力的动态平衡。法无禁止即自由原则与越权无效原则在法治社会的确立，构成了权利与权力平衡的基本方式。三是通过建立和强化权利救济制度实现权利与

① 郭道久：《“以社会制约权力”——民主的一种解析视角》，天津人民出版社 2005 年版，第 108 页。

② 王宗文：《权力制约与监督研究》，辽宁人民出版社 2005 年版，第 70 页。

权力的结果平衡。① 这种对权力与权利平衡的概括基本上包含了现代发展中国家政治发展进程中实现国家权力与公民权利制度化平衡的全部内容。由于权利总是处于弱势地位，因此，首先必须为权力的行使划定最基本的边界。如权力的行使不得剥夺公民的最基本的言论自由、不得随意剥夺公民的生命与财产等。这就为权力的行使划定了一个基本的边界。其次最重要的就是要提供救济手段。当一个公民的基本权利受到侵犯时，政治体制应该能提供最基本的权利救济渠道。宪法不仅规定人民的权利，最重要的是要采取措施保护和实现这些权利，其中非常重要的一项措施就制约权力。宪政体制下的制约权力不仅仅是“以权力制约权力”，更重要的在于宪法在制约权力当中的作用，即众多发达国家所实施的违宪审查。卢梭提出：“强力并不构成权利，而人民只是对合法的权力才有服从的义务。”②

总之，我们不能单纯地强调稳定而忽视实现稳定的手段。强权下的稳定只是一种暂时的宁静，它以牺牲公民权利为手段，显然不符合人类政治发展的基本方向。不能为了实现国家权力的增长而纯粹地牺牲公民权利，否则就容易出现霍布斯的巨大的“利维坦”。霍布斯认为国家权力是个人权利的让渡而形成的，是受托人与委托人的关系，而受托人是不会侵犯委托人的权益的。实际上，国家权力与个人权利之间必须有一种平衡。国家权力要保障个人权利但不能侵犯个人权利。先发国家在其政治发展进程中的国家权力与公民权利的平衡是在其历史发展进程中自发形成的。安德森在分析罗马法适应西欧绝对主义君主专制政体的需要时指出：“实际上，毫无疑问，在欧洲范围内，采用罗马法的首要决定因素来自王室对加强中央权力的渴望。不应忘记，罗马法律体系包括截然不同而且显然相互矛盾的两个部分：规定公民之间经济交换关系的民法和规范国家与其臣民之间政治关系

① 王宗文：《权力制约与监督研究》，辽宁人民出版社 2005 年版，第 70 页。

② ［法］卢梭：《社会契约论》，何兆武译，商务印书馆 1980 年版，第 10 页。

的公共法。前者是 Jus，后者是 Lex。至少从多米纳特（dominate，罗马皇帝）时代起，在一方眼中神圣不可侵犯的私有财产在法律上的无条件性与另一方面行使的帝国主权的绝对专制性成了旗鼓相当的对手。正是这个政治最高权力的理论原则深深地吸引并影响着文艺复兴时期的新君主政体。”① 这种绝对的公共权力无论怎样专制，也不能侵犯法律所规范的私有财产的神圣性。正是这种国家权力与公民权利的平衡性发展，使得发达国家在其几百年的政治发展进程中保持了大体上的稳定。

在当今世界，发展中国家在经历了权威主义甚至专制独裁之后，并不缺少政府权力。“在亚洲社会里，存在普遍的条件不平等和牢固建立的命令等级制，因此如果新的军事或政府精英们获得比其他人更多的‘自由’或‘特权’，这对大多数人民来说自然是无关紧要的。的确，如果所谓的民主制被完全抛弃的话，那也是无关紧要的。在这样一种社会里，托克维尔所担心的不受限制的民主制的弊端即多数人通过不受控制的政治集会来实行专制，是不存在的。多数人实行专制毕竟要以人民的自由为前提。他们生活于其中的社会也必须是真正民主的，这样他们才能充分行使自己的政治权利。”② 因此，亨廷顿所担心的公民政治参与扩大化所带来的危机在当今世界各发展中国家并不普遍存在。它们现在所普遍缺少的是建立起制度化制衡的政治体制——即法学家们所称的平衡的宪政体制。在当今众多发展中国家，行政部门或军队的权力过大，而议会和司法部门的权力过小；国家权力过于强大，而公民权利过于弱小。这种非平衡的权力体制往往导致专制权力的制度化。有研究者指出：“在一个法律权力小于行政权力、而行政权力又表现为部门主义的制度里，制度过程其实就是将本部门的利益以法律法规的方式约定为合理化的过程，是权利的制度

① ［英］佩里·安德森：《绝对主义国家的系谱》，刘北成、龚晓庄译，上海人民出版社 2001 年版，第 12～13 页。

② ［美］V. 奥斯特罗姆等编：《制度分析与发展的反思——问题与抉择》，王诚等译，商务印书馆 1992 年版，第 64 页。

化，由此造成特别的行政垄断和行政审批。至此，制度的部门主义化其实就是某种权利（如审批权力）的部门主义化、制度化，其本身就是以高昂的制度成本为代价。”①

总之，仅有国家权力的制度化不足以保证实现政治发展过程中的效能与民主、集权与分权、控制与参与的动态平衡。只有通过既包括国家权力的制度化，也包括公民权利的制度化及国家权力与公民权利之间的制度化制衡才能真正实现。这诚如虞崇胜教授在其《政治文明论》中所提出：“有衡”是政治制度文明的灵魂。“政治制度的‘有衡’包括两层涵义：其一，不同权力之间的相互制衡；第二，不同利益之间的相互均衡。制衡不是卡死，均衡不是平衡。制衡是为了防止权力的滥用，均衡是为了防止无谓的利益冲突。一项有生命力的政治制度，往往是内涵了权力制衡和利益均衡精神的。”② 在广大发展中国家的政治发展过程中，没有国家权力的制度化，就难以提升整个政治体系的效能及其对社会的控制平衡能力。没有公民权力的制度化，就不能有效地保证民主及公民有效的政治参与。没有国家权力与公民权利之间的制度化制衡，就难以实现发展中的稳定——以发展促稳定，以稳定保发展。诚如奥尔森所言，社会繁荣来自于各种关系的均衡发展，尤其来自公民权利和政府权力的均衡。③ 但均衡从来不是靠自我约束，而是靠其他力量对某一势力的无限扩张的有效抵抗获得的。因而，以权力制约权力、以权利平衡权利及以权利制约权利都必须有制度化的保障。

① 杨光斌：《制度的形式与国家的兴衰——比较政治发展的理论与经验研究》，北京大学出版社 2005 年版，第 256 页。作者在此混用了权利与权力，作者在此提出的权利制度化，实应为权力制度化。

② 虞崇胜：《政治文明论》，武汉大学出版社 2003 年版，第 180 页。

③ 参见奥尔森：《权力与繁荣》，苏长和、嵇飞译，上海世纪出版集团 2005 年版。

参考文献

一、中文参考书目

1.《马克思恩格斯选集》(1～4卷)，人民出版社1995年版。
2.《毛泽东选集》(1～4卷)，人民出版社1991年版。
3.《邓小平文选》(1～3卷)，人民出版社1993、1994年版。
4. [美] 戴维·米勒：《布莱克维尔政治学百科全书》，中国政法大学出版社2002年版。
5. [美] 杰克普拉诺等著：《政治学分析辞典》，胡杰译，中国社会科学出版社1986年版。
6.《中国大百科全书·政治学卷》，中国大百科全书出版社1992年版。
7. [美] 格林斯坦、波尔斯比编：《政治学手册》，竺乾威、周琪、胡君芳译，商务印书馆1996年版。
8. [古希腊] 亚里士多德：《政治学》，吴寿彭译，商务印书馆1965年版。
9. [法] 孟德斯鸠：《论法的精神》(上册)，张雁深译，商务印书馆1961年版。
10. [英] J. S. 密尔：《代议制政府》，汪瑄译，商务印书馆1982年版。
11. [英] 霍布斯：《利维坦》，黎思复、黎廷弼译，商务印书馆1985年版。
12. [英] 洛克：《政府论》(下篇)，叶启芳等译，商务印书馆1964

年版。
13. [法] 卢梭:《社会契约论》,何兆武译,商务印书馆 1980 年版。
14. [美] 汉密尔顿、杰伊、麦迪逊:《联邦党人文集》,程逢如等译,商务印书馆 1980 年版。
15. [美] 托马斯·杰斐逊:《杰斐逊选集》,商务印书馆 1963 年版。
16. [英] 柏克:《法国革命论》,何兆武等译,商务印书馆 1998 年版。
17. [英] 埃德蒙·柏克:《自由与传统》,蒋庆等译,商务印书馆 2001 年版。
18. [英] 阿克顿:《自由与权力》,侯建、范亚峰译,商务印书馆 2001 年版。
19. [法] 托克维尔:《旧制度与大革命》,冯棠译,商务印书馆 1992 年版。
20. [法] 托克维尔:《论美国的民主》,董果良译,商务印书馆 1988 年版。
21. [法] 米歇尔·克罗齐、[美] 塞缪尔·亨廷顿,[日] 绵贯让治:《民主的危机》,马殿军等译,求实出版社 1989 年版。
22. [美] 蒂德·格伦:《政治思维:永恒的困惑》,潘世强译,浙江人民出版社 1988 年版。
23. [美] 弗朗西斯·福山:《历史的终结及最后之人》,黄胜强、许铭译,中国社会科学出版社 2003 年版。
24. [美] 塞缪尔·亨廷顿等著:《现代化——理论与历史经验的再探讨》,上海译文出版社 1993 年版。
25. [美] 西里尔·E. 布莱克主编:《比较现代化》,杨豫等译,上海译文出版社 1996 年版。
26. [美] 塞缪尔·亨廷顿:《变化社会中的政治秩序》,王冠华等译,三联书店 1989 年版。
27. [美] 塞缪尔·亨廷顿:《第三波——20 世纪后期民主化浪潮》,刘军宁译,上海三联书店 1998 年版。
28. [美] 塞缪尔·亨廷顿、琼·纳尔逊:《难以抉择——发展中国家的政治参与》，汪晓寿等译，华夏出版社 1988 年版。

29. [美] 塞缪尔·亨廷顿：《失衡的承诺》，周端译，东方出版社 2005 年版。

30. [以] 艾森施塔德：《现代化：抗拒与变迁》，张旋平等译，中国人民大学出版社 1988 年版。

31. [美] V. 奥斯特罗姆，D. 菲尼，H. 皮希特编：《制度分析与发展的反思——问题与抉择》，商务印书馆 2001 年版。

32. [美] 罗伯特·达尔：《多头政体——参与和反对》，谭君久、刘惠荣译，商务印书馆 2003 年版。

33. [美] 罗伯特·达尔：《现代政治分析》，王沪宁等译，上海译文出版社 1987 年版。

34. [美] 罗伯特·达尔：《多元主义民主的困境——自治与控制》，尤正明译，求实出版社 1989 年版。

35. [美] 罗伯特·A. 达尔：《民主及其批评者》，曹海军、佟德志译，吉林人民出版社 2006 年版。

36. [美] 西摩·马丁．李普塞特：《政治人——政治的社会基础》，张绍宗译，上海人民出版社 1997 年版。

37. [美] 西摩·马丁．李普塞特：《一致与冲突》，张华青译，上海人民出版社 1995 年版。

38. [美] 巴林顿·摩尔：《民主和专制的社会起源》，拓夫、张东东等译，华夏出版社 1987 年版。

39. [美] 科恩：《论民主》，聂崇信，朱秀贤译，商务印书馆 1988 年版。

40. [美] 乔·萨托利：《民主新论》，冯克利、阎克文译，东方出版社 1998 年版。

41. [美] 约瑟夫·熊彼特：《资本主义、社会主义与民主》，吴良健译，商务印书馆 1999 年版。

42. [美] 本杰明·巴伯：《强势民主》，彭斌、吴润洲译，吉林人民出版社 2006 年版。

43. [美] 戴维·伊斯顿：《政治生活的系统分析》，王浦劬译，华夏出版社 1999 年版。
44. ［美］戴维·伊斯顿：《政治体系——政治学状况研究》，马清槐译，商务印书馆 1993 年版。
45. ［美］加里布埃尔·A. 阿尔蒙德、小 G. 宾厄姆·鲍威尔著：《比较政治学：体系、过程和政策》，曹沛霖等译，上海译文出版社 1987 年版。
46. ［美］阿尔蒙德，维伯：《公民文化——五个国家的政治态度和民主制》，徐湘林译，华夏出版社 1989 年版。
47. ［美］曼瑟·奥尔森：《权力与繁荣》，苏长和、嵇飞译，上海世纪出版集团 2005 年版。
48. ［美］曼瑟·奥尔森：《集体行动的逻辑》，陈郁等译，上海三联书店、上海人民出版社 1995 年版。
49. ［美］霍华德·威亚尔达主编：《民主与民主化比较研究》，榕远译，北京大学出版社 2004 年版。
50. ［美］亚当·普沃斯基：《民主与市场——东欧与拉丁美洲的政治经济改革》，包雅钧等译，北京大学出版社 2005 年版。
51. ［美］霍华德·威亚尔达：《新兴国家的政治发展——第三世界还存在吗?》，刘青、牛可译，北京大学出版社 2005 年版。
52. ［美］霍华德·威亚尔达：《非西方发展理论——地区模式与全球趋势》，董正华、昝涛、郑振清译，北京大学出版社 2005 年版。
53. ［美］朱莉·费希尔：《NGO 与第三世界的政治发展》，社会科学文献出版社 2002 年版。
54. ［英］戴维·赫尔德：《民主的模式》，燕继荣等译，中央编译出版社 1998 年版。
55. ［英］罗素：《权力论》，靳建国译，东方出版社 1988 年版。
56. ［法］霍尔巴赫：《自然政治论》，陈太先、眭茂译，商务印书馆 1994 年版。
57. ［荷］斯宾诺莎：《神学政治论》，商务印书馆 1982 年版。
58. ［意大利］加塔诺·莫斯卡：《统治阶级》，贾鹤鹏译，译林出版社 2002 年版。
59. [美] 文森特·奥斯特罗姆:《复合共和制的政治理论》,毛寿龙译,上海三联书店 1999 年版。
60. [美] D. B. 杜鲁门:《政治过程》,陈尧译,天津人民出版社 2005 年版。
61. [英] M. J. C. 维尔:《宪政与分权》,苏力译,三联书店 1997 年版。
62. [美] 斯蒂芬·L. 埃尔金:《新宪政论》,周叶谦译,三联书店 1997 年版。
63. [美] 埃尔斯特、[挪] 斯莱格斯塔德编:《宪政与民主:理性与社会变迁研究》,三联书店 1997 年版。
64. [英] 弗里德里希·冯·哈耶克:《法律、立法与自由》第二、三卷,中国大百科全书出版社 2000 年版。
65. [美] 保罗·魏里希:《均衡与理性——决策规则修订的博弈理论》,黄涛译,经济科学出版社 2000 年版。
66. [美] 诺斯:《制度变迁理论纲要》,载《经济学与中国经济改革》,上海人民出版社 1995 年版。
67. [美] 劳伦斯·迈耶:《比较政治学——变化世界中的国家和理论》,华夏出版社 2001 年版。
68. [英] 约翰·邓恩编:《民主的历程》,林猛等译,吉林人民出版社 1999 年版。
69. [美] 罗伯特·杰克曼:《不需暴力的权力——民族国家的政治能力》,欧阳景根译,天津人民出版社 2005 年版。
70. [德] 马克斯韦伯:《经济与社会》(上卷),林荣远译,商务印书馆 1997 年版。
71. [德] 波普:《猜想与反驳》,上海译文出版社 1986 年版。
72. [美] 汤姆肯普:《现代工业化模式——苏、日及发展中国家》,许兴邦、王恩光译,中国展望出版社 1985 年版。
73. [英] 安德鲁·韦伯斯特:《发展社会学》,陈一筠译,华夏出版社 1987 年版。

74. [美] 安东尼·奥罗姆:《政治社会学:主体政治的社会剖析》,张华青、孙嘉明译,上海人民出版社 1989 年版。
75. [奥] 斯蒂芬茨威格:《异端的权利》,张晓辉译,吉林人民出版社 2000 年版。
76. [美] 约翰·罗尔斯:《正义论》,何怀宏等译,中国社会科学出版社 1988 年版。
77. [美] 诺齐克:《无政府、国家与乌托邦》,中国社会科学出版社 1991 年版。
78. [英] 埃弗尔·詹宁斯:《英国议会》,商务印书馆 1959 年版。
79. [英] 詹姆斯·布赖斯:《现代民治政体》,张慰慈等译,吉林人民出版社 2001 年版。
80. [英] 伊夫·梅尼等主编:《西欧国家中央与地方的关系》,朱建军译,春秋出版社 1989 年版。
81. [美] 保罗·肯尼迪:《大国的兴衰》,蒋葆英译,中国经济出版社 1989 年版。
82. [美] F. J. 古德诺:《政治与行政》,王元译,华夏出版社 1987 年版。
83. [美] 威廉·F. 斯通:《政治心理学》,胡杰译,黑龙江人民出版社 1987 年版。
84. [美] E. A. 罗斯:《社会控制》,秦志勇、毛永政译,华夏出版社 1989 年版。
85. [美] 詹姆斯·R. 汤森、布兰特利·沃马克著:《中国政治》,顾速、董芳译,江苏人民出版社 1994 年版。
86. [西班牙] 奥尔特加·加塞特:《大众的反叛》,刘训练、佟德志译,吉林人民出版社 2004 年版。
87. [美] 斯蒂格利茨:《政府为什么干预经济》,中国物资出版社 1998 年版。
88. [美] 斯蒂格利茨:《东亚奇迹的反思》,王玉清等译,中国人民大学出版社 2003 年版。
89. [美] 斯蒂格利茨·L. 科塞:《社会冲突的功能》,孙立平译,华夏出版社 1989 年版。
90. [美] 布坎南:《自由、市场与国家》,上海三联书店 1989 年版。
91. [美] 米尔顿·弗里德曼:《资本主义与自由》,商务印书馆 1986 年版。
92. [美] 道格拉斯·C. 诺斯:《经济史中的结构与变迁》,陈郁等译,上海三联书店、上海人民出版社 1994 年版。
93. [日] 佐滕功:《比较政治制度》,刘庆林、张光博译,法律出版社 1984 年版。
94. [英] A. J. M. 米尔恩:《人的权利与人的多样性——人权哲学》,夏勇、张志铭译,中国大百科全书出版社 1995 年版。
95. [美] 罗纳德·德沃金:《认真对待权利》,信春鹰、吴玉章译,中国大百科全书出版社 1998 年版。
96. [美] 阿瑟·奥肯:《平等与效率——重大的抉择》,王奔洲译,华夏出版社 1987 年版。
97. [美] 托马斯·雅诺斯基:《公民与文明社会》,柯雄译,辽宁人民出版社 2000 年版。
98. [英] 佩里·安德森:《绝对主义国家的系谱》,刘北成、龚晓庄译,上海人民出版社 2001 年版。
99. [英] 奈杰尔·哈里斯:《第三世界的裂变》,改革出版社 1991 年版。
100. [法] 勒内杜蒙等:《拉丁美洲的病态发展》,世界知识出版社 1984 年版。
101. [韩] 朴正熙:《我们国家的道路》,华夏出版社 1988 年版。
102. [美] 爱德华·J. 威廉斯:《从发展角度看拉丁美洲的政治思潮》,商务印书馆 1979 年版。
103. [英] 奈杰尔·哈里斯:《第三世界的裂变》,改革出版社 1991 年版。
104. [苏] 格·伊·米尔斯基:《"第三世界":社会、政权和军队》,商务印书馆 1980 年版。
105. [美] 齐锡生:《中国的军阀政治》,杨云若、萧延中译,中国人民大学出版社 1991 年版。
106. ［美］迈纳斯：《毛泽东的中国及其后毛泽东的中国：人民共和国史》，杜蒲、李玉玲译，四川人民出版社 1992 年版。
107. 时和兴：《关系、限度、制度：政治发展过程中的国家与社会》，北京大学出版社 1996 年版。
108. 施雪华：《政治现代化比较研究》，武汉大学出版社 2006 年版。
109. 李元书：《政治发展导论》，商务印书馆 2001 年版。
110. 李景鹏：《中国政治发展的理论研究纲要》，黑龙江人民出版社 2000 年版。
111. 李景鹏：《权力政治学》，黑龙江教育出版社 1995 年版。
112. 陈尧：《新权威主义政权的民主转型》，上海人民出版社 2006 年版。
113. 孙哲：《权威政治》，复旦大学出版社 2004 年版。
114. 燕继荣：《投资社会资本——政治发展的一种新维度》，北京大学出版社 2006 年版。
115. 燕继荣主编：《发展政治学：政治发展研究的概念与理论》，北京大学出版社 2006 年版。
116. 王绍光、胡鞍钢：《中国：不平衡发展的政治经济学》，中国计划出版社 1999 年版。
117. 王绍光：《分权的底限》，中国计划出版社 1997 年版。
118. 胡位钧：《均衡发展的政治逻辑》，重庆出版社 2005 年版。
119. 袁柏顺：《寻求权威与自由的平衡——霍布斯、洛克与自由主义的兴起》，湖南人民出版社 2006 年版。
120. 徐勇：《非均衡的中国政治：城市与乡村比较》，中国广播电视出版社 1992 年版。
121. 何包钢、郎兴友：《寻找民主与权威的平衡》，华中师范大学出版社 2005 年版。
122. 门忠民：《论平衡》，载《中国人文社会科学院博士硕士文库（哲学卷）》（中），浙江教育出版社 1998 年版。
123. 卢汉龙主编：《均衡与稳定：发展的新价值》，上海社会科学院出版社 2005 年版。
124. 沈岿：《平衡论：一种行政法认知模式》，北京大学出版社 1999 年版。
125. 唐克军：《不平衡的治理：明代政府运行研究》，武汉出版社 2004 年版。
126. 钱穆：《中国历代政治得失》，三联书店 2001 年版。
127. 俞可平：《全球化与政治发展》，社会科学文献出版社 2003 年版。
128. 俞可平：《增量民主与善治》，社会科学文献出版社 2003 年版。
129. 《自由与社群》，三联书店 1998 年版。
130. 《直接民主与间接民主》，三联书店 1998 年版。
131. 《经济民主与经济自由》，三联书店 1998 年版。
132. 刘军宁主编：《民主与民主化》，商务印书馆 1999 年版。
133. 刘军宁等编：《新权威主义——对改革理论纲领的论争》，北京经济学院出版社 1989 年版。
134. 陈德成主编：《中东政治现代化——理论与历史经验的探索》，社会科学文献出版社 2000 年版。
135. 李路曲：《当代东亚政党政治的发展》，学林出版社 2005 年版。
136. 中国现代国际关系研究所，第三世界研究中心：《当代第三世界透视》，时事出版社 2001 年版。
137. 郭定平：《韩国政治转型研究》，中国社会科学出版社 2000 年版。
138. 应克复等著：《西方民主史》，中国社会科学出版社 1997 年版。
139. 邓伟志主编：《变革社会中的政治稳定》，上海人民出版社 1997 年版。
140. 李培华编：《发展中国家的政治》，光明日报出版社 1988 年版。
141. 王沪宁：《现代政治透视丛书》，三联书店（香港）有限公司 1993 年版。
142. 王沪宁：《比较政治分析》，上海人民出版社 1987 年版。
143. 王浦劬：《政治学基础》，北京大学出版社 1995 年版。

144. 王邦佐等主编：《新政治学概要》，复旦大学出版社 1989 年版。
145. 施雪华主编：《政治科学原理》，中山大学出版社 2001 年版。
146. 梁守德主编：《国际政治新论》，中国社会科学出版社 1996 年版。
147. 陈鸿瑜：《政治发展理论》，台湾桂冠图书股份有限公司 1995 年版。
148. 吕亚力：《政治发展与民主》，台湾五南图书出版公司 1988 年版。
149. 江炳伦：《政治发展的理论》，台湾"商务印书馆"股份有限公司 1985 年版。
150. 张金鉴：《欧洲各国政府》，台湾三民书局股份有限公司 1968 年版。
151. 邓正来，［英］J. C. 亚历山大编：《国家与市民社会：一种社会理论的研究路径》，中央编译出版社 2005 年版。
152. 朱光磊：《以权力制约权力》，四川人民出版社 1987 年版。
153. 赵永茂：《中央与地方权限划分的理论与实际》，台湾翰芦图书出版有限公司 1997 年版。
154. 赵震江：《分权制度和分权理论》，四川人民出版社 1988 年版。
155. 曹锦清编选：《民权与国族——孙中山文选》，上海远东出版社 1994 年版。
156. 李妙根编选：《为政尚异论——章士钊文选》，上海远东出版社 1996 年版。
157. 田文军、吴根友：《中国辩证法史》，河南人民出版社 2004 年版。
158. 高放：《中国政治体制改革的心声》，重庆出版社 2006 年版。
159. 聂运麟：《政治现代化与政治稳定》，湖北人民出版社 2000 年版。
160. 薄贵利：《集权分权与国家兴衰》，经济科学出版社 2001 年版。
161. 薄贵利：《中央与地方关系研究》，吉林大学出版社 1991 年版。
162. 董辅礽等著：《集权与分权：中央与地方关系的构建》，经济科学出版社 1996 年版。
163. 田穗生等:《中外代议制度比较》,商务印书馆 2000 年版。
164. 任晓:《中国行政改革》,浙江人民出版社 1998 年版。
165. 陶东明、陈明明:《当代中国政治参与》,浙江人民出版社 1998 年版。
166. 胡伟:《政府过程》,浙江人民出版社 1998 年版。
167. 张五常:《经济解释》,商务印书馆 2000 年版。
168. 蒋劲松:《责任政府新论》,社会科学文献出版社 2005 年版。
169. 王宗文:《权力制约与监督研究》,辽宁人民出版社 2005 年版。
170. 夏勇:《走向权利的时代》,中国政法大学出版社 1999 年版。
171. 程燎原等:《赢得神圣——权利及其救济通论》,山东人民出版社 1998 年版。
172. 郭道久:《"以社会制约权力"——民主的一种解析视角》,天津人民出版社 2005 年版。
173. 刘德厚:《广义政治论》,武汉大学出版社 2004 年版。
174. 虞崇胜:《政治文明论》,武汉大学出版社 2003 年版。
175. 丛日云:《当代世界的民主化浪潮》,天津人民出版社 1999 年版。
176. 徐湘林主编:《渐进政治改革中的政党、政府与社会》,中信出版社 2004 年版。
177. 徐湘林,[德]格哈德·格勒,赵建民主编:《民主、政治秩序与社会变革》,中信出版社 2003 年版。
178. 罗荣渠:《现代化新论》,商务印书馆 2004 年版。
179. 罗荣渠:《现代化新论续篇:东亚与中国的现代化》,北京大学出版社 1997 年版。
180. 黄建钢:《政治民主与群体心态》,中信出版社 2003 年版。
181. 周平:《香港政治发展》,中国社会科学出版社 2006 年版。
182. 任军锋:《地域本位与国族认同:美国政治发展中的区域结构分析》,天津人民出版社 2004 年版。
183. 陈明明:《所有的子弹都有归宿——发展中国家军人政治研究》,

天津人民出版社 2003 年版。
184. 陈明明主编：《革命后社会的政治与现代化》，上海辞书出版社 2002 年版。
185. 陈明明主编：《权利、责任与国家》，上海人民出版社 2006 年版。
186. 郭强：《转型社会中的政治发展》，兰州大学出版社 2004 年版。
187. 夏立安：《发展中国家的政治与法治》，山东人民出版社 2003 年版。
188. 杨宏山：《经济全球化与政治发展：以政治合法性为视角》，黑龙江人民出版社 2003 年版。
189. 赵虎吉：《比较政治学：后发展国家视角》，中山大学出版社 2002 年版。
190. 邢来顺：《迈向强权国家——1830—1914 年德国工业化与政治发展研究》，华中师范大学出版社 2002 年版。
191. 孙力：《政治的透视：转变社会中发展战略选择》，上海人民出版社 2000 年版。
192. 葛永光：《政治变迁与发展：台湾经验的探索》，台湾幼狮文化事业公司 1989 年版。
193. 张宏明：《多维视野中的非洲政治发展》，社会科学文献出版社 1999 年版。
194. 徐济明等编：《当代非洲政治变革》，经济科学出版社 1998 年版。
195. 李德昌：《巴基斯坦的政治发展》，四川大学出版社 1989 年版。
196. 新墨西哥大学泛美事务学院研究报告：《第二次世界大战后拉丁美洲的政治发展》，世界知识出版社 1961 年版。
197. 任一雄：《东亚模式中的威权政治——泰国个案研究》，北京大学出版社 2002 年版。
198. 徐文渊主编：《走向 21 世纪的拉丁美洲》，人民出版社 1993 年版。
199. 辜鸿铭：《中国人的精神》，海南出版社 1996 年版。

200. 王亚南：《中国官僚政治研究》，中国社会科学出版社 1981 年版。
201. 林尚立：《国内政府间关系》，浙江人民出版社 1998 年版。
202. 林尚立：《当代中国政治形态研究》，天津人民出版社 2000 年版。
203. 程同顺：《当代中国农村政治发展研究》，天津人民出版社 2000 年版。
204. 张乐天：《告别理想——人民公社制度研究》，东方出版社 1998 年版。
205. 刘建军：《单位中国——社会调控体系重构中的个人、组织与国家》，天津人民出版社 2000 年版。
206. 关海庭：《中国近现代政治发展史》，北京大学出版社 2005 年版。
207. 包玉娥：《20 世纪中国政治发展》，南京大学出版社 2002 年版。
208. 杨光斌：《制度的形式与国家的兴衰——比较政治发展的理论与经验研究》，北京大学出版社 2005 年版。
209. 杨光斌：《制度变迁与国家治理：中国政治发展研究》，人民出版社 2006 年版。
210. 万高潮、魏康明：《从同质共同体到异质共同体——当代中国的政治发展与政治稳定》，华商国际出版有限公司 2004 年版。
211. 李笃武：《政治发展与社会稳定——转型时期中国社会稳定问题研究》，学林出版社 2006 年版。

二、中文论文

1. 欧阳景根：《政治发展理论的序列观评析》，中国人民大学硕士论文，1999 年。
2. 陈建兵：《政治民主与政府能力：一种政治发展研究视角》，陕西师范大学硕士论文，2003 年。
3. 石清浚：《我国社会转型时期政治控制分析》，2005 年吉林大学博士论文。
4.《他信："首富总理"沉浮录》，载《南方周末》2006 年 10 月 5 日第一版。
5. 佟德志：《民主与法治的冲突及其均衡——现代西方政治文明的演进模式初探》，载《中国特色社会主义研究》2004 年第 5 期。
6. 谢维雁：《走向平衡的宪政理论——对中国宪法学的一个初步检视》，载作者个人博客：雁过无痕 http://xieweiyan.fyfz.cn/blog/xieweiyan/
7. 姚建宗：《国外政治发展研究述评》，载《政治学研究》1999 年第 4 期。
8. 卢正涛：《论政治平衡的构成要件及其表现形式》，载《贵州大学学报》1997 年第 3 期。
9. 徐湘林：《从政治发展理论到政策过程理论——中国政治改革研究的中层理论建构探讨》，载《中国社会科学》2004 年第 3 期。
10. 徐湘林：《以政治稳定为基础的中国渐进政治改革》，载《战略与管理》2000 年第 5 期。
11. 张星久：《中国君主专制政体下的君权与相权冲突——兼论官僚组织与君主专制制度的关系》，载《求索》1998 年第 2 期。
12. 虞崇胜：《和而不同：和谐社会政治文明的精髓》，载《东南学术》2005 年第 2 期。
13. 罗豪才、甘雯：《行政法的"平衡"及"平衡"论范畴》，载《中国法学》1996 年第 4 期。
14. 谭长贵：《社会发展——动态平衡态势论》，载《湖南社会科学》2001 年第 2 期。
15. 梁木生：《政治体制改革需要把握政治平衡——兼析我国政治体制改革的艰难》，载《南京社会科学》1998 年第 7 期。
16. 储建国：《政治能量的动态均衡与政治系统的稳定性》，载《武汉大学学报（社会科学版）》2001 年第 5 期。
17. 孙立平：《权利失衡、两极社会与合作主义宪政体制》，载《战备与管理》2004 年第 1 期。

18. 李翔海:《邓小平的动态平衡观》,载《毛泽东思想邓小平理论研究》1998 年第 6 期。
19. 康晓光:《未来 10 年中国政治发展策略探讨》,载《战略与管理》2003 年第 1 期。
20. 郑永年、王旭:《论中央地方关系中的集中和民主问题》,载《战略与管理》2001 年第 3 期。
21. 谢庆奎:《新中国政治发展》,载《理论学习与研究》1999 年第 5 期。
22. 王绍光:《有效的政府与民主》,载《战略与管理》2002 年第 6 期。
23. 萧功秦:《东亚威权政治与现代化》,载《战略与管理》1994 年第 2 期。
24. 高兆明:《论多元社会的价值整合》,载《江海学刊》2001 年第 5 期。
25. 帕特里克·J. 孔奇:《政治参与概念如何形成定义》,载《国外政治学》1989 年第 4 期。
26. 翁有为:《论抗日根据地的政治动员与政治参与》,载《山东社会科学》1997 年第 3 期。
27. 谢岳、陈振群:《政治控制的限度:国家与社会关系研究新视角》,载《福建省委党校学报》2001 年第 7 期。
28. 任维德:《当代中国社会转型的政治控制》,载《内蒙古师大学报(哲学社会科学版)》、2001 年第 4 期。
29. 黄立弗:《苏共政治控制衰变探析》,载《东欧中亚研究》2000 年第 2 期。
30. 陈祖洲:《试论新加坡的政治控制系统》,载《南京大学学报》1999 年第 4 期。
31. 布鲁斯·布尔诺·得·米斯基达、佐治·当斯:《发展与民主》,劳牛译,英文原载《外交杂志》2005 年 9/10 月号。
32. 贺文萍:《民主与非洲的政治发展》,载《西亚非洲》2004 年第 1 期。

33. 刘文龙：《关于20世纪末拉美政治民主化独特性的再思考》，载《拉丁美洲研究》2002年第2期。
34. 陈晓律、陆艳：《在民主与权威之间——马来西亚政治发展特点剖析》，载《世界历史》2000年第4期。
35. 许铁志：《论战后东亚国家政治发展模式及其政治转型》，载《长春师范学院学报》2000年第6期。

三、英文著作

1. Monte Palmer, *Dilemmas of Political Development: An Introduction to the Politics of the Developing Areas*, F. E. PEACCk PUBLISHERS, INC.
2. Lucian W. Pye, *Aspects of Political Development*, Little Brown and Company, Boston, 1966.
3. Richard A. Higgott, *Political Development Theory*, Croom Helm London and Canberra, 1983.
4. Juan J. Linz and Alfred Stepan, *Problems of Democratic Transition and Consolidation: Southern Europe, South America, and Post Communist Europe*, Baltimore: The John Hopkins University, 1996.
5. Gabriel Almond and James . S. Coleman, *the Politics of the Developing Areas*, Princeton University Press, 1960.
6. A. F. K. Organski, *The stages of political development*, Alfred A Konpf: New York, 1965.
7. Samuel H. Beer, *Modern Political Development*, Random House, Inc. , 1974.
8. Phillips Cutright, *National Political Development*, *in Nelson Polsby*, et al. (eds), Politics and Social Life, Boston: Houghton Mifflin, 1963.
9. G. oO'Donnell, *Modernization and Bureaucratic-Authoritaranism: Studies in South America Politics*, University of California, Berkeley, 1973.
10. Guillermo O'Donnell, etc. , *Transition From Authoritarian Rule: Prospect for Democracy*, Johns Hopkins University Press, 1986.

11. Ralf Dahrenddorf, *Class Conflict in Industrial Society*, Stanford University Press, 1959.

12. Leonard Binder, etd. , *Crises and Seuences in Political Development*, Princeton University Press, 1971.

13. Vicky Pandall and Robin Theobald, *Political Change and Underdevelopment: A Critical Introduction to Third World Politics*, Macmillan 1985.

14. L. J. Sharpe, *Decentralist Trends in Western Democracies*, London: Sage Publication, 1979.

15. Karl Deutsch, *the Analysis of International Relations*, Englewood Cliffs, N. J. Prentice-Hill, 1968.

16. Robert D. Putnam, *Bowling alone: the collapse and Revival of American Community*, New York London Toronto Sydney Singapore: Simon & Schuster, 2000.

17. Robert T. Holt and John E. Ture, *The Political Basis of Economic Development*, Princeton press, Van Nostrand, 1966.

18. David E. Apter, *Rethinking Development*, *Modernization*, *Dependency*, *and Postmodern Politics*, SAGE PUBLICATIONS, The publishers of Professional social science newbury park Bcverly hills London new deili.

19. Daya Krishna, *Political development, a Critical Perspective*, Published by R. Dayal, Oxford University Press, 1979.

20. Steven J. Hood, *Political Development and Democratic Theory: Rethinking Comparative Politics*, M. E. Sharpe, 2004.

21. Myron Weiner, Samuel P. Huntington, *Understanding Political Development: An Analytic Study*, Boston: Little, Brown, 1987.

22. Kevin J. Middlebrook, David Scott Palmer, *Military government and political development: lessons fromPeru*, Beverly Hills, Calif. : Sage Publications, c1975.

23. Jaguaribe, *Political development: A General Theory and a Latin*

American Case Study, New York: Harper & Row, 1973.

24. Lucian Pye, *The Dynamics of Chinese Politics*, Gunnn and Hain, Publishers. Inc. Cambridge, Massachusetts.
25. Jeff Haynes, *Third world Politics: A Concise Introduction*, Blackwell Publishers, 1996.
26. Nagle, John D., *Democracy and Democratization: Post-communist Europe in Comparative Perspective*, London; Thousand Oaks, CA: Sage Publications, 1999.

四、英文论文

1. Samuel P. Huntington, *Politcal Development and Political Decay*, World Politics, Vol. 17, No. 3 (Apr., 1965), p. 386.
2. Lucian W. Pye, *The Concept of Political Development*, Annals of the American Academy of Politicaland Social Science, Vol. 358, pp. 2-5.
3. James. S. Coleman, *The Problem of Political Intergration in Emergent Africa*, The Western Politcal Quarterly, Vol. 8, No. 1. (Mar., 1955), p. 44.
4. Sten S. Nilson, *Political Equilibrium*, The Journal of Conflict Resolution, Vol. 3, No. 4 (Dec., 1959), pp. 383-390.
5. Anatol Rapoport, *Remarks on "Political Equilibrium" by Sten S. Nilson*, The Journal of Conflict Resolution, Vol. 3, No. 4 (Dec., 1959), pp. 391-393.
6. Myron Weiner, *Political Integration and Political Development*, the Annals of the American Academy of Political and Social Science, 358, March 1965.
7. Karl W. Deutsch, *Social Mobilization and Political Development*, The American Political Science Review, Vol. 55, No. 3 (Sep., 1961).
8. Percy C. Hintzen; Ralph R. Premadas, *Guyana: Coercion and Control in Political Change*, Journal of Interamerican Studies and World Affairs,

Vol. 24, No. 3. (Aug., 1982).

9. S. N. Eisenstadt, *Institutionalization and Change*, American Sociological Review, Vol. 29, No. 2. (APR., 1964), p. 234.

10. Gabrel Ben-Dor, *Institutionalization and Political Development: A Conceptual and Theoretical Analysis*, Comparative Studies in Society and History, Vol. 17, No. 3. (Jul.. 1975).

11. Edward Feit, Pen, *Sword and People: Military Regimes in the Formation of Political Institutions*, World Politics, XXV (January.. 1973).

12. Edward P. Fuchs; James E. Anderson, *The Institutionalization of Cost—Benefit Analysis*, Public Productivity Review, Vol. 10, No. 4. (Summer, 1978).

13. J. Richard Sisson, *Institutionalization and Style in Rajasthan Politics*, Asian Survey, Vol. 6, No, 11 (Nov., 1966).

14. Lyn Ragsdale; John J. Theis, III, *The Institutionalization of the American Presidency, 1924-92*, American Journal of Political Science, Vol. 41, No. 4. (Oct., 1997).

15. Ben-Dor, *Corruption*, *Institutionalization and Political Development: The Revisionist Theses Revisited*, Comparative Political Studies, VII (April 1974).

16. Michael C. Hudson, *Conditions of Political Violence and Instability: A Preliminary Text of Three Hypotheses*, Sage Professional Papers in Comparative Politics, I, 5 (1970).

17. Mark Kesselman, *Overinstitutionalization and Political Constraint: The Case of France*, Comparative PoliticsII/1 (Oct 1970).

18. J. M. Butler, *The League in the Development of Political Institutions*, International Journal of Ethics, Vol. 34, No. 2. (Jan., 1924).

19. Samuel P. Huntington, *Equilibrium and Disequilibrium in American Military Policy*, Political Science Quarterly, Vol. 76, No. 4 (Dec., 1961).

20. Leonard Binder, *National Integration and Political Development*, The American Political Science Review, Vol. 58, No. 3 (Sep., 1964)。
21. *Toward a Concept of Political Development*, Karl von Vorys, Annals of the American Academy of Political and Social Science, Vol. 358, New Nations: The Problem of Political Development (Mar., 1965).
22. Robert A. Packenham, *Approaches to the Study of Political Development*, World Politics, Vol. 17, No. 1 (Oct., 1964).
23. Kenneth Rogoff, *Equilibrium Political Budget Cycles*, The American Economic Review, Vol. 80, No. 1 (Mar., 1990).

后记

九年前，我曾经为在武汉大学校门口旧书店里买到几本80年代出版的政治学经典著作激动不已，也曾经为一些政治学问题与同窗好友争论不休。原本读书只是为了改变自己的命运，而现在读书成了我的生活方式。尽管生活常常是灰色的，但政治学理论之树却是常青的。

此书是在我的博士论文的基础上大幅度删改而成的。研究政治发展问题，是我的志趣所在。而研究政治发展进程中的政治平衡问题，可能的确有点超出我的研究能力。“平衡”是一个说不清道不明的课题，更何况“政治平衡”。可学者的任务就在于把一般说不清道不明的东西说清道明，又把一般简单不过的概念弄得异常复杂难懂。这也许就是理论研究的魅力所在吧。

理论与实际总是会有所出入的。本研究只能算是我对政治发展问题思考的一个理论总结。导师虞崇胜教授为学博学严谨，为人儒雅大度。原博士论文从选题、资料收集到写作及修改，都倾注了先生大量的心血。这么多年来，先生言传身教，耳提面命，对晚辈呵护有加。本书的顺利出版，更是得益于先生的大力推荐与帮助。感谢刘德厚教授、施雪华教授、谭君久教授、张星久教授，能在珞珈山下聆听诸位教授对中外政治学理论的精辟讲解，实为幸运。感谢刘俊祥教授、叶娟丽教授对原博士论文的选题及写作提出了诸多宝贵意见与建议。特别感谢武汉大学出版社张欣编辑对书稿细致的修改与建议，感谢舒刚编辑的无私帮助与支持。

感谢我的父母、兄弟姐妹及所有亲人，是他们的支持与鼓励使我顺利完成了学业。特别感谢我的妻子冯婧，她在我有生以来的最低谷走进了我的生活，支持我、鼓励我。当永生铭记：书山学海催学子究古钻今勤探索，酷暑寒冬思亲人呕心沥血苦耕耘。

感谢我的同窗好友孔凡义、傅景亮、高春芽、杨威、刘可杨、丁宇、邵宇、郑迎春、周志刚、李艳丽等，尽管现在都各自为生活而奔波忙碌，但回想起在武汉大学共同的学习与生活，那一段经历是十分贫苦的，但也是十分快乐的。感谢中南民族大学公共管理学院的领导与行政管理系全体同事们对我的关心与帮助。

理论之树是常青的，但它需要不停地浇灌与施肥。对于我来说，学术之路还刚起步，书中谬误之处在所难免，还望各位读者批评指正。

彭庆军

2010 年 8 月 24 日

政治文明与政治发展研究丛书

ZHENGZHI WENMING YU ZHENGZHI FAZHAN YANJIU CONGSHU

已出书目

政党的魂灵
——中国共产党政党文化研究

大众民主
——一种思想史的文本解读与逻辑重构

政治亚文化
——影响当代中国政治发展的特殊因素分析

中国城市政治文明追踪
——唯物历史观视角的一种探索

制度转轨的政治艺术
——当代中国渐进式政治发展研究

和谐社会之政治文明建设

政治发展进程中的政治平衡问题研究

图书在版编目(CIP)数据

政治发展进程中的政治平衡问题研究/彭庆军著.—武汉：武汉大学出版社,2010.12
政治文明与政治发展研究丛书/虞崇胜总主编
ISBN 978-7-307-08310-3

Ⅰ.政…　Ⅱ.彭…　Ⅲ.政治学—研究　Ⅳ.D0

中国版本图书馆CIP数据核字(2010)第206759号

责任编辑:张　欣　　责任校对:刘　欣　　版式设计:詹锦玲

出版发行:**武汉大学出版社**　(430072　武昌　珞珈山)
(电子邮件:cbs22@whu.edu.cn　网址:www.wdp.com.cn)
印刷:武汉中远印务有限公司
开本:720×1000　1/16　印张:19.25　字数:274千字　插页:2
版次:2010年12月第1版　2010年12月第1次印刷
ISBN 978-7-307-08310-3/D·1048　定价:33.00元

版权所有，不得翻印；凡购我社的图书，如有质量问题，请与当地图书销售部门联系调换。